U0638883

ACCREDITATION OF ELEMENTARY

TEACHER EDUCATION

Theory and Practice

新时代小学教育专业建设与小学教师教育研究丛书

丛书主编：刘慧

小学教育专业认证
理论与实践

刘慧　孙建龙　主编

天津出版传媒集团

天津人民出版社

图书在版编目（CIP）数据

小学教育专业认证：理论与实践 / 刘慧，孙建龙主编. -- 天津：天津人民出版社，2022.3
（新时代小学教育专业建设与小学教师教育研究丛书/刘慧主编）
ISBN 978-7-201-17726-7

Ⅰ．①小… Ⅱ．①刘… ②孙… Ⅲ．①小学教师－师资培养－研究 Ⅳ．①G625.1

中国版本图书馆CIP数据核字(2021)第201262号

小学教育专业认证：理论与实践
XIAOXUEJIAOYU ZHUANYE RENZHENG LILUN YU SHIJIAN

出　　版	天津人民出版社
出 版 人	刘　庆
地　　址	天津市和平区西康路35号康岳大厦
邮政编码	300051
邮购电话	(022)23332469
电子信箱	reader@tjrmcbs.com

策划编辑	武建臣
责任编辑	郑　玥
特约编辑	武建臣　郭雨莹
装帧设计	汤　磊

印　　刷	天津新华印务有限公司
经　　销	新华书店
开　　本	710毫米×1000毫米　1/16
印　　张	21.5
插　　页	4
字　　数	260千字
版次印次	2022年3月第1版　2022年3月第1次印刷
定　　价	79.00元

版权所有　侵权必究
图书如出现印装质量问题，请致电联系调换（022-23332469）

认证工作纪实照

师范专业认证专家组现场考察见面会

教育部教师工作司任友群司长发言

认证专家组组长王定华发言

首都师范大学孟繁华校长发言

初等教育学院刘慧院长发言

专家团考察初教院文化建设

专家参观初教院艺术展

认证专家听课、看课

专家参观实习基地

专家参观初教院实验室

师范专业认证专家考察意见反馈会

师范专业认证专家、校院领导、部分教师合影

本书编委会

主　编：刘　慧　孙建龙

编写组成员（以姓氏笔画为序）

于　帆　朱永海　刘　慧　刘婧媛　孙建龙
李　敏　宋彩琴　张　端　陈　源　欧璐莎
唐　斌　傅　添　鲁华夏　曾小平　魏　戈

"新时代小学教育专业建设与小学教师教育研究"丛书

序

　　新时代中国小学教育专业如何建设？面向未来的小学教师如何培养？这是当代小学教师教育者必须要回应的时代之问。本套丛书是我们——首都师范大学初等教育学院迎接新挑战、抓住新机遇、乘势而上的实践探索与理论研究答卷。

　　我国小学教师中师培养的历史已有百年，而本科层次培养的历史却很短。首都师范大学初等教育学院，作为我国小学教师本科培养的首批单位之一，其建设发展的历程，也是当代中国小学教育专业建设与小学教师本科层次培养历程的"缩影"。在"十四五"开局之年，面向未来的教师教育改革与创新，我们认为，有必要将我们在小学教师教育理论研究与实践探索过程中的一些重要事件、主要成果整理出版，通过回顾历史来把握当下、创造未来；也为推动具有中国特色的小学教师教育体系、世界先进水平的小学专业建设贡献我们的微薄之力。

　　首都师范大学初等教育学院，1999 年由两所中师——具有百年历史的通州师范学校和颇具影响力的北京第三师范学校合并升格成立，至今走过了 22 年的发展历程。在此期间，经历了学院文化的大学化、小学教育专业性质的定位、小学教育专业人才培养模式的形成与发展、初等教育学学科建设的确立与起步等至关重要的发展阶段与事件；并在国家一系列教师教育政策的指引下得以迅速发展,取得了显著成绩,被誉为全国小学教育专业的"领头雁""带头羊"。在此过程中的关键事件,可以分为三类。

一、关于小学教育专业建设的政策、项目与成效

在 20 年时间里,对小学教育专业建设产生重要而深远影响的国家政策与项目主要有以下几个:

2007 年,教育部评选国家级特色专业,我校和上海师范大学小学教育专业首批入选。这是建立不足 10 年的高师小学教育专业得到国家认可与重视的"信号",是对全国小学教育界(简称小教界)的莫大鼓舞。一些省市也相继开展特色专业评选活动,小教界有多家单位入选。由此开启了我国小学教育专业特色建设的探索之旅,小教界围绕着小学教育专业特色"特"在何处、小学教育专业的核心品质到底是什么等问题进行深入探索。这是推动我国小学教育专业关注自身性质、特色建设,注重内涵发展的重要力量。

2011 年,根据《教育部 财政部关于"十二五"期间实施"高等学校本科教学质量与教学改革工程"的意见》和《关于启动实施"本科教学工程""专业综合改革试点"项目工作的通知》,我校于 2012 年组织申报"高等学校专业综合改革试点"项目,我院小学教育专业的申报得到了学校的支持并获得立项。经过 3 年的建设,完成了"以人才培养质量为核心,进一步改革人才培养模式,凝练人才培养特色,为小学输送优秀教育工作者,在全国小学教师教育院系中起到引领和示范作用"的建设目标,实现了人才培养模式、教学团队建设、新课程体系建设等具体目标,开启了我院小学教育专业综合改革之路。

2017 年,我校接受北京市教委对高校本科专业审核评估。我们通过撰写"本科教学工作审核评估汇报报告",从学院发展概况、办学特色、人才培养目标的实现、质量保障体系建设、存在的问题与努力方向、建设规划等六个方面认真梳理了建院以来的教学工作,为日后申报一流专业建设点和撰

写师范专业认证自评报告打下了坚实基础。

　　同年,北京市属高校一流专业建设工作启动,我院小学教育专业入选首批一流专业建设单位。2018 年 5 月,我们组织骨干教师团队,研究并依据一流专业建设的具体要求,对我院小学教育专业建设现状、专业建设存在的问题、专业建设目标、专业建设的主要举措等方面做了进一步的梳理与研究。在此过程中,参与撰写的教师思想观念、思维方式不断发生转变,对一流专业建设的理解不断加强。

　　2018 年 9 月 4 日,我院接到通知,被指定为全国小学教育专业认证"打样"单位。依据教育部颁布的《普通高等学校师范类专业认证实施办法(暂行)》,经过两个月的高效工作,我院小学教育、美术学(小学教育)、音乐学(小学教育)接受了教育部师范类专业"联合认证",开启了中国小学教育专业认证的历史,也正如教育部教师工作司任友群司长在认证反馈会上所指出的:"为我国的师范教育发展史留下了浓墨重彩的一笔。"这一过程,不仅仅是完成了专业认证这项工作本身,更是梳理与反思了我院小学教育专业的建设历程,研究与憧憬了小学教育专业的未来发展。

　　2019 年,教育部颁布了《关于实施一流本科专业建设"双万计划"的通知》,我院小学教育专业经过层层选拔,入选了首批"国家级一流本科专业"建设点,这一成绩的取得,得益于前期大量的基础性工作,不仅是扎实的实践探索,更是针对小学教育专业与小学教师教育的学术研究。可以说,我院小学教育专业能入选首批"国家级一流本科专业"建设点,一路走来,每一步都很坚实,每一步都展现了学院追求卓越、敢为人先的探索与创新精神。2020 年,根据学校要求,对照《一流本科专业建设点推荐工作指导标准》科学编制一流本科专业 3 年建设规划方案,提出了深化专业综合改革的六大主要举措,3 年后的成效将使我院小学教育专业建设再上新台阶。

二、关于小学教师教育的政策、项目与成效

2010年，教育部启动教师专业标准研制工作，我院有幸在顾明远先生的指导下开展"小学教师专业标准"研制工作。在一年多的研制过程中，我们认真梳理了各国教师专业标准及其相关标准的有关内容，反思了我院小学教育专业建设经验，整理了我们对小学教育和小学教师教育的研究成果，尤其是对小学教师与中学教师的异同的探析，逐步厘清了小学教师专业标准的理念、维度、领域、基本要求等框架与内容，并完成了《小学教师专业标准解读》的撰写。由此不但进一步推动了小学教师教育研究，而且整体提升了我院教师团队的小学教师教育专业水平，尤其是带动了大学学科教师向小学教育专业教师的转型，为我院的发展提供了强有力的专业教师团队。

2014年，教育部出台《关于实施卓越教师培养计划意见》（称为1.0版），全国小教界共有20家入选，我院小学教育专业是其中一员。如何理解"卓越""卓越教师"的内涵，成为影响卓越教师培养计划实施的关键。对此，我们突破"学科教学"本位的思想与思维"禁锢"，提出卓越小学教师的核心是以"儿童教育"为本，并积极探索培养模式，"一体两翼一基"培养机制，解答了"卓越小学教师应如何培养"的问题。

2019年，正值我院成立20周年，我们积极筹备承办了以"走近·对话·共享——多元取向小学教师教育伦理与实践"为主题的首届"小学教师教育国际会议"，来自中国、芬兰、法国、匈牙利、冰岛、日本、韩国、瑞士、澳大利亚、美国等10个国家102个不同单位（其中包括78所大学）300余位专家学者参加，分享了各国小学教师教育的理念、模式以及质量保障机制等，为推进国际多元取向小学教师教育模式的彼此交流，共享过去、现在与未来，做出时代贡献，开启了国际小学教师教育模式跨文化、跨领域、跨时空对话的新篇章。

三、关于课程建设的政策、项目与成效

小学教育专业课程建设，既是小学教育专业建设的重心，也是小学教师培养的主渠道，因此如何构建小学教育专业课程体系成为小学教育专业建设与小学教师教育的关键问题。

2012年，教育部教师工作司开展"教师教育国家级精品资源共享课"建设项目，我们申报的《小学生品德发展与道德教育》课程入选，经过3年的建设，在"爱课网"上线，并于2015年出版同名教材，之后又在"中国大学慕课"上线。此课程及教材自上线与出版以来，持续受到小教界同人的关注与使用，尤其是在师范类专业认证以来，落实立德树人的根本任务，小学德育课成为小学教育专业的必修课，2020年，《小学生品德发展与道德教育》课程荣获线上线下混合教学"国家级一流本科课程"。

2013年，在教育部"专业综合改革试点"项目下，开展小学教育专业课程地图研制工作。依据所提出的小学教师核心素养及其指标体系，创制了小学教育专业课程地图。这是基于小学教师理念、理论对小学教育专业课程体系的设置，突破了之前课程设置的经验性与随意性过重的现象，首创"333"式课程结构，使专业课程内在逻辑清晰、层次清楚，体现科学性、规范性、系统性；确立了"儿童&教育"专业核心课程体系，解决了长期以来该专业核心课程不明的理论难题，实现了课程设置"精致化"，在小教界兼具开创性和示范性。

2016年，教育部颁布《关于组织实施中小学幼儿园教师培训课程标准研制工作通知》，我院承担了"教师培训标准——小学品德与生活（社会）学科教学"研制项目，借此全面深入地研究了小学德育理论与实践及小学德育课程与教学，这一标准研制工作的完成，不仅有利于我院2019年在小学教育专业中增设小学德育方向，也为组织开展小学德育学科骨干教师培训打下坚实基础。

　　总之,高校小学教育专业建设,在我国还是"新事物",本科层次小学教师培养历史仅有 22 年。在这段历程中,上述所列政策、事件起到了关键作用,在此我们选取了小学教师教育国际会议、小学教育专业认证、小学教师培养模式、道德与法治课程建设等整理出版。未来,我们还将陆续选择影响我国小学教育专业建设与小学教师教育发展的关键事件,进行整理出版。这既是我国小学教育专业建设与小学教师教育研究的现实历程,也是未来的史料;既是鲜活的个案,也是典型的代表;既是实践的呈现,也是理论的贡献。我们愿为此付出与努力。

2021 年 9 月 25 日于西钓鱼台嘉园

前　　言

我们——首都师范大学初等教育学院，非常有幸开启了中国师范类小学教育专业认证的历史。首开先河，无例可鉴，认证过程充满挑战与探索。一路走来，收获颇多。我们不仅仅是完成了专业认证这项工作本身，更是梳理与反思了我校小学教育专业建设的历程，研究与憧憬了小学教育专业的未来发展。本书即是这样一项继往开来的成果。

2017 年 10 月 26 日，教育部印发《普通高等学校师范类专业认证实施办法（暂行）》，目的是为了规范引导师范类专业建设，建立健全教师教育质量保障体系，不断提高教师培养质量。2018 年 9 月 4 日，我们接到通知，被指定为全国小学教育专业认证"打样"单位。2018 年 11 月 5 日至 7 日，我院小学教育、美术学（小学教育）、音乐学（小学教育）接受了师范类专业"联合认证"。这一历程，正如教育部教师工作司任友群司长在认证反馈会上所指出的"为我国的师范教育发展史留下了浓墨重彩的一笔"。

师范类专业认证的思维方式源于工程学，其话语体系与师范专业传统有诸多差异。接到教育部师范专业认证通知后，我们不断提高站位，将"打样"认证任务定位于立足全国小学教育专业，促进小学教师高质量发展，肩负起小学教育学人的责任与使命。在准备认证的过程中，我们的内心经历了从起初的惶恐茫然到逐渐进入状态，再到深度理解并加以实践反思。伴随这些变化，我们的教育情怀得到进一步的激发，内心的使命与责任更加强烈。我们觉得这一历程特别值得书写与记录。为此，我们组织了当时参与小学教育专业"打样"认证工作的主要亲历者,将其所知、所行、所感、所思撰写成文,并集结成书。既将这段历史保留下来,也是想为小学教育专业认证做出更多的贡献。我们作为实践认证过程的亲历者、认证报告的撰写者、专业建设的实践者、理论研究的探索者,在撰写本书的过程中,融认证精神的理解、现实问题的思考、教育理念的领悟、师范专业的改进为一体,具有一定的理论性与实践性。

本书以叙事的方式回顾了这段历程,对我校小学教育专业的认证背景、准备过程、问题改进等进行了客观描述。书中梳理了我国小学教师培养的历史脉络,分析了当前卓越小学教师培养现状,探讨了师范类专业认证对小学教师培养的价值。基于师范类专业认证的八项标准写作,即培养目标、毕业要求、课程与教学、合作与实践、师资队伍、支持条件、质量保障、学生发展,这八方面独立成章,每章主要包括把握标准的理论背景,提供翔实的实践案例,反思师范类专业认证中发现的专业建设问题,以及改进措施等具体内容。最后,回顾了小学教育专业基于此及认证后的反馈与改进。在沉静之余,我们对如何构建中国特色、国际视野、儿童取向的小学教育专业进行了研究与展望。

在本书的撰写过程中我们又思考了诸多问题,如师范专业认证与小学教师专业标准、一流专业建设、卓越教师培养2.0之间的关系;小学教育专业认证与其他学段的关系;本书写作定位于学术性还是实践性;如何处理"实然"与"应然"的问题等。最后我们的共识是,将我们的专业认证视作一个具有独特历史价值的案例。一方面,它开启了当代师范专业认证的先河,具有里程碑和史料意义;另一方面,作为"打样"认证单位,我们的做法、感受与反思及所生成的对小学教育专业的新思考,既带有试验性、示范性,又带有研究性与批判性。通过对认证心路历程的回顾和总结,既可引发小学教育专业同人或多或少的共鸣,助力小学教师教育者的专业成长,也是将我校小学教育专业认证的经验客观化和理论化,为下一阶段工作的再出发奠基。同时,我们愿意将自身实践过程作为靶子,与兄弟院校及从事小学教育专业研究的专家、同人分享,也期待大家的批评,共同促进中国小学教育专业的发展。

全书由刘慧、孙建龙组织策划,各章具体分工如下:第一章,刘慧、宋彩琴;第二章,曾小平;第三章,朱永海;第四章,傅添;第五章,唐斌;第六章,李敏、欧璐莎;第七章,魏戈;第八章,张端;第九章,于帆;第十章,刘婧媛、陈源、鲁华夏;第十一章,孙建龙。

在此,感谢教育部教师工作司、教育部高等教育教学评估中心对首都师范大学小学教育专业认证工作的关怀和指导,感谢教育部师范类专业认证专家组对首都师范大学小学教育专业所给予的中肯意见和详细反馈,感谢各兄弟院校长期以来的协同与支持。感谢天津人民出版社对本书出版给予了诸多帮助。本书在编写过程中参考了有关专家学者的论著,谨此一并致谢。

本书编写组

2021 年 5 月

目 录

Contents

第一章

小学教师培养与小学教育专业认证

百年大计,教育为本;教育大计,教师为本。培养新时代所需要的、面向未来的、合格的、卓越的小学教师是当今高校小学教育专业的使命。梳理我国小学教师培养的历史脉络,分析我国卓越小学教师培养现状,明确我国小学教育专业认证对小学教师培养的深刻价值和意义,有利于小学教育专业建设,有利于优质小学师资培养。

一、我国小学教师培养的历史脉络

我国真正意义上的小学教师教育历史可以追溯至 19 世纪末,至今已有一百多年历史了。在我国小学教师培养的百年历程中,经历了从清末时期初创的初(中)级师范教育为主培养小学教师,到新中国成立后以中等师范教育为主的小学教师培养,进入 21 世纪后,以高等师范教育培养小学教师的历史进程。

（一）以初（中）级师范教育为主的小学教师培养回顾

1. 南洋公学师范院（1897—1903）

"我国的师范教育是近代社会经济、政治和文化教育变革的产物。"[①]清朝末年，政府内外交困，一部分开明知识分子力主在文化教育上变革科举制度，讲求实学，师夷制夷。近代著名实业家、教育家盛宣怀（1844—1916）充分认识到，仅仅建立新式学堂还远远不能"救亡图存"和"富国强兵"，而"师道立则善人多，故西国学堂必探源于师范"。[②] 1897 年 4 月 8 日，由盛宣怀创办的南洋公学师范院在租借的上海徐家汇民房中正式开学上课，这拉开了中国教师教育的序幕。[③]

表 1-1   南洋公学师范院小学教师培养情况[④]

培养标准	具体内容	特点
培养目标	明体达用，勤学善诲。让儒学文化发扬光大，从而稳定时局、国富民安；学生勤于学习、善于教诲	对于学生培养的质量规格十分明确，于细微之处见博大
课程设置	有中学、西文、西学。笔算数学、代数备旨、勾股六术等；格致以物理化学为主（理论课、实验课）；科学教育、生物学、地理学以及外语（英文、日文、法文任选一门，边学边做翻译）	合理且丰富的课程设置
教学方式	采取教育理论和实践相结合的教学实习制度。师范院设有附属小学堂，招收十岁左右至十七八岁学生 120 名，由师范生分班教之	强调理论联系实际，重视学以致用

---

① 刘捷、谢维和：《栅栏内外：中国高等师范教育的百年省思》，北京师范大学出版社，2002 年，第 47 页。

② 盛宣怀：《筹集商捐开办南洋公学折（附章程）》，舒新城：《中国近代教育史资料（上册）》，人民教育出版社，1981 年，第 151~154 页。

③ 张謇：《通州师范学校议》，参见舒新城编：《中国近代教育史资料》（下册），人民教育出版社，1961 年，第 984 页。

④ 参见刘平、胡亚南：《南洋公学师范院之考略》，《云南档案》，2013 年第 12 期；蔡安琪：《南洋公学师范院培养模式及现代启示》，《教育现代化》，2015 年第 2 期；欧七斤：《南洋公学师范生考论》，《教师教育论坛》，2019 年第 11 期；严春红：《盛宣怀南洋公学师范院办学模式探析》，《当代教育论坛》（宏观教育研究），2007 年第 9 期；崔运武：《中国师范教育史》，山西教育出版社，2006 年。

续表

培养标准	具体内容	特点
考核和评价方法	《南洋公学章程》对师范生考核评价制度进行了说明。师范院把师范生分成"五层格"培养，只有达到了第五层次的要求才可以担任教习；师范生的表现跟其待遇直接挂钩	"重量级"考核人员的安排和大小考核的交错进行保证了师范生对考核有足够的重视；激励性质的师范生评价方法，保证了师范生学习的积极性，提高了培养质量
招生录取制度	出台《南洋师范学堂招考规条》。要求十分严格，分条目详细介绍首次招生的时间、地点、报考条件、学额、录取办法、要求入校学生的录取手续、递升办法等	制订了严格、规范的招生制度，择优录取；体现了招生的公平性
师资力量	盛宣怀担任督办；学术湛深的知府何嗣焜担任校长；美国传教士福开森博士担任监院兼西文总教习；颇负盛名的翻译家伍光建、李维格等教师作为中文教习	如此规模的师资队伍，可见盛宣怀对师范院的重视程度以及培养中西贯通新式人才的急切之心
师范生待遇	食宿杂费均由学校供给，每月还按层格发津贴；对学习成绩优良者还有奖学金；师范生借阅图书比一般学生多	它对加快废除封建科举制度的步伐，促进中国近代新学的颁布和推行起了一定的积极作用

从表 1 - 1 可知，南洋公学师范院，无论从办学理念、培养目标、招生录取制度、师资力量、师范生待遇，还是具体的人才培养所采纳的课程、教学方式、考核和评价方法，都具有开创性意义，为中国的师范教育树立了典范。

1903 年，南洋公学师范院停办。虽然它存在的历史很短，前后只有 7 年，先后培养学生仅 72 人，但无论是在南洋公学发展史上，还是在中国师范教育发展史上都具有重要意义。它创下了多项中国之最：首立师范院，初步奠定了我国近代师范的雏形；一改清朝的旧教育体制，开创了师范、小学、中学和大学的逐级衔接的教育模式；开启了我国教育领域实行分级分班教学之先河；师范生自编自写的《蒙学课本》是我国最早一部近代小学教科书。[1]

---

[1] 参见刘平、胡亚南：《南洋公学师范院之考略》，《云南档案》，2013 年第 12 期。

2.《奏定初级师范学堂章程》(1903—1912)

1902 年的"壬寅学制"规定,师范附设在高等学堂及中学堂内,为附属性质。1903 年实行的"癸卯学制",使师范学校独立设置。我国初级师范的学制,是依据 1903 年张百熙、张之洞、荣庆等人重订的《奏定学堂章程》而来的。其中《奏定初级师范学堂章程》是《奏定学堂章程》的一部分。

表 1-2　《奏定初级师范学堂章程》时期小学教师培养情况①

培养标准	具体内容		特点
培养目标	培养高等小学堂及初等小学堂教员为目的		学制和课程组织、实习的安排和附属学校的设置等无不打上日本教育模式的烙印
课程设置	完全科学习科目有修身、读经讲经、中国文学、教育学、历史、地理、算学、博物、物理及化学、习字、图画、体操等 12 门课程;简易科免读经、讲经、习字,其他科目均相同		
学时要求	每年授课 45 周,每周 36 小时		
实习安排	规定初级师范学堂需附设小学堂,以便师范生实习		
入学资格	高等小学毕业生		
人才培养类型	完全科	招收 18～25 岁、品行端瑾、文理优通、身体健全之贡、禀、增、附、监生,学力与中学堂入学学生相等,修业 5 年	
	简易科	招收 25～30 岁,修业 1 年	
	预备科	欲入师范学堂而普通学力未足者补习功课	
	小学师范讲习所	已是小学教员者补足学力;为蒙馆塾师补普通科和教授法	
	旁听生	以便乡间老生寒儒,欲从事教育者来堂听讲	
	女子师范教育	为解决女子小学堂和蒙养院所需的师资,招收 15 岁以上的女子高等小学堂的毕业生,或同等学力的学生,学制为 4 年	
师范生待遇	师范生在校一切费用,均由校方供给;师范毕业生有从事小学堂教员之义务,年限为完全科 6 年(私费生 3 年),简易科 3 年(私费生 2 年);义务年满,奖给官职		

①　参见高发照:《我国小学教师职前培养的历史、现状与问题研究》,山东师范大学硕士研究生学位论文,2005 年;霍东娇:《中国百年师范教育制度变迁研究》,东北师范大学博士研究生学位论文,2018 年;崔运武:《中国师范教育史》,山西教育出版社,2006 年。

从表 1-2 中可知,清末的中国小学教师职前培养独立设置后,小学教师培养的类型是多元化的,这为满足当时多样化的小学师资需求立下了汗马功劳。同时,由于当时清朝政府"近采日本,以定学制"的文教政策的影响,无论从学制还是课程教学方面都留下了深深的日本教育模式的烙印。

这一时期,诞生了第一批旨在培养小学教师的师范学堂(校)。如,1902年(清光绪二十八年)清末甲午科状元、我国近代著名政治活动家、实业家、教育家张謇(1853—1926)在江苏南通创办了"通州师范学校"(今南通高等师范学校),这是我国第一所私办和独立设置的中等师范学校,与南洋公学师范院、京师大学堂师范馆一起被世人公认为中国师范教育肇端的三大源头。此后,直隶、江苏、江西、福建、湖南、湖北等地纷纷成立师范学堂(校),如三江师范学堂(1902 年筹办,1904 年正式开学,1906 年易名两江师范学堂);直隶第二师范学堂(1904 年,保定师范学校的前身);直隶第十师范学校(1905 年,即北京通州师范学校,现首都师范大学初等教育学院的源头之一),等等。

3. 中华民国至新中国成立时期(1912—1949)

辛亥革命以后,由于国体的变更,教育宗旨、教育制度、教育机构等随之改变,师范教育也有所改革。中华民国至新中国成立时期,历经了 1912 年壬子癸丑学制、1922 年壬戌学制对小学教师培养的影响,又历经了抗日战争特殊时期小学教师的培养阶段。

表1-3　中华民国至新中国成立时期的小学教师培养情况①

时间	初级师范教育发展概况			特点
1912年	办学目的	培养小学教师		对师范生的人格、情趣、道德、意志、能力、世界观与人生观等德、智、体诸方面的一系列要求,反映了资产阶级革命派对未来师资的期望和对未来国民教育的民主要求
《师范教育令》《师范学校规程》《师范学校课程标准》	教养要旨	谨于摄生,勤于体育;富于美感,勇于德行;明建国之本原,践国民之职分;尊品格而重自治,爱人道而尚大公;明现今之大势察社会之情,实事求是;究心哲理,而具高尚之志趣;于受业之际,悟施教之方;要切于学生将来之实用;锐意研究		
	课程设置	预科	修身、读经、国文、习字、外国语、数学、图画、手工、乐歌、体操等	
		本科	教育、博物、物理、化学、历史、地理、法制经济,其他同预科	
		女师	家事园艺和缝纫	
	实习安排	师范学校设附属小学		
	招生类型	本科	以预科毕业生升入为原则,亦可招收年满岁具有同等学力者,修业4年	
		预科	高等小学毕业生,修业一年毕业后可升入本科	
1922年	《学校系统改革案》规定高级中学可设师范科,解决了当时小学师资短缺的问题。在课程设置方面,削减了必修课,增加了选修课。此外,取消了读经课,增加了普通教学法、各科教学法、小学各科教材研究等			师范学校多改为高级中学附设的师范科,削弱了师范学校的独立性

① 参见高发照:《我国小学教师职前培养的历史、现状与问题研究》,山东师范大学硕士研究生学位论文,2005年;霍东娇:《中国百年师范教育制度变迁研究》,东北师范大学博士研究生学位论文,2018年;崔运武:《中国师范教育史》,山西教育出版社,2006年。

续表

时间	初级师范教育发展概况	特点
1932 年	《师范学校法》《师范学校规程》。规定了修业年限、入学年龄和入学资格等。规定了农村教师的培养问题。以培养乡村小学教师为主的师范学校名字叫乡村师范学校或简易乡村师范学校,以解决师资不足的问题;出现了一些著名的师范学校,如湖南第一师范学校、河北保定第二师范学校、太原国民师范学校、江苏晓庄师范学校等	这些师范学校在发展中国的教育和壮大识字队伍方面起到了积极作用
革命根据地时期	就地取材,举办教员训练班,把粗通文墨的工农群众召集起来,经过短期培训,充当教师,以应急需	有力保障了苏区的基础教育的顺利实施
抗日战争至新中国成立时期	边区的师范学校初建时期,修业年限较短,一般为半年或一年。开设的科目主要有政治课、专业课、教育课和体育、音乐、美术课。还有生产知识课和医药知识课。因地制宜,根据当地实际需要安排科目	为中华人民共和国成立后师范教育的发展积累了经验

以上内容表明,这一时期,小学教师职前培养工作总的特点是在民族危机和战争灾难的夹缝中艰难地前进,发展速度比较缓慢。小学教师职前培养发展水平较之以后的相对较低,即使是发展较快的时期,其目的也是为了满足基础教育中师资短缺的问题。其培养、培训时间一般较短,有一些甚至只有一两个月的培养或培训时间在培养目标上,许多并不完全是单纯为小学培养师资,如革命根据地的小学教师师资培养既为小学培养师资,其中有一些毕业生也到中学任教,甚至有些师资培训学校还兼有培训革命干部的责任。

(二)以中等师范教育为主的小学教师培养状况

新中国成立以来,我国小学教师培养工作进入了改造和组建的新阶段,小学教师培养处于满足社会对小学教师数量需求的阶段,模仿苏联的教育体制,成立专门的师范院校培养师资,这对以后的教师教育也产生了深远影响。

　　根据社会政治经济发展的不同阶段,以及当时社会中心任务的变化情况,我们将划分为新中国成立初期、社会主义建设的探索时期、"文化大革命"时期以及 20 世纪 90 年代末期四个历史发展阶段,来展现我国以中等师范教育为主的小学教师培养概况。

表 1-4　新中国成立后的小学教师培养情况①

时间	中等师范教育发展概况	特点
新中国成立初期	1951 年 8 月召开第一次全国初等师范教育和师范教育会议,提出当前师范教育的工作方针是:正规师范教育与大量短期训练班相结合,短期训练的方式应多种多样,以应急需。同时要办好正规师范教育,大力发展各级师范教育	中等师范教育有了明确的办学方针。学制体系、教学计划和教材逐步稳定、完善起来,教师队伍得到充实和提高
社会主义建设探索时期	1961 年 10 月制订《三年制中等师范学校教育计划草案》,全国中等师范教育基本纳入正常轨道	调整后的中等师范教育,以中级师范学校为主,教育质量有所提高
"文化大革命"时期	1966 年至 1971 年,全国各地中级师范学校停止招生,多数省把中级师范学校的培养目标,改为培养初中教师,实质上也就等于取消了中级师范学校。1971 年后,中级师范学校开始逐步恢复	背离了中等师范学校的培养目标,与当时的小学教育事业发展严重不相适应

---

　　① 参见高发照:《我国小学教师职前培养的历史、现状与问题研究》,山东师范大学硕士研究生学位论文,2005 年;霍东娇:《中国百年师范教育制度变迁研究》,东北师范大学博士研究生学位论文,2018 年;崔运武:《中国师范教育史》,山西教育出版社,2006 年。

续表

时间	中等师范教育发展概况		特点
20 世纪 90 年代末期	培养目标	培养具有社会主义觉悟、辩证唯物主义世界观、共产主义道德品质,从事小学教育工作必备的文化与专业知识、技能,热爱儿童,全心全意为社会主义教育事业服务,身体健康的小学师资	国家层面颁布了一系列文件,把师资队伍的建设作为发展教育事业、提高教育质量的基本要求和百年大计来看待
	课程设置	三、四年制师范学校均开设政治、语文、数学、物理学、化学、生物学、生理卫生、历史、地理、心理学、教育学、体育及体育教学法、音乐及音乐教学法、美术及美术教学法等课	
	教学时间	每学年上课周数,三年制第一学年为 36 周,第二学年为 34 周,第三学年为 31 周;四年制第一学年为 36 周,第二、三学年各年为 34 周,第四学年为 31 周	
	实习时间	教育实习时间,三年制第二学年为 2 周,第三学年为 6 周;四年制第二、三学年各为 2 周,第四学年为 6 周	
	修业年限	师范学校修业年限为三年或四年,招收初级中学毕业或具有同等学力者	
	生产劳动时间	三年制的前两学年和四年制的前三学年,均安排有周的生产劳动时间	

进入 20 世纪 80 年代以后,中等师范学校仍然是我国小学教师培养的主力军。1986 年教育部颁布了《中等师范学校教学计划》,统一了全国中等师范学校的教学,强化了文化知识教育,使中等师范教育逐步步入了以教学为中心的轨道。1989 年颁布的《三年制中等师范学校教学方案(试行)》,打破了传统师范学校只有必修课程的单一形式,增加了选修课、课外活动和教育实践课程,开创了中师教育新格局。

中等师范学校培养的小学教师,招收初中毕业生,学制为 3 年或 4 年,采取全科培养模式,形成了一套完善而卓有成效的小学教师培养体系,为中国培养了大量合格的小学教师，这些教师成为小学教育界的骨干和精英，到目前为止仍然活跃在小学教育战线上。中师培养的特点主要是，选拔优秀初等毕业生，定向小学教育，以提高学生的综合素质为基础，注重培养师范生从事小学教育的信念与责任心，注重师范生的行为规范、教学技能的训练；体、美、音全方位培养；知识课程不分科授课，各学科知识齐头并进，主要侧重高中阶段的文化知识补偿教育。这些使得中师生毕业后能在小学同时教授几门课程，为之后的中国培养全科教师积累了丰富的经验。

在跨世纪之际，1999 年 3 月，教育部发布了《关于师范院校布局结构调整的几点意见》，肯定了"半个世纪来，我国师范教育支撑了世界上最庞大的中小学教育，为中小学教师队伍建设做出了历史性贡献"；指出了"面临 21 世纪，在实施科教兴国战略，迎接知识经济挑战的新形势下，师范教育发展不适应现代化建设和教育要'三个面向'的需要"，特别强调了与基础教育改革发展，提高质量要求的矛盾日益突出，主要表现为"师范教育适度超前、优先发展的方针尚未完全落实；高师院校总量不足，中师学校布点过多，办学层次重心偏低，布局结构不尽合理，规模效益、质量不高和投入不足并存；教育思想，课程体系，教学内容和教学方法、手段不能完全适应教育现代化和实施素质教育的需要；中小学教师继续教育步履艰难"；提出了"跨世纪的师范教育必须深化改革，为 21 世纪的基础教育培养高质量、高素质、高水平的教师，为基础教育的振兴提供有力的人才和知识支持。今后一段时期，重组师范教育资源，调整学校布局，逐步提高层次结构重心，提高教师培养培训质量和效益，是一项必须引起高度重视的工作"的战略布局。明确指出"积极稳妥地进行中等师范学校调整工作。继续办好一批中师，为经济和教育欠发达地区培养小学教师；部分中师可并入高师院校；少量条件好、质量高的中师根据需要，可通过联合、合并、充实、提高组建成师范专科学校；其余中师可改为教师培训机构或其他中等学校。"①此后，全国中等师范学校进入

---

① http://www.moe.gov.cn/srcsite/A10/s7058/199903/t19990316_162694.html.

了大调整阶段,部分中等师范学校升格为专科层次师范学校,部分面临着被其他高等院校"合并"或者"关门"的现实。

(三)小学教师培养"走进"高等师范教育

1. 专科层次的小学教师培养历程

我国开展专科学历小学教师培养最早可以追溯到 20 世纪 80 年代,1984年,江苏省确定南通师范学校进行初中起点"五年一贯制"专科学历小学教师培养实验;随后,上海第四师范学校、北京第三师范学校(现首都师范大学初等教育学院的源头之一)、南京晓庄师范学校、无锡师范学校、广州师范学校等高等专科学院开始探索专科层次小学教师的培养工作。从 1992 年起,国家教委决定在沿海和经济发达地区扩大试验。1995 年 2 月,国家教委下发试行《大学专科程度小学教师培养课程方案》(教师司〔1995〕4 号),有力地推动了试验工作的发展。

到 2001 年,小学教师中达到专科以上学历者已占小学教师队伍的27.4%。但是我国专科以上学历小学教师的培养尚处于初级阶段,在培养制度、办学渠道、办学模式、专业建设等方面还存在一些问题。为了大力提高小学教师整体素质,加强专科以上学历小学教师培养工作,2002 年 9 月,教育部颁发了《关于加强专科以上学历小学教师培养工作的几点意见》,其中指出:"坚持按需适度发展方针,科学规划专科以上学历小学教师的培养;专科以上学历小学教师的培养纳入高等教育体系,理顺管理体制;实行多种办学形式,积极探索培养模式;加强小学教育专业建设,努力办出特色;深化教育教学改革,努力提高培养质量。"[1]这个文件的颁布,推动并保障了专科学历培养小学教师的进程。

2003 年 1 月,《三年制小学教育专业课程方案(试行)》[2]颁布,有力推动

---

[1]　http://old.moe.gov.cn//publicfiles/business/htmlfiles/moe/moe_28/200506/8666.html.

[2]　http://old.moe.gov.cn/publicfiles/business/htmlfiles/moe/s3319/201001/xxgk_81790.html.

了专科层次小学教师教育的改革与发展。本课程方案是国家教育行政部门对高等专科学历小学教师培养的指导性教学文件，它是开展教学活动的基本依据，是编写主要教材的基本依据，是开展教学质量评估的基本依据。根据"综合性与学有专长"的课程设置原则，基本确立了"一专多能"的小学教师培养目标。这一时期，我国专科层次小学教师培养既有初中起点"五年一贯制""三、二分段制"，也有高中起点"二年制""三年制"，形成了多种模式培养小学教师的格局。

在小学教师专科层次培养的历程中，也经历了升格为本科专业及保留专科层次的历史发展阶段。以甘肃省为例，原兰州师专、天水师专、庆阳师专、张掖师专等小学教育专业都相继升格为本科层次，而陇南师专小学教育专业至今还保留原有专科培养层次。所以，目前我国培养小学教师是专科和本科层次共存状态。据统计，我国开设小学教育专业的师范类本科院校有 225 所、师范类专科院校有 193 所。① 这表明，我国在小学教育师资培养上，专科层次师范院校也发挥着举足轻重的作用。

2. 本科层次的小学教师培养

20 世纪 90 年代后期，随着科教兴国战略的逐步实施，培养本科学历小学教师的探索开始被提上议事日程。1997 年，教育部提出将小学教育专业纳入普通高等教育，并成立了"培养专、本科学历小学教师专业建设研究"课题立项组。1998 年，教育部师范司正式启动"面向 21 世纪培养专、本科学历小学教师专业建设"项目，在全国率先招收小学教育本科专业学生的高校有四所，从"1998 年度经教育部备案或批准设置的高等学校本科专业名单（教高函〔1999〕1 号）"②中获悉首批增设小学教育专业的高校有东北师范大学、上海师范大学、南京师范大学、杭州师范大学。这四所院校于同年开始招

---

① 此数据来自 2019 年 10 月 24 日小学教师教育国际会议上教育部教师工作司司长任友群的讲话。

② https://doc.wendoc.com/b72ccfa1987d77248ff17205b.html.

生,标志着小学教育专业已真正成为我国高等师范教育体系中一个正式专业。① 在"1999 年度经教育部备案或批准设置的高等学校本科专业名单(教高函〔2000〕2 号)"②中,第二批增设小学教育专业的高校又有四所:首都师范大学、华中师范大学、四平师范学院、雁北师范学院(2003 年成为山西大同大学一部分),并于同年招生。从这以后,全国各地方师范大学、师范学院都先后开设了小学教育本科专业。

1999 年起,我国师范教育开始步入转型期,开始了从"旧三级"(中师、大专、本科)到"新三级"(大专、本科、研究生)的尝试。2001 年《国务院关于基础教育改革与发展的决定》提出:"完善以现有师范院校为主体、其他高等学校共同参与、培养培训相衔接的开放的教师教育体系。推进师范教育结构调整,逐步实现三级师范向二级师范的过渡。"③2002 年《教育部关于"十五"期间教师教育改革与发展的意见》指出,中小学新教师培养要有计划、有步骤、多渠道地纳入高等教育体系,逐步形成专科、本科、研究生三个层次的教师教育。④ 截至 2019 年,全国至少已有 220 所高等师范院校开设了小学教育本科专业,还有一些综合性师范院校,如首都师范大学、华南师范大学、西南大学、南京师范大学等已经培养小学教育专业硕士,高学历小学教师教育趋于纵深化发展。

值得一提的是,2007 年,教育部、财政部颁布了《关于实施高等学校本科教学质量与教学改革工程的意见》(以下简称质量工程),在"实施质量工程的重要意义"中指出,提高高等教育质量,既是高等教育自身发展规律的需要,也是办好让人民满意的高等教育、提高学生就业能力和创业能力的需要,更是建设创新型国家、构建社会主义和谐社会的需要。质量工程以提高

---

① 参见惠中:《高师小学教育专业建设的展望》,《上海师范大学学报》(哲学社会科学·教育版)》,2003 年第 9 期。

② http://www.moe.gov.cn/s78/A08/s7056/201401/t20140115_162636.html.

③ http://www.gov.cn/gongbao/content/2001/content_60920.htm.

④ http://www.moe.gov.cn/srcsite/A10/s7058/200203/t20020301_162696.html.

高等学校本科教学质量为目标，以推进改革和实现优质资源共享为手段，按照"分类指导、鼓励特色、重在改革"的原则，加强内涵建设，提升我国高等教育的质量和整体实力。在"建设内容"方面指出："大力加强本科专业建设，按照优势突出、特色鲜明、新兴交叉、社会急需的原则，择优选择和重点建设3000 个左右特色专业点，引导各级各类高等学校发挥自身优势，努力办出特色。"

在小学教育专业进入高等院校不到十年的时间，首都师范大学和上海师范大学的小学教育专业入选了 2007 年第一批高等学校特色专业建设点，为全国入选的 420 个专业点中之 2 个。这既说明我国小学教师教育纳入高等教育体系建设是适应国家经济、科技、社会发展对高素质小学教师的需求，也体现了国家教育行政部门、高等院校、教育界专家对高师小学教育专业建设的肯定与期望，同时也为小学教育专业快速发展提供了一个良好契机。①随后，各省也开始建设省级特色专业，并将小学教育专业列为省级特色专业。例如，江苏省率先把小学教育专业设为省级特色专业。可以说，特色专业的建设进一步提升了小学教育本科培养的重视程度，加快了小学教师本科化的进程。

（四）首都师范大学小学教师培养的历史脉络及发展现状

首都师范大学初等教育学院传承百年师范传统，以培养一流小学教师为使命，办学历史可追溯至 1905 年，一批致力于拯救民族危亡的仁人志士，向社会发出"教育救国"的呐喊，先后在大运河畔创办通州男师、女师和简易师范，逐渐发展成为通州师范学校，并于 1999 年与始建于 1958 年的北京第三师范学校一起，带着不同的历史积淀与相同的历史使命并入首都师范大学，初等教育学院由此诞生。

建院以来，首都师大初教人再一次站在师范教育的潮头，肩负起小学教

---

① 参见刘慧：《关于高师小学教育专业建设的几点思考》，《课程·教材·教法》，2009 年第 2 期。

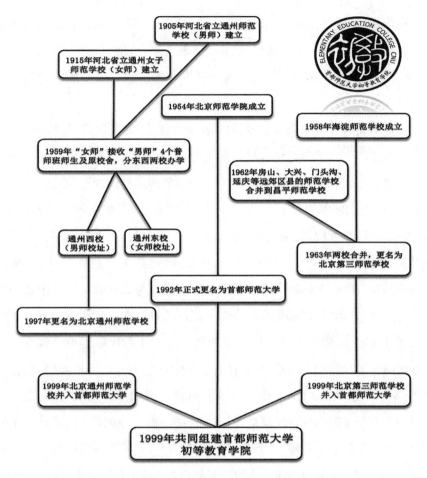

图 1-1　首都师范大学小学教师培养的历史脉络

师教育本科化探索的重任,学院经过 20 年的发展,现已成为集小学教师培养、小学教育研究、小学教育服务三位一体,本、硕、博培养层次分明,大学与小学协同互促的教学研究型学院。学院拥有一支热爱小学教育、学科背景多元、业务水平高、数量充足的专职教师队伍,每年为小学一线输送本科、研究生层次的毕业生 500 余名,迄今共输送了近 7000 名本科、硕士层次的小学教师,成为北京市基础教育的生力军和骨干力量。

　　首都师范大学的"小学教育专业"是全国最早一批设置的本科层次的小学教育专业。专业坚持"面向小学、研究小学、服务小学",遵从"国际视野、本土实践、借鉴历史、面向未来"的办学理念,立足首都基础教育改革与未来教育发展的需要,培养师德优秀、热爱小学教育事业,能以儿童为本、全面育人,素养综合、能够终身发展,具有国际视野和未来教育家潜质的创新型小学教育人才。

在传承我国百年师范育人经验的基础上,初等教育学院以"面向小学、研究小学、服务小学"为己任,以"国际视野、本土实践、借鉴历史、面向未来"为办学理念,形成了"'儿童取向'的卓越小学教师培养模式"。自建院以来,初等教育学院的小学教育专业人才培养模式经过短暂的"大文大理"(1999—2001)培养阶段,进入了"综合培养、发展专长、注重研究、全程实践"培养模式(2002—2018),我们称为1.0版;经过师范专业认证,明确提出"'儿童取向'的卓越小学教师培养模式",我们称为2.0版。这一模式的探索开启于2012年"教育部专业综合改革试点项目",在探索小学教育专业综合改革过程中,围绕小学教师核心素养及其指标体系构建了小学教育专业课程地图、人才培养方案;2014年明确了探索卓越小学教师培养模式,特别是2018年师范专业认证,深度反思、凝练特色、明确未来发展方向,提出了"'儿童取向'的卓越小学教师培养模式",这一模式强调以培养"具有未来教育家潜质卓越小学教师"为目标,以"儿童为本、师德优秀、主兼多能、人机协同、国际视野"为培养规格。同时,坚持以"一流学科"建设支持"一流专业"发展,构建了以"思想政治理论""通识教育""儿童教育""主教学科方向""跨学科兼教方向""实践创新研究"等为基本模块的专业课程体系。

2007年,"小学教育专业"首批入选国家级特色专业;2014年,首批入选教育部卓越教师培养计划;2017年,获批北京市重点建设一流专业;2018年,成为教育部首批"三全育人"综合改革试点单位;2018年,作为"打样"单位完成教育部师范专业认证(小学教育,二级);2019年,获评首批国家级一流本科专业建设点。学院曾三次获得北京市教育教学成果一等奖,两次获得国家级教学成果二等奖,在全国小学教师教育领域具有广泛影响。

首都师范大学初等教育学院于2019年被教育部授予"全国教育系统先

进集体"荣誉称号。

图 1-2 "全国教育系统先进集体"　　图 1-3 校友欧阳中石
荣誉证书　　　　　　　　　　　　先生题字

二、我国卓越小学教师培养的现状

（一）卓越小学教师培养计划

培养怎样的小学教师,如何提高教师培养质量,是小学教育专业建设的首要问题,也是最紧迫的任务。从国家层面上看,卓越教师培养计划是一项重要抓手。

2014 年 8 月 18 日,教育部颁布了《教育部关于实施卓越教师培养计划的意见》(以下简称《卓培计划》),明确指出了"大力提高教师培养质量成为我国教师教育改革发展最核心最紧迫的任务,为推动教师教育综合改革,全面提升教师培养质量,实施卓越教师培养计划。"在"分类推进卓越教师培养模式改革"提出:针对小学教育的实际需求,重点探索小学全科教师培养模式,培养一批热爱小学教育事业、知识广博、能力全面,能够胜任小学多学科教育教学需要的卓越小学教师。

《卓培计划》的颁布,引发了全国各高校教师教育专业的积极响应,经高等学校申报、省级教育行政部门推荐、专家会议遴选,并经网上公示,共有 20

家高等院校的小学教育专业获批"卓越小学教师培养改革项目"。之后，一些省也相继出台了地方性的卓越教师培养计划。如，河南省教育厅遴选出一批省级卓培项目学校。《卓培计划》为全国高校小学教育专业建设注入了新的动力，提供了新的"抓手"。

表1-5　2014年国家遴选承担卓越小学教师培养计划的高校情况

高校类别	高校名称
教育部直属师范大学	东北师范大学
地方师范类本科院校	首都师范大学、天津师范大学、上海师范大学、湖南第一师范学院、杭州师范大学、重庆师范大学、吉林师范大学、华南师范大学、合肥师范学院、贵州师范大学、楚雄师范学院、青海师范大学、海南师范大学
综合性大学及学院	大连大学、南通大学、临沂大学、内蒙古科技大学、哈尔滨学院
地方师范类专科院校	陇南师范高等专科学校

从表1-5可知，承担我国卓越小学教师培养计划的高校有不同层次，既有部属师范类本科院校，也有地方师范类本、专科院校，还有综合性大学，其中，20所高校中，有14所是地方师范类本科院校。这表明，地方师范类院校是我国小学教育师资培养的主体单位。另外，在我国小学教育师资培养上，专科层次师范院校也发挥着举足轻重的作用。

为培养造就一批教育情怀深厚、专业基础扎实、勇于创新教学、善于综合育人和具有终身学习发展能力的高素质专业化创新型中小学教师，2018年10月，教育部发文实施《卓越教师培养计划2.0的意见》（以下简称《2.0》）。[①] 这一计划是2014年实施的"卓越教师培养计划"加强版。《2.0》中明确指出，要培养素养全面、专长发展的卓越小学教师，重点探索借鉴国际小学全科教师培养经验、继承我国养成教育传统的培养模式。这样，进一步升级并推进了卓越小学教师培养计划，使卓越小学教师培养进入稳步发

---

① http://www.gov.cn/xinwen/2018-10/10/content_5329343.htm.

展的阶段。

（二）卓越小学教师培养模式的理论研究

1. 卓越小学教师培养的理论问题探讨

为推进卓越小学教师培养计划的实施，2015 年 7 月，教育部高等学校小学教师培养教学指导委员会全体委员、全国 20 所获批教育部"卓越教师培养改革项目"的高等院校小学教育专业领导、项目负责人聚集首都师范大学，共同探讨我国"卓越小学教师培养模式"。主要探讨了以下问题：一是认真领会《意见》精神与要求，做好顶层设计。二是项目的推进要针对实际问题，紧紧围绕教师培养的薄弱环节和深层次问题，深化教师培养模式改革。三是要优先解决几个基本问题，明确两个基本概念，即全科型小学教师和卓越小学教师；在行动研究的基础上形成我国的适合不同地区的多样化的全科型卓越小学教师培养模式。四是要切实探索出"高校与地方政府、小学'三位一体'协同培养新机制"。五是卓越教师培养计划，不仅针对如何培养高质量的小学教师问题，而且也关涉高师小学教育专业教师队伍建设问题。在一定意义上，只有高水平的高师小学教育专业教师队伍，才能培养出高质量的小学教师。

同时，地方卓越小学教师培养计划的落实也在积极推进中，如 2015 年江苏省遴选了 7 个省级卓培计划项目，河南省以郑州师范学院为牵头单位，就河南省小学教育专业（全科教师）培养指导标准"学科教学能力培养指导标准"（试行）召开了专家论证会。

2. 卓越小学教师培养经验的国际交流

为了提升小学卓越教师培养的品质，借鉴国际成功经验，促进小学教师培养的国际交流与比较，2019 年 10 月 24 日至 25 日，"2019 年小学教师教育国际会议"在首都师范大学召开。本次会议由首都师范大学、中国教育国际交流协会教师教育国际交流分会联合主办，首都师范大学初等教育学院承办，教育部小学教师培养教学指导委员会提供学术支持。来自中国、澳大利亚、芬兰、法国、匈牙利、冰岛、日本、韩国、瑞士、美国等10个国家102个不同单位（其中包括78所大学）300余位专家和学者参加。

教育部教师工作司司长任友群和首都师范大学校长孟繁华分别致开幕辞，真诚期待多方经验能相互激荡、互予启发，能在分享、对话、交流的过程中共同探索小学教师教育的未来之路。开幕式由首都师范大学副校长李小娟主持，副校长杨志成在闭幕式致辞中特别强调小学教育的重要性，充分肯定了此次国际会议的开创性，呼吁建立世界小学教师教育研究与发展的命运共同体。教育部高等学校小学教师培养教学指导委员会秘书长王智秋进行了会议总结，指出本次国际会议研讨非常广泛、时间跨度长、理论探索深、与会者对未来人类社会儿童的健康成长充满了热切的期望。

本次会议主题为"走近·对话·共享——多元取向小学教师教育理论与实践"，设有三个主论坛和三个分论坛。三个主论坛分别以国际视野、中国经验、多元共享为主题，国内外18位专家分享了迎接未来的教育、多元化世界背景下小学教师教育、小学教师教育的未来发展趋势、各国小学教师教育发展历史及其状态等。其中，变革是各国共同面对的问题。北京师范大学顾明远教授主题报告"迎接未来的教育"拉开了"国际视野"主论坛的序幕；美国密歇根州立大学彭恩霖教授站在批判性想象视角，剖析了多元化世界背景下的小学教师教育；韩国首尔国立大学白淳根教授探讨了小学教师教育的未来发展趋势；日本东京学艺大学岩田康之教授聚焦质量保障分享了日本小学教师教育发展的动态；芬兰赫尔辛基大学文德教授以芬兰的跨文化教师教育为例，探讨面向小学教育多样性的师范生培养问题；北京师范大学教育学部部长朱旭东教授论述了一流小学教师教育体系的重构。

在"中国经验"主论坛上，首都师范大学孟繁华教授、东北师范大学教育学部刘学智教授、天津师范大学教育学部杨宝忠教授、湖南第一师范学院刘志敏教授、南京晓庄学院教师教育学院曹慧英教授、临沂大学李中国教授，分别立足各校本土实践，分享了小学教师教育的中国经验。

在"多元共享"主论坛上，首都师范大学初等教育学院院长刘慧教授回望历史,面向未来,回顾了中国小学教师教育的变迁;匈牙利罗兰大学初等教育与学前教育学院副院长乔堡·西科斯先生立足变革,分享了匈牙利小学师资培养的经验;澳大利亚悉尼大学教育与社会工作学院教育系主任默瑞·普林特教授探讨了面向全球公民教育的小学教师教育;日本创价大学副校长铃木将史教授呈现了基于创价教育哲学的创价大学人本主义取向的教师教育样态;冰岛大学教育学院扬·卡亚兰教授就冰岛教师教育中的认知暴力问题进行了分享;澳门城市大学教务长李树英教授高度关注新时代新技术环境下教师专业发展中的教育智慧。

三个分论坛上,24 位与会学者围绕小学教师培养理念与模式、未来小学教师教育发展路向、小学教师教育质量保障等议题进行学术报告。首都师范大学初等教育学院孙建龙副院长介绍了初等教育学院的人才培养定位与课程建设方案;唐斌副教授做了题为"聚焦师范生毕业要求评价提升质量文化建设"的报告,阐述了以内部质量保障体系中生成的问卷调查结果作为依据,改进师范专业毕业生的培养质量的思路和策略;李敏教授在"小学教师德育专业化"报告中指出,在当前立德树人的教育政策背景下,亟须培养小学教师的德育专业化能力;朱永海副教授报告了"智能教育与教师角色转变",从人工智能时代展望教师专业发展的挑战与应对;魏戈博士基于一项历时两年的行动研究,向与会者分享了如何在职前教师教育阶段培养师范生实践性知识的经验探索;张志坤副教授、傅添博士等担任分论坛主持。上述报告展现了首都师范大学初等教育学院教师良好的学术风貌,对多元取向的小学教师教育新理念、新思路和新策略等进行了深入探讨,为全球小学教师教育的发展贡献了智慧。

以上着重介绍了在首都师范大学召开的国际会议情况。其实,早在2016 年 6 月 12 日至 13 日,由教育部小学教师培养教学指导委员会和全国教师教育学会小学教师教育委员会主办、上海师范大学和南京晓庄学院就共同承办了"首届小学教师培养国际论坛",当时在上海师范大学召开。当年论坛的主题为"面向教育国际化的卓越小学教师培养"。美国、英国、澳大利亚、日本、中国香港和内地近百位专家学者出席了此次论坛,其中,特别邀请了20个教育部卓培计划入选学校项目负责人出席。想必,在未来,国际社会将一如既往地继续关注小学教师培养的理论与实践问题。

3. 我国卓越小学教师培养模式枚举

卓越教师培养已成为中国教师教育的新常态,我们不仅要借鉴国际教师教育的成功经验,系统梳理我国百年中师教育的优良传统,也要考虑我国不同区域的发展情况,努力培养兼具本土实践和国际视野的卓越小学教师。

目前,全国首批卓越小学教师培养计划单位,基于对卓越教师内涵的理解及本校实际,探索了多种卓越小学教师培养模式,如,首都师范大学对"卓越"小学教师之核心内涵的理解是"以儿童教育为本",故强调"卓越"不是站在学科的角度,而是儿童的角度,是"以儿童为本,主兼多能,综合发展"。东北师范大学认为全科是多科,明确提出 2 + 3 的学科结构,即精通 2 门学科,主要是数学、语文;胜任 3 门学科,包括品生、科学、综合实践、英语等。上海师范大学的全科聚焦为"两专多能"的培养,"两专"就是胜任两门小学课程,至于是语文还是数学,根据招生时的大文、大理方向进行设定;如数学和科学,语文与外语等。临沂大学基于"全科""多学科"的政策要求,进行了"一主两辅"的方案设计,即主教一门学科,包括语文、数学,兼教两门学科,包括思品、科学、外语等。大连大学在关注乡村、城市等不同区域教师培养特色的基础上,要强调卓越教师的共性品质,聚焦核心素养。湖南第一师范学院认为卓越教师培养重在培养卓越的基础知识和能力,培育学生卓越发展的主要潜质。

(三)首都师范大学"儿童取向"小学教育专业人才培养模式的探索

如前所述,我们认为卓越小学教师之"卓越"不是学科视角,而是儿童,是强调"儿童教育"。无论是教育部先后出台的《教师教育课程标准》(2011),《教师资格考试标准》《教师专业标准》(2012),还是《师范专业认证标准》(2017),其基本理念都在强调以学生为本、学生中心。可以预见,未来小学教育专业人才培养模式必将凸显学生为本。可以说，当代小学教育改革正试图突破学科教学本位，回归儿童教育本位①。从人工智能时代来看，未来不能被人工智能替代的是生命、情感、感受、体验等。而这正是未来小学教师安身立命之根所在，也是小学教育专业建设的重心所在。

在近十年间，一些高校小学教育专业不同程度、不同层面地在探索新的人才培养模式。首都师范大学小学教育专业，其人才培养模式的探索逐步升级，由"综合培养、发展专长、注重研究、全程实践"人才培养模式的1.0版，迭代为"儿童取向"卓越小学教师培养模式2.0，即以"儿童为本、主兼多能、综合培养"为特色，生命性、儿童性、综合性为基本原则。②

凸显生命性，是教育的目的体现，是实现教育促进儿童生命健康成长之目的的必然要求，是实施遵循儿童生命规律之小学教育的基本准则。以儿童生命为本，确立儿童在小学教育中的主体地位。③凸显生命性还体现为对生命的爱。对小学儿童而言，小学教师最重要的品质是爱，爱也是师德的核心所在，没有爱就没有教育。凸显儿童性，是人本教育理念的进一步落实，也是生命性的具体化。儿童是小学教育的对象，小学教师应研究儿童、理解儿童、读懂儿童，在此基础上发展以儿童为本的教育教学能力。凸显综合性，是体现小学教育的特性，也是儿童性的体现。为小学儿童服务的小学教育必然要遵循小学儿童生命成长特性。小学儿童的生命成长、认识世界的方式、生活状态等特性是综合的、整合的，故小学教育应与之相适应。

基于"国际视野、本土实践、借鉴历史、面向未来"的办学理念，及以北京为代表的国际化大都市的发展特点和未来教育发展趋势，首都师范大学初等教育学院在原有人才培养模式的基础上进一步探索卓越小学教育专业建设与发展的基本方向。一方面，继承我国"师教"传统和本土基础教育发展

---

① 刘慧：《以"儿童教育"为本位的卓越小学教师培养》，《课程·教材·教法》，2017年第2期。

② 刘慧：《中国小学教育专业现状与未来发展趋势》（本文系刘慧教授2019年出访韩国首尔的演讲稿）。

③ 刘慧：《基于儿童生命的小学教育之思》，《当代教育科学》，2012年第18期。

的现实,瞄准我国城市化进程中基础教育发展的未来趋势,尤其是作为首都和国际化大都市的发展趋势;另一方面,从当代中国儿童发展的需要出发,秉持"小学教育专业的起点和最终目的是儿童"这一基本观点,加强对小学儿童的研究,如儿童的权利与保障、儿童的生命特性与成长、儿童的学习与认知、儿童德育、美育,以及小学儿童需要什么样的课程、需要具有怎样素养的教师,等等。形成了良好的"儿童学"学科基础,并基于上述学科基础,完善了"儿童研究课程群"模块,确立了"儿童取向"卓越小学教师培养模式,构建了儿童取向卓越小学教师培养的课程体系框架(2.0 版)。

"小学教育专业"课程体系
中文、数学、英语、科学、信息、德育六个方向

"音乐学(小学教育)专业"课程体系

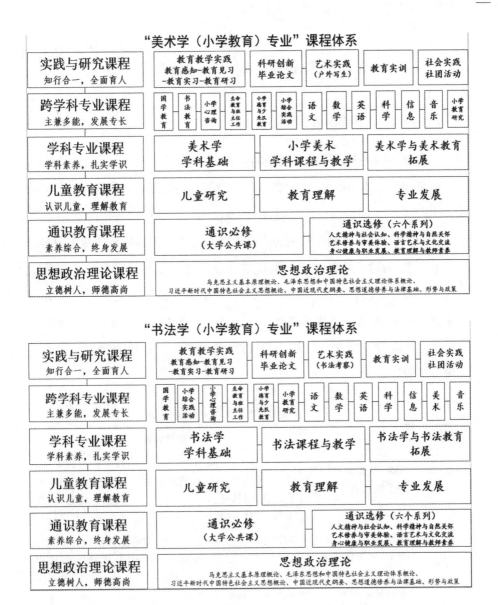

图1-4 小学教师培养课程体系

三、小学教育专业认证对小学教师培养的价值

(一)师范类专业认证的背景

1. 世界各国提升高等教育质量的需求

质量问题已成为世界各国高等教育发展的共同主题,特别是自20世纪80年代以来在不同层面被反复提及,并演化为一个全球性和国际性问题。[1]其中,师范类专业认证制度被视为国际教师教育质量保障体系的重要内容。

近年来,为适应社会经济发展特别是教育改革对高素质专业化教师队伍的迫切需要,英国、美国、德国、俄罗斯、日本等国纷纷建立健全教师教育质量保障体系,从源头上保障教师队伍整体素质和专业化水平。[2] 而保障体系的建立均以"标准发布"为核心和支撑,通过丰富完备的质量标准引领教师教育的发展方向。

表1-6　国际教师教育标准化发展概况举例[3]

国家	标准文件	具体内容
德国	2004年德国政府颁布《德国教师教育标准》	教育与教养;教师的职业与角色;教学论与教学法;学习、发展和社会化;成就激励与学习激励;区别、整合与促进;诊断、评价与咨询;交流;媒体教育;学校发展;教育研究
澳大利亚	2010年教学与学校领导协会颁布《职前教师教育课程国家认证系统》	师范生毕业标准(专业知识、专业能力和专业实践);课程标准(课程目标、课程学习时间、课程开发、课程结构及内容、课程准入、伙伴关系、课程资源、课程评估);认证程序

---

① 刘鎏、何伟黎:《欧美高等教育自我评价发展历程研究》,《山东高等教育》,2016年第6期。
② 王薇:《国际教师教育质量保障体系的构建及其启示》,《教师教育研究》,2017年第3期。
③ 常珊珊、曹阳:《专业认证背景下我国师范类专业发展机制研究:国际经验与本土建构》,《高教探索》,2020年第2期;王薇:《国际教师教育质量保障体系的构建及其启示》,《教师教育研究》,2017年第3期。

续表

国家	标准文件	具体内容
美国	2014 年师资培育认证委员会颁布《新一代师资培育认证标准草案》	学科知识和教育知识、临床合作与教育实践、教师候选人素质、招生和选拔、项目影响力、教师培训机构的质量保证和持续改进这 5 个一级指标和若干个二级指标

标准主要可分为三类[①]：一是明确总体要求的专业标准、合格教师标准等；二是具有操作性的资格标准、课程标准、认证标准等；三是质量保障具体要素的相关标准。表 1-6 中所列举的三个国家的"标准"分别是课程认证系统、教师教育标准、认证标准。标准的发布不仅能为教师教育人才培养目标提供基本的参照标准，也为师范类专业建设提供清晰的框架，以此实现教师教育的标准化发展。因此，参照国际领先做法，实行师范生专业认证，颁布专业认证标准，促进教师教育标准化发展是我国教师教育改革的必然趋势。

2. 我国教师教育内涵式发展的需求

随着我国教育事业的发展、国民综合素质的提高、人民生活水平的改善，社会对教育的重视程度日渐提高，对基础教育师资的质量要求越来越高。尤其是伴随着中国教师教育进入"建标"时代，小学教育专业人才培养模式的探索也走上了标准化道路。

表 1-7　我国教师教育相关文件颁布概况

时间	颁布的文件
2011.7	《教师资格考试标准》《中小学教师资格考试暂行办法》
2011.10	《教师教育课程标准》
2012.2	《幼儿园、小学、中学教师专业标准》
2013.2	《义务教育学校校长专业标准》

① 王薇：《国际教师教育质量保障体系的构建及其启示》，《教师教育研究》，2017 年第 3 期。

续表

时间	颁布的文件
2014.8	《实施卓越教师培养计划》
2018.10	《实施卓越教师培养计划2.0》
2018.1	《全面深化新时代教师队伍建设改革的意见》
2018.2	《教师教育振兴行动计划(2018—2022年)》

表1-7足以说明,近十年来,我国以国务院、教育部等高级别行政单位颁布的关于教师教育类"标准化"文件的数量之多,这也表明,国家对我国教师教育发展的高度重视。同时,"教师资格条例"和教师准入门槛在不断改革和提高,从2011年开始,教师资格考试开始实行国家统考。伴随着这一系列教师教育文件的颁布,我国教师教育体系不断完善,基础教育师资水平不断提高,逐渐满足我国社会经济发展对人才质量的要求。同时也看到,教师教育改革面临开放化背景下的教师教育质量保障制度亟待建立、综合化背景下的教师教育特色亟待强化、教师教育内涵式发展亟待引导等新情况、新问题。① 在此背景下,展开师范类专业认证,建立完善的师范类专业认证体系,不仅能够推动我国教师教育改革的深化发展,更是检验教师教育改革成效、评判师范毕业生社会竞争能力的重要手段。

(二)小学教育专业认证的中国探索

为规范引导师范类专业建设、建立健全教师教育质量保障体系、不断提高教师培养质量,2017年10月26日,教育部出台了《普通高等学校师范类专业认证实施办法(暂行)》(教师〔2017〕13号)②。所谓师范专业认证,是专门性教育评估认证机构依照认证标准对高校师范类专业人才培养质量状

---

① 王定华:《我国高校师范类专业认证的缘起与方略》,《中国高等教育》,2019年第18期。
② 教育部关于印发:《普通高等学校师范类专业认证实施办法(暂行)》的通知(教师〔2017〕13号)[EB/OL]. www. moe. gov. cn/srcsite/A10/s7011/201711/t20171106_318535. html.

况实施的一种外部评价,旨在证明高校师范类专业现在和在可预见的将来能够达到既定的人才培养质量标准。

《师范类专业认证标准》坚持"学生中心、产出导向、质量持续改进"的认证理念,强调以师范生为中心配置教育资源、组织课程和实施教学,对照师范毕业生核心能力要求评价专业人才培养质量,评价结果也将及时反馈,推动教学改进和质量持续提升。具体而言,有三个层面的功能:一是以评促建,通过兜底、检测,督促高校加大师范专业建设投入力度;二是以评促改,通过合格认证,强化高校师范专业教学改革;三是以评促强,通过专业认证,引导师范专业做精做强,保障师范类专业教育质量达到国家卓越教师标准。

2018 年 11 月初,首都师范大学作为全国小学教育专业首家"打样"认证单位,完成了专家组现场考查工作,正式拉开了中国小学教育专业认证工作的帷幕。小学教育专业认证虽然刚刚开始,但对中国高校小学教育专业的影响很大。主要表现为:一是全国高校的关注度高,且范围广;二是围绕着认证标准的行动迅速,高校小学教育专业依据标准,调整人才培养方案、请专家进校讲座、检查等;三是校际交流增多,各种国内会议,将专业认证作为其中一个主题。

表 1-8　2019 年通过小学教育专业二级认证高校情况①

序号	学校	专业名称	层次	专业类别	认证结论	有效期开始时间	有效期截止时间
1	首都师范大学	小学教育	本科	小学教育	有条件通过	2019 年 8 月	2025 年 7 月
2	南通大学	小学教育	本科	小学教育	有条件通过	2019 年 8 月	2025 年 7 月
3	南京晓庄学院	小学教育	本科	小学教育	有条件通过	2019 年 8 月	2025 年 7 月
4	杭州师范大学	小学教育	本科	小学教育	有条件通过	2019 年 8 月	2025 年 7 月
5	温州大学	小学教育	本科	小学教育	有条件通过	2019 年 8 月	2025 年 7 月
6	泉州师范学院	小学教育	本科	小学教育	有条件通过	2019 年 8 月	2025 年 7 月

① https://www.dxsbb.com/news/85993.html.

续表

序号	学校	专业名称	层次	专业类别	认证结论	有效期开始时间	有效期截止时间
7	闽南师范大学	小学教育	本科	小学教育	有条件通过	2019 年 8 月	2025 年 7 月
8	杭州师范大学	小学教育	本科	小学教育	有条件通过	2019 年 8 月	2025 年 7 月
第二级认证（2016—2017 年认证试点复评）							
序号	学校	专业名称	层次	专业类别	认证结论	有效期开始时间	有效期截止时间
1	淮阴师范学院	小学教育	本科	小学教育	有条件通过	2019 年 8 月	2025 年 7 月
2	南宁师范大学	小学教育	本科	小学教育	有条件通过	2019 年 8 月	2025 年 7 月

表 1-8 所列是我国 2019 年度通过小学教育专业认证的院校名单。一共有 10 所院校的小学教育专业通过教育部第二级认证，其中包括两所在 2016—2017 年专业认证试点单位。如表 1-9 所示，2019 年，我国小学教育专业进行的二级认证，没有三级认证；且认证单位均为本科院校，这说明该专业认证将从本科层次院校开始，然后再涉及专科层次院校；认证结论均为"有条件通过"，这表明，各院校将在"持续改进"理念之下不断对人才培养质量进行改进与提升；"有效期时间"表明，专业认证的有效期时间为 6 年。

表 1-9　2020 年通过小学教育专业二级认证高校情况①

序号	学校	专业名称	层次	专业类别	认证结论	有效期开始时间	有效期截止时间
1	天津师范大学	小学教育	本科	小学教育	有条件通过	2020 年 7 月	2026 年 6 月
2	沈阳师范大学	小学教育	本科	小学教育	有条件通过	2020 年 7 月	2026 年 6 月
3	吉林师范大学	小学教育	本科	小学教育	有条件通过	2020 年 7 月	2026 年 6 月
4	上海师范大学	小学教育	本科	小学教育	有条件通过	2020 年 7 月	2026 年 6 月
5	扬州大学	小学教育	本科	小学教育	有条件通过	2020 年 7 月	2026 年 6 月

---

① https://www.gk100.com/read_8227.htm.

续表

序号	学校	专业名称	层次	专业类别	认证结论	有效期开始时间	有效期截止时间
6	南京师范大学	小学教育	本科	小学教育	有条件通过	2020 年 7 月	2026 年 6 月
7	江苏师范大学	小学教育	本科	小学教育	有条件通过	2020 年 7 月	2026 年 6 月
8	盐城师范学院	小学教育	本科	小学教育	有条件通过	2020 年 7 月	2026 年 6 月
9	常熟理工学院	小学教育	本科	小学教育	有条件通过	2020 年 7 月	2026 年 6 月
10	湖州师范学院	小学教育	本科	小学教育	有条件通过	2020 年 7 月	2026 年 6 月
11	丽水学院	小学教育	本科	小学教育	有条件通过	2020 年 7 月	2026 年 6 月
12	安庆师范大学	小学教育	本科	小学教育	有条件通过	2020 年 7 月	2026 年 6 月
13	聊城大学	小学教育	本科	小学教育	有条件通过	2020 年 7 月	2026 年 6 月
14	临沂大学	小学教育	本科	小学教育	有条件通过	2020 年 7 月	2026 年 6 月
15	青岛师范大学	小学教育	本科	小学教育	有条件通过	2020 年 7 月	2026 年 6 月
16	齐鲁师范学院	小学教育	本科	小学教育	有条件通过	2020 年 7 月	2026 年 6 月
17	湖南第二师范学院	小学教育	本科	小学教育	有条件通过	2020 年 7 月	2026 年 6 月
18	湖南第一师范学院	小学教育	本科	小学教育	有条件通过	2020 年 7 月	2026 年 6 月
19	华南师范大学	小学教育	本科	小学教育	有条件通过	2020 年 7 月	2026 年 6 月
20	重庆第二师范学院	小学教育	本科	小学教育	有条件通过	2020 年 7 月	2026 年 6 月
21	四川师范大学	小学教育	本科	小学教育	有条件通过	2020 年 7 月	2026 年 6 月

　　表 1-9 所列是我国 2020 年度通过小学教育专业认证的院校名单。相比较于 2019 年,一个显著的特点是,通过二级专业认证的院校明显增加,从 10 所增加为 21 所,整整翻了一倍多。这表明,我国小学教育专业认证工作已经进入常态化发展的进程中。

(三)小学教育专业认证的时代意义与价值体现

1. 时代意义

师范类专业认证标准是建立在国际经验基础上的,反映我国师范类专业国际竞争力的标准,是高校师范类专业建设的根本依循。推动师范类专业形成"持续改进"的发展机制和质量文化,实现从质量控制转向质量提升转变应该是专业认证的根本价值。[①]

党的十八大以来,以习近平同志为核心的党中央高度重视我国教师队伍建设。习近平总书记指出,教师是立教之本、兴教之源,承担着传播知识、传播思想、传播真理、塑造灵魂、塑造生命、塑造新人的时代重任。习近平总书记站在"好教师是民族的希望"的高度,对教师提出殷切希望,号召广大教师做到"三个牢固树立"(牢固树立中国特色社会主义理想信念、终身学习理念、改革创新意识)和"四个相统一"(坚持教书和育人相统一、言传和身教相统一、潜心问道和关注社会相统一、学术自由和学术规范相统一),争做"四有"好老师(有理想信念、有道德情操、有扎实学识、有仁爱之心),当好学生的引路人。党的十九大报告指出,"建设教育强国是中华民族伟大复兴的基础工程,必须把教育事业放在优先位置,深化教育改革,加快教育现代化,办好人民满意的教育",明确指出"加强师德师风建设,培养高素质教师队伍,倡导全社会尊师重教"。[②] 小学教育是基础教育的基础,小学师资关乎小学教育的质量,开展小学教育专业认证是认真贯彻落实党中央、国务院文件精神和习近平总书记对教师队伍建设重要指示精神的重大举措,体现了重大的时代意义。

2. 价值体现

小学教育专业认证的意义和价值是深刻而长远的,它不仅促进了小学

---

① 周志艳、陈新文:《专业认证视域下高职院校师范类专业发展思考》,《黑龙江高教研究》,2021 年第 1 期。

② http://www.12371.cn/special/19da/bg/.

教师培养单位办学条件的改善，还推动了小学教师培养质量的内涵建设，更是提升了小学教育专业品牌，引领了小学教师培养新样态。

第一，促进小学教师培养单位办学条件的改善。高校师范类专业的条件建设包括：师资队伍建设、满足专业技能训练和实践课程教学需要的职业技能平台建设以及基于师范生实境训练需要的校外实践基地建设。① 例如，《小学教育专业认证标准（第二级）》②中"师资队伍""经费保障""实施保障""资源保障"等方面，对专业的支持条件提出了全面的要求。其中，在"师资队伍"方面，通过对生师比、硕博学位教师占比、高级职称教师比例、基础教育一线兼职教师比例的规定，促使优化师资队伍结构；在"经费保障"方面，专业建设经费的硬性要求、教学设施设备和图书资料等更新经费的标准预决算；教育教学设施满足"三字一话"、微格教学、实验教学、艺术教育等实践教学需要；生均教育类纸质图书、小学教材资源库和优秀小学教育教学案例库建设等，无疑有助于改善和提升小学教育专业办学条件。

第二，推动小学教师培养质量的内涵建设。在一定的办学条件基础上，内涵建设情况直接决定了某个专业的人才培养质量。师范类专业认证建立了三级认证检测体系，对认证结果设置了"通过""有条件通过"和"不通过"三个等级，要求专家在进行认证反馈时，必须集中反馈该专业办学过程中存在的问题，以帮助该专业准确把握今后的发展方向，引导其树立科学的发展观、人才观和质量观，促使学校正确处理好硬件建设与内涵建设、专业发展与学生发展、规范管理与创新管理之间的关系。③同时，鉴于师范专业认证"持续改进"的理念，认证结论仅 6 年有效。在新一轮认证之前，各专业必然要在认证结论和标准的引导下采取切实的持续改进举措。在此循环往复的认证周期下，师范专业必将持续保持在原有基础上不断优化改进的活力。否则，虽前次认证通过，但若在新一轮认证周期内没有任何改进与优化，则

①③ 张怡红、刘国艳：《专业认证视阈下的高校师范专业建设》，《高教探索》，2018 年第 8 期。

② https://jyxy.wfu.edu.cn/2018/0528/c1420a110455/page.htm.

新一轮认证就未必能保持原有的认证等级。这必将推动小学教师培养质量的内涵建设。

第三,提升小学教育专业品牌,引领小学教师培养新样态。师范类专业认证工作在我国是首次开展,如果能首批完成专业认证特别是高级别认证,无疑是对专业办学实力和水平的证明。按照教育部规定,一流本科专业建设"双万计划"按"两步走"实施:报送的专业第一步被确定为国家级一流本科专业建设点;通过教育部组织开展的专业认证后方可确定为国家级一流本科专业。① 而师范类专业认证作为我国首个三级专业认证,其实就是扮演"探路者"的作用。有理由相信,通过师范类专业二级、三级认证的一流专业建设点,将可能率先转为一流专业。② 例如,2018 年 11 月初,首都师范大学作为全国小学教育专业首家"打样"认证单位,完成了专家组现场考查工作;2019 年,公布的认证结果为"有条件通过";2020 年,教育部公布"双万计划"名单,首都师范大学小学教育专业被评为 2019 年度国家级一流本科专业,这无疑提升了小学教育专业品牌。

从长远来看,我国小学教师专业认证仅仅是走出的第一步,未来我国师范类专业应得到国际认可。从国际经验来看,建立在美国专业认证制度上的国际互认协议,是确保专业教育质量、促进专业发展,引进优质高等教育、开拓高等教育国际市场,实现国际间教育质量互认的基础。随着我国教育服务市场的开放,我国更应该学习借鉴美国的专业认证制度,参考其国际化的认证标准,探索在我国各专业领域实施评估的可行性,为我国在世界范围内的教育竞争打下坚实基础。③

展望未来,随着小学教育专业认证的稳步开展,我国承担小学教师培养

---

① http://www.moe.gov.cn/jyb_xwfb/xw_fbh/moe_2606/2019/tqh20191031/sfcl/201910/t20191031_406248.html.

② 张晓报、许路阳:《教师教育振兴背景下师范类专业认证的价值辨析——兼谈师范类专业内涵建设》,《教师教育论坛》,2019 年第 9 期。

③ 赵修渝、封丽娟:《美国高等教育专业认证制对我国专业评估的启示》,《科技管理研究》,2007 年第 8 期。

的师范院校都在积极进行专业建设,有效促进了专业内涵发展。我们相信,专业认证只是手段,其目的是使持续改进的质量保障机制和追求卓越的质量文化在师范教育中扎根落地。

四、首都师范大学小学教育专业认证情况

首都师范大学小学教育专业(含音乐学·小学教育、美术学·小学教育)(以下简称小学教育专业)于2018年11月5日至7日,接受教育部师范类专业"联合认证"。

(一)认证过程

2018年4月,王智秋和刘慧教授接受师范专业认证培训。5月26日,学院新一届行政班子正式开始履职,在全院教职工大会对师范专业认证工作进行初步动员,并组织部署有关人员梳理有关资料。9月1日,我们接到通知,承担全国小学教育专业"打样认证"工作。学院上上下下投入此工作之中。

学校、学院高度重视师范类专业认证工作。孟繁华校长、杨志成副校长、李晓娟副校长等多次听取汇报、组织讨论,确立了相应工作定位、工作原则、工作流程;教务处方敏时任处长、王建跃副处长等参与整个认证过程。学院班子组织筹备多个工作组、召开多次相关会议,定期开会交流汇总。

工作定位:站在我国"小学教育专业"发展的高度,基于使命感、责任感,梳理、发现、反思首都师大"小学教育专业"发展的历史、现状与问题,以认证打样工作为契机,寻找并确认发展的新起点、新方向、新征程,以起到更好的专业引领作用。

工作原则:实事求是,梳理事实;不遮不掩,查找问题;学生中心,谋划改进;建立机制,以评促强。

工作流程:组织学习认证精神,宣传到全院师生;组建资料组、撰写组、校园文化建设组等多个工作组,由多方面共同制定时间表,在专家进校考察

时,学校整体安排部署,校办、教务处、院办等充分发挥作用,学院在两个月筹备期内,经过各方反复研究讨论,基于师范专业认证"学生中心""产出导向""持续改进"的认证理念,修订了小学教育专业(含音乐学·小学教育、美术学·小学教育)培养目标、完善了毕业要求各指标及分解点;完成了自评报告 3 册、数据报告 7 册,各类支撑材料近 50 万字;完善了学院教学环境及文化建设;完成了认证期间各项活动组织及会务工作。

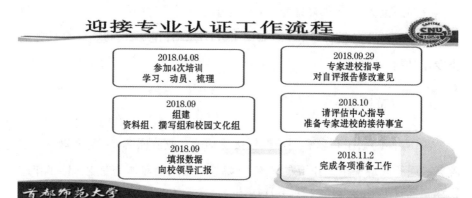

图 1-5　专业认证的组织与准备

在此,需要特别指出的是,自评报告的写作,特别得益于 2017 年本科专业审核评估、2017 年高等教育教学成果奖申报、2018 年北京市高等教育一流专业申报等工作。如果没有这些前期的工作,若想在两个月内做好认证准备,是很难想象的,尤其是自评报告的撰写。正是在此过程中,我们不断地对学院发展所走过的历程、所开展的实践探索进行总结、反思、研究,逐渐凝练、提升,形成了我院小学教育专业人才培养特色、培养模式,为自评报告的撰写奠定了良好的基础。

现场考察中专家组依据认证标准,按照8个一级指标,39个二级指标开展工作。入校前专家组认真审阅了专业的自评报告及专业教学状态数据分析报告,每位专家分别撰写了专家进校前申请材料意见表。进校考察期间,专家组共召开了各类工作会议计15次,听课看课24节,调阅毕业论文设计186份,试卷24门,实习报告和毕业生教育实习档案袋201份,查阅校院管理文件、教学档案、师生材料等326份,访谈学生148人,教师57人,专业负责人、学院领导和管理人员10人,相关校领导和职能部门负责人38人,访谈用人单位和校友代表61人,走访教育实践基地4家,实地考察了小学教育的实验教学中心,人文教育、艺术教育、科技教育、信息教育四大实验平台,共计50多个教室。

表1-10 认证专家现场考察工作统计

召开各类工作会议	15 次
听课、看课	24 节
调阅毕业论文(设计)	186 份
调阅试卷	24 门
调阅实习报告、毕业生实习档案	201 份
查阅校院管理文件、教学档案、师生材料等	326 份
访谈学生	148 人
访谈教师	57 人
访谈专业负责人、学院领导、管理人员	10 人
访谈学校领导和职能部门负责人	38 人
访谈用人单位和校友代表	61 人
走访教育实践基地	4 家
实地考察了小学教育的实验教学中心,人文教育、艺术教育、科技教育、信息教育四大实验平台	共计50多个教室

在师范专业认证过程中,学院展现了师生不忘初心、奋力进取的精神风貌,彰显了人才培养特色及专业建设成果,受到了教育部及认证专家的肯定,顺利通过了师范类专业认证(二级)。

(二)认证结论

首都师范大学师范类专业联合认证专家组组长王定华在专家意见反馈会上指出,经过专家组的充分讨论,我们认为首师大初等教育学院小学教育专业具有以下办学优势和特色①:

第一,基于新时代高站位,确立培养目标。贯彻党的教育方针和习近平总书记关于教育的重要论述,贯彻新时代第一次全国教育大会精神,积极推动素质教育,立足中国、放眼世界,努力培养社会主义事业的建设者和接班人,努力造就政治素质过硬、业务能力精湛、育人水平高超的未来教师。

第二,基于培养目标内涵,生成师范特色毕业要求。学院秉持百年师范传统,抓住新时代发展机遇,努力做大做强,突出师范姓师,坚持为基础教育服务,三个专业努力造就中小学所需要的合格教师。毕业生不仅教育教学能力突出,而且教育素养全面。我们了解到毕业生能够爱岗敬业,热爱学生,受到用人单位的普遍认可。

第三,努力建设课程,改进教学,支撑毕业要求达成。课程建设成绩是显著的,课程设计的层次是分明的,课程之间相互融通,既有专业课程又有通识课程,还有教育实习。课程设置也注意了主教和兼教,这是有力的探索。这样的探索既有利于未来师范生岗位的适应性,也有利于终生学习和他们的可持续发展。

---

① 以下内容引自王定华 2018 年 11 月 7 日在首都师范大学师范类专业第二级联合认证专家意见反馈会上的发言。

第四,教师积极投身教书育人,保障专业人才培养。首师大的初等教育学院拥有一支学科门类齐全,学院结构合理,数量相对充足,符合卓越小学教师培养需求的师资队伍。我们注意到,在这个学院师生关系融洽,教师熟悉、专注、热爱师范教育,他们的言行也为师范生树立了正面榜样。这个学院广泛采取师傅带徒弟的方式,无论是老师还是师范生都在师范教育的体系中辛勤的工作,洋溢着幸福感。这些年新入职的博士毕业的年轻教师也在这种氛围中受到感召,非常安心。他们力图在立德树人的岗位上建功立业,这点我们特意提出来。因为现在一些高校年轻老师职业选择很多,刚来之后他们都在观望,是不是在这儿长期干。但在这个学院,无论是国内毕业的博士同志,还是一些海归学者,他们都觉得很好,岗位很喜欢,准备在这儿长期干,干一辈子。这个大家都印象深刻。绝大多数的老师也经常走进小学、服务小学、研究小学,以此来反哺大学教学课堂活动,形成全员、全方位、全过程的三全育人教师文化。

第五,健全教育教学设施,满足师范生培养要求。以面向小学、研究小学、服务小学为建设思想,紧紧围绕小学教育学科发展的特点与前沿,以实验课程与实践为基础,全面培养学生的综合实践素养、教师技能素养、学科专业素养及综合创新能力。设立了人文教育、艺术教育、科技教育、信息教育四大实验平台,全面培养学生的人文、艺术、科技、教育信息化的素养。教学设施设备达到了标准所规定的条件和要求,这些硬件设施在全国也是一流的。

第六,合作育人体系完整,富有成效。首师大小学教育等专业,以多元开放为指导思想,以服务本科生发展,满足首都小学教育需求为两个出发点,推进高校、政府、小学之间多种形式的三维一体协同育人模式与活动,基本上形成了合作共赢。小学教师的培养、培训、研究、服务已经体现了一体化,形成了合作共同体。特别是与首都城乡多所中小学建立了合作关系,可以说合作好、基地多、辐射广,而且也正在形成双导师制。学院的老师、基地的班主任、基地的任课老师，效果是显著的。

第七，认证准备认真负责，产出导向理念深入人心。首师大初等教育学院用较短的时间组织动员，上下联动，全员参与，细化培养目标，梳理课程体系，整理认证材料，到点到位，细致入微，对认证专家组的到来也做到了知无不言、全面展示、不遮不拦、客观公正，所以反映的都是如实的，能够认真对待，这个态度是好的。

同时专家组也在反馈会上指出了一些需要改进的方面，具体如下：

第一，培养目标尚需明晰。培养目标的表述需要一致，应进一步体现前瞻性和可行性。人才培养目标、毕业要求、课程目标以及课程教学之间的产出导向取向都需要加强。

第二，评价机制不够健全。例如：系统的课程评价机制还没有真正的建立，有的环节有评价、有反馈，有些环节还没有做到评价的全覆盖。有评价有反馈的环节，有的也缺乏持续改进的真招实招。也就是说反馈之后如何跟进，还需要做更多的工作。

第三，质量保障机制还不够健全。专业还没有形成完整的质量保障闭环，面对新时代、新形势、新任务如何培养高素质、专业化、创新型、适合国家和首都需要的好老师，还需要做很多工作。学生可持续发展的能力还需要进一步加强，作为首都的基础教育，对全国的辐射引领也还要发挥出来。首都师大如何发挥这种引领作用，如何起到认证打样模板的作用也还需要精雕细刻，做得更好。

认证专家进校考察结束后，学院及时进行了工作总结，进一步明确了后续的工作重点，完成师范认证二级整改工作，以此次认证工作为契机，完成以评促建、以评促改、以评促强的三大任务，同时进一步梳理我院优势和特色，将国家级一流专业建设和三级师范专业认证的准备工作统一规划，加强学科建设与专业内涵发展，加强儿童取向卓越小学教师培养的深入探究和国际化进程，进一步凸显中国特色、国际视野、儿童取向，为中国小学教师教育事业做出贡献。

（三）认证之后

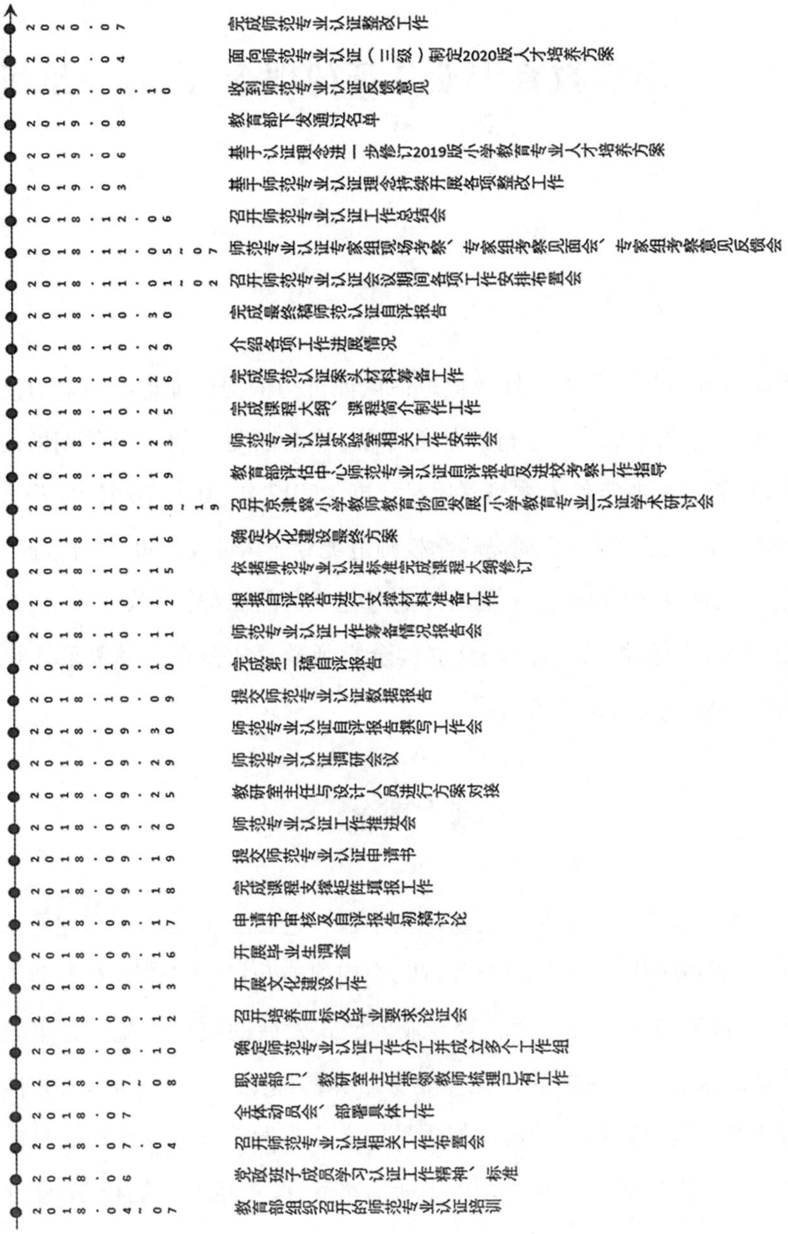

图1-6　认证工作流程与认证后的整改工作

- 2020·07　完成师范专业认证整改工作
- 2020·04　面向师范专业认证（三级）制定2020版人才培养方案
- 2019·09·10　收到师范专业认证反馈意见
- 2019·08　教育部下发通过名单
- 2019·06　基于认证理念进一步修订2019版小学教育专业人才培养方案
- 2019·03　基于师范专业认证理念持续开展各项整改工作
- 2018·12·06　召开师范专业认证工作总结会
- 2018·11·05至07　师范专业认证专家组现场考察、专家组整改意见见面会、专家组考察意见反馈会
- 2018·11·01至02　召开师范专业认证考察期间各项工作安排布置会
- 2018·10·30　完成最终稿师范专业认证自评报告
- 2018·10·29　介绍各项工作进展情况
- 2018·10·26　完成师范专业认证案头材料筹备工作
- 2018·10·25　完成课程大纲、课程简介制作工作
- 2018·10·23　师范专业认证实验室整相关工作安排会
- 2018·10·21　教育部评估中心师范专业认证自评报告及改进考察工作指导
- 2018·10·18至19　召开京津冀小学教师教育协同发展「小学教育专业」认证学术研讨会
- 2018·10·16　确定文化建设最终方案
- 2018·10·15　依据师范专业认证标准完成课程大纲修订
- 2018·10·12　根据自评报告进行支撑材料准备工作
- 2018·10·01　师范专业认证工作筹备情况报告会
- 2018·10·01　完成第二稿自评报告
- 2018·09·30　提交师范专业认证数据报告
- 2018·09·30　师范专业认证自评报告撰写工作会
- 2018·09·29　师范专业认证调研会议
- 2018·09·25　教研室主任与设计人员进行方案对接
- 2018·09·19　师范专业认证工作推进会
- 2018·09·19　提交师范专业认证申请书
- 2018·09·18　完成课程支撑矩阵初填报工作
- 2018·09·17　申请审核及自评报告初稿讨论
- 2018·09·16　开展毕业生调查
- 2018·09·10　开展文化建设工作
- 2018·09·12　召开培养目标及毕业要求论证会
- 2018·09·10　确定师范专业认证工作办并成立多个工作组
- 2018·08·10　职能部门、教研室主任带领教师梳理已有工作
- 2018·07　全体动员会、部署具体工作
- 2018·07·04　召开师范专业认证相关工作布置会
- 2018·06　党政班子成员学习认证工作精神、标准
- 2018·04·07　教育部组织召开的师范专业认证培训

第二章

小学教育专业认证的理念、内容与组织

师范类专业认证是指专门性教育评估认证机构依据认证标准对高等院校师范类专业人才培养质量进行的外部评价,旨在证明当前和可预期的时间内,专业能否达到既定的人才培养质量标准。2017 年 10 月 26 日,中华人民共和国教育部关于印发《普通高等学校师范类专业认证实施办法(暂行)》(以下简称《认证办法》),开启了我国师范专业认证的征程。《认证办法》对于规范引导我国师范类专业建设、建立健全教师教育质量保障体系和不断提高教师培养质量起到积极的作用。

一、基本理念

小学教育专业认证是贯彻落实新时代中国特色社会主义思想和党的十九大精神,深化新时代小学教师教育改革、全面保障和提高小学教育专业人才培养质量、推进高等院校小学教育专业内涵式发展的重要措施。小学教育专业认证的核心是证明接受认证专业所培养的师范生在毕业时知识、能力和情意等素养是否达到小学教育的质量标准。小学教育专业认证的目的是推动专业"注重内涵建设,聚焦师范生能力培养,改革培养体制机制,建立基于产出的持续改进质量保障机制和质量文化"①,不断提高小学教育专业人才培养质量。

(一)指导思想

《认证办法》指出,师范类专业认证的指导思想是"全面贯彻党的教育方针,落实立德树人根本任务,构建中国特色、世界水平的教师教育质量监测认证体系,分级分类开展师范类专业认证,以评促建、以评促改、以评促强,全面保障和提升师范类专业人才培养质量,为培养造就党和人民满意的高素质专业化创新型教师队伍提供有力支撑"。

小学教育专业认证立足全面保障和提升师范类专业人才培养质量,为培养造就党和人民满意的高素质、专业化和创新型教师队伍提供有力支撑。小学教育专业认证核心可以概括为"一个宗旨、两个目标、三项任务"。

一个宗旨,即"全面贯彻党的教育方针、落实立德树人根本任务"。小学教育专业认证在于引导高等院校有效落实党的教育方针和相关政策规定,紧紧围绕统筹推进"五位一体"总体布局和协调推进"四个全面"战略布局,坚持教育为人民服务、为国家发展战略服务、为改革开放和社会主义现代化建设服务。同时,落实立德树人根本任务,培养具有"三个牢固树立"②的"四有"好老师③,坚持"四个相统一"④做学生成长的"四个领路人"⑤,铸造新时代的大国良师。

两个目标,即"构建高水平的小学教师教育监测认证体系"和"培养高质

---

① 教育部教师工作司、教育部高等教育教学评估中心:《培养新时代大国良师——普通高等学校师范类专业认证工作指南(试行)》,2018年。

② 三个牢固树立:牢固树立中国特色社会主义理想信念;牢固树立终身学习理念;牢固树立改革创新意识。

③ "四有"好老师:有理想信念;有道德情操;有扎实学识;有仁爱之心。

④ 四个相统一:坚持教书和育人相统一;坚持言传和身教相统一;坚持潜心问道和关注社会相统一;坚持学术自由和学术规范相统一。

⑤ 四个引路人:做学生锤炼品格的引路人;做学生学习知识的引路人;做学生创新思维的引路人;做学生奉献祖国的引路人。

量的小学教育专业人才"。一方面，立足中国国情，坚持高起点、高标准、高水平的原则，构建具有国际实质等效的小学教育专业认证制度，健全小学教师教育质量保障体系，从制度上破解小学教育专业发展区域不平衡、质量提升动力不足、师范特色不鲜明等典型问题。另一方面，针对小学教育专业设置基本情况，分级分类开展小学教育专业认证，从实践上推进高等院校深化小学教育专业教学改革，全面提升小学教育专业人才培养质量。

三项任务，即"以评促建""以评促改"和"以评促强"。以评促建，通过保底的监测，督促高等院校加大小学教育专业建设投入，保证小学教育专业办学条件达到国家规定的基本要求。以评促改，通过合格认证，推动高等院校深化小学教育专业教学改革，重点是培养模式、课程设置、实验教学、实践教学和过程评价等，保证小学教育专业的教学质量达到国家规定的合格标准。以评促强，通过一流认证，引导小学教育专业继承传统、做精做强，保证小学教育专业的教学质量达到国家规定的卓越标准，形成持续改进的质量保障机制和追求卓越的质量文化，不断提高小学教育专业的人才培养质量和国际竞争力。

（二）认证理念

《认证办法》指出，师范类专业认证的基本理念是"学生中心、产出导向、持续改进"（具体解读见表2－1）。认证理念贯穿小学教育专业认证的全过程，是小学教育专业认证工作的行动指南针。

表2-1 小学教育专业认证的基本理念

理念	阐述	解读
学生中心 （Student-Centered）	遵循师范生成长成才规律，以师范生为中心配置教育资源、组织课程和实施教学	◆遵循小学教师成长成才规律，科学设置培养目标和毕业要求，构建课程体系，教学实现以"教"为中心的传统模式向以"学"为中心的新模式转变 ◆以小学教育专业学生学习效果和个性发展为中心，配置教育资源和安排教学活动，尤其加强实验教学和实践教学环节，提升学生实践能力 ◆建立质量保障体系，将学生和用人单位满意度作为小学教育专业人才培养质量评价的重要依据，协调好学生、学校和教育行政部门对人才培养质量的要求，尽量提高满意度
产出导向 （Outcome-based Education）	以师范生的学习效果为导向，对照师范毕业生核心能力素质要求评价师范类专业人才培养质量	◆立足社会需要和人的全面发展，以学生发展成效为导向，关注学生职业理念与师德、专业知识和专业能力，培养具有一定前瞻性的适应未来教育需要的智慧型小学教师 ◆聚焦学生毕业后"学到了什么"和"能做什么"，反向设计课程体系与教学环节，配置师资队伍和资源条件，评价小学教育专业人才培养质量
持续改进 （Continuous Quality Improvement）	对师范类专业教学进行全方位、全过程评价，并将评价结果应用于教学改进，推动师范类专业人才培养质量的持续提升	◆聚焦小学教育专业核心能力素质要求，对专业人才培养活动进行全方位、全过程的跟踪与评价 ◆将评价结果用于人才培养工作改进，形成"评价—反馈—改进"闭环，不断推进专业发展与人才培养质量，促进专业的良性发展 ◆建立持续改进的小学教育专业质量保障机制和追求卓越的质量文化，尽可能形成品牌效应，推动小学教育和培养模式的不断优化和专业人才培养质量不断提升

　　小学教育专业认证致力于全面保障和提升专业人才培养质量，为培养造就党和人民满意的高素质专业化创新型小学教师队伍。认证的核心是学生发展，学生发展由培养目标和毕业要求进行诠释，培养目标和毕业要求的实现又依靠课程与教学和合作与实践，而课程与教学和合作与实践又依靠师资队伍与支撑条件，而贯穿整个过程的是质量保障（具体关系见图2-1）。

图 2 - 1　师范专业认证的内容及其关系

　　小学教育专业的认证理念贯穿认证全过程,落实到小学教育专业师范生培养各环节。它会引导有关高校聚焦师范生成长成才、建立基于产出的专业持续改进质量保障机制和质量文化。

(三)认证原则

　　在总结我国高校评估、专业评估经验的基础上,借鉴国外教师教育专业的可行做法,《认证办法》指出,我国小学教育专业认证遵循师范类专业认证的基本原则,即统一体系、省部协同、高校主责和多维评价。①

　　建立统一认证体系。教育部统一发布国家认证标准,做好认证整体规划,实行机构资质认定,规范认证程序要求,开展认证结论审议,构建科学有效的统一认证体系,确保认证过程的规范性及认证结论的一致性。

　　注重省部协同推进。教育部和省级教育行政部门加强统筹协调,充分发挥专业化教育评估机构作用,形成整体设计、有效衔接、分工明确、分批实施的协同机制,确保师范类专业认证工作有序开展。

　　强化高校主体责任。明确高校在专业质量建设方面的主体责任,引导开展师范专业自我评估,推动建立专业质量持续改进机制,提升专业质量

---

　　① 教育部关于印发:《普通高等学校师范类专业认证实施办法(暂行)》的通知(教师〔2017〕13号)[EB/OL]. www. moe. gov. cn/srcsite/A10/s7011/201711/t20171106_318535. html.

保障能力。

运用多种认证方法。采取常态监测与周期性认证相结合、在线监测与进校考查相结合、定量分析与定性判断相结合、学校举证与专家查证相结合等多种认证方法,多维度、多视角监测评价师范类专业教学质量状况。

(四)认证体系

我国师范类专业认证采用分类分级方式进行(见表2-2),即目前分成中学教育、小学教育和学前教育三类,每类分成第一级、第二级和第三级共三个依次递进的级别。第一级为办学基本数据监测,第二级为教学质量合格,第三级为教学质量卓越。通过构建横向三类覆盖、纵向三级递进的师范类专业认证标准体系,推动有关高校合理定位、特色发展、持续提升师范专业人才培养质量。

表2-2　师范类专业认证的分类分级制

分级 ＼ 分类	中学教育	小学教育	学前教育
一级			
二级			
三级			

根据师范类专业认证分级制,我国小学教育专业认证分为三个级别(具体含义见表2-3),三级之间相互衔接、逐级递升。第一级为强制接受,经教育部正式备案的普通高等学校师范类本科专业和经教育部审批的普通高等学校国控小学教育专科专业必须接受网络平台数据采集。第二级为自愿申请,有三届以上毕业生的小学教育专业可以提出申请。第三级为自愿申请,有六届以上毕业生且通过二级认证的小学教育专业可以提出申请,个别办学历史长、社会认可度高的小学教育专业可以直接申请。

表2-3 小学教育专业认证各级含义

级别	定位	含义
第一级	专业办学基本要求数据监测	依托教师教育质量监测平台,建立基于大数据的小学教育专业办学监测机制,对各地各校小学教育专业办学基本状况实施动态监测,为学校出具年度监测诊断报告,为教育行政主管部门提供监管依据,为社会提供质量信息服务
第二级	专业教学质量合格标准认证	以小学教师专业标准和教师教育课程标准为引领,推动教师教育内涵式发展,强化教师教学责任和课程目标达成,建立持续改进机制,保证小学教育专业教学质量达到国家合格标准要求
第三级	专业教学质量卓越标准认证	建立健全基于产出的人才培养体系和运行有效的质量持续改进机制,以赶超小学教师教育国际先进水平为目标,以评促强,追求卓越,打造一流质量标杆,提升小学教师教育的国际影响力和竞争力

　　通过第一级认证的小学教育专业的学生,需要参加全国统一的小学教师资格证考试的笔试和面试,方可获得小学教师资格证。通过第二级认证的小学教育专业的毕业生,可由高校自行组织小学教师资格考试面试工作。所在高校根据教育部关于加强师范生教育实践的意见要求,建立以实习计划、实习教案、听课评课记录、实习总结与考核等为主要内容的师范毕业生教育实习档案袋,通过严格程序组织认定师范毕业生的教育教学实践能力,视同面试合格。[①]

　　通过第三级认证专业的师范毕业生,可由高校自行组织中小学教师资格考试笔试和面试工作。所在高校按照国家有关要求开设通识课程、学科专业课程和教师教育课程等,师范毕业生按照学校小学教育专业人才培养方案修学规定课程并成绩合格、达到毕业要求,视同笔试合格。所在高校根据教育部关于加强师范生教育实践的意见要求,建立以实习计划、实习教案、听课评课记录、实习总结与考核等为主要内容的师范生教育实习档案

---

　　① 教育部关于印发《普通高等学校师范类专业认证实施办法(暂行)》的通知(教师〔2017〕13号)[EB/OL]. www.moe.gov.cn/srcsite/A10/s7011/201711/t20171106_318535.html.

袋,通过严格程序组织认定师范毕业生的教育教学实践能力,视同面试合格。①

(五)主要特点

小学教育专业认证紧扣服务基础教育改革发展需要,着眼于全面提高师范人才培养质量,其基本特点体现为认证标准、认证体系、认证模式、认证方式等方面。②

中国特色与世界水平相结合。小学教育专业认证构建横向三类覆盖、纵向三级递进的分级分类教师教育质量监测认证体系。既立足中国国情和教育发展的阶段性特征,具有鲜明中国特色,又在认证理念、标准上与国际同频共振,数据先行、定量与定性结合的方法手段上在国际上处于领先。

统一体系与特色发展相结合。小学教育专业认证强调在国家统一认证体系下,省部协同推进开展工作。既要求统一评估机构资质、统一认证标准、统一认证程序、统一结论审议,又鼓励各地结合实际,在国家基本要求基础上引导师范类专业分级分类、合理定位、特色发展。

内部保障与外部评价相结合。小学教育专业认证要求建立以内部保障为主、内部保障和外部评价相结合的教师教育质量监测保障制度。既明确高校在小学教育专业质量建设中的主体责任,自觉开展专业自我评估,又通过国家分级分类评价监测,推动高校建立基于产出的专业质量持续改进机制提升小学教育专业质量保障能力。

常态监测与周期性认证相结合。小学教育专业认证实行常态监测与周期性认证相结合,既依托教师教育质量监测平台对小学教育专业教学质量状况进行常态监测,又基于认证管理信息系统工作平台对专业认证开展周

---

① 教育部关于印发:《普通高等学校师范类专业认证实施办法(暂行)》的通知(教师〔2017〕13号)[EB/OL].www.moe.gov.cn/srcsite/A10/s7011/201711/t20171106_318535.html.

② 教育部教师工作司、教育部高等教育教学评估中心:《培养新时代大国良师——普通高等学校师范类专业认证工作指南(试行)》,2018年。

期性认证,专家定期进校把脉诊方,推动专业定期"评价—改进—提高",形成持续改进的质量保障机制和质量文化,为小学教育专业内涵式发展提供持久活力和动能。

二、基本内容

小学教育专业认证分为三级,三级之间相互衔接、逐级递升。第一级定位于小学教育专业办学基本要求监测,旨在促进各地各校加强小学教育专业基本建设。第二级定位于小学教育专业教学质量合格标准认证,旨在引导各地各校加强专业内涵建设,保证专业教学质量达到合格标准。第三级定位于小学教育专业教学质量卓越标准认证,旨在以评促强、追求卓越,打造一流质量标杆。

(一)第一级认证的基本内容

《小学教育专业认证标准(第一级)》是国家对小学教育专业办学的基本要求,主要依据国家教育法规和小学教师专业标准、教师教育课程标准制定。标准适用于普通高等学校培养小学教师的本、专科小学教育专业,包括15个专业办学核心数据监测指标(见表2-4)。认证旨在促进各地各校加强小学教育专业基本建设,培养小学教育人才,满足社会发展需要。

表2-4 小学教育专业认证第一级的监测指标

维度		监测指标	参考标准	备注
课程与教学	1	教师教育课程学分	·必修课≥24学分(三年制专科≥20学分、五年制专科≥26学分) ·总学分≥32学分(三年制专科≥28学分、五年制专科≥35学分)	1学分相当于学生在教师指导下进行课程学习18课时,并经考核合格
	2	人文社会与科学素养课程学分占总学分比例	≥10%	
	3	学科专业课程学分占总学分比例	≥35%	
合作与实践	4	教育实践时间	≥18周	教育实践包括教育见习、教育实习、教育研习等环节,教育实践一学期指18个教学周
	5	实习生数与教育实践基地数比例	≤20:1	教育实践基地指学校与校外有关单位签署协议,为本专业人才培养提供服务的相对稳定的校外教育见习、实习场所
师资队伍	6	生师比	≤18:1	生师比=折合学生数/专业教师总数①
	7	教师教育课程教师占专任教师比例	≥40%	教师教育课程教师占专任教师比例=本专业教师教育课程在职教师/本专业专任教师总数

① 折合学生数=师范专业普通本、专科生数+教育硕士生数×1.5+教育博士生数×2+留学生数×3+进修生数+成人脱产班学生数+夜大(业余)学生数×0.3+函授生数×0.1。专业教师总数=专任教师数+外聘教师数×0.5。外聘教师指聘请的国内外其他高校、基础教育及科研机构、企业、行业的教师和退休教师(含本校退休教师),聘期为一学期以上。外聘教师按0.5系数折算后计入教师总数,且人数不超过专任教师数的25%。对于民办高校,自有教师及外聘教师中聘期2年(含)以上并满足学校规定教学工作量的教师按1:1计入专业教师,聘期一年至两年的外聘教师按0.5系数折算后计入本专业教师总数,聘期不足一年的不计入专业教师总数。

续表

维度		监测指标	参考标准	备注
支持条件	8	具有高级职称教师占专任教师比例	≥学校平均水平	
	9	具有硕博士学位教师占专任教师比例	≥60%(专科≥30%)	
	10	小学兼职教师占教师教育课程教师比例	≥20%	兼职教师指来自教学一线的小学教师
	11	教学日常运行支出占生均拨款总额与学费收入之和的比例	≥13%	计算方式为,教学日常运行支出①÷(生均拨款总额②+学费收入③)
	12	生均教学日常运行支出	≥学校平均水平	
	13	生均教育实践经费	≥学校平均水平	教育实践经费指用于教育见习、教育实习、教育研习等教育实践活动的经费总额
	14	生均教育类纸质图书	≥30 册	教育类纸质图书包括课程论、教学论、学科教学、教育科研、教育教学管理等方面的纸质图书
			每6个实习生配备小学教材≥1 套	
	15	微格教学、语言技能、书写技能、实验教学、艺术教育实训室等教学设施	有	

① 教学日常运行支出指小学教育专业开展教学活动及其辅助活动发生的支出,仅指教学基本支出中的商品和服务支出(302 类),不包括教学专项拨款支出,具体包括教学教辅部门发生的办公费(含考试考务费、手续费等)、印刷费、咨询费、邮电费、交通费、差旅费、出国费、维修(护)费、租赁费、会议费、培训费、专用材料费(含体育维持费等)、劳务费和其他教学商品和服务支出(含学生活动费、教学咨询研究机构会员费、教学改革科研业务费、委托业务费等),取会计决算数。学费收入指普通本科专业学费收入,即按照核准收费标准实际收取的本科专业学费总额。只统计学费,不含住宿费、教材费等其他收费。专科专业学费收入即按照核准收费标准实际收取的专科专业学费总额。

② 生均拨款总额指中央和地方财政通过一般预算安排用于支持高校发展的经费,按在校生人数折算的平均水平,包括基本支出和项目支出,不含中央财政安排的专项经费。其中,专业本科生生均拨款总额指按专业本科生在校生人数折算的拨款总额。专业专科生生均拨款总额指按专业专科生在校生人数折算的拨款总额。

③ 学费收入指普通本科专业学费收入,即按照核准收费标准实际收取的本科专业学费总额。只统计学费,不含住宿费、教材费等其他收费。专科专业学费收入即按照核准收费标准实际收取的专科专业学费总额。

第一级采取网络平台数据采集方式,对小学教育专业办学基本信息进行常态化监测。高校按要求填报小学教育专业有关数据信息。评估中心依托小学教师教育质量监测系统,对专业办学的核心数据进行监测、挖掘和分析,并与全国教师管理信息系统、中国高等教育学生信息网(学信网)数据进行比对,建立监测指标常模,形成监测报告。

(二)第二级与第三级认证的基本内容

《小学教育专业认证标准(第二级)》是国家对小学教育专业教学质量的合格要求,主要依据国家教育法规和小学教师专业标准、教师教育课程标准制定,适用于普通高等学校培养小学教师的本、专科小学教育专业。《小学教育专业认证标准(第三级)》是国家对小学教育专业教学质量的卓越要求,主要依据国家教育法规和小学教师专业标准、教师教育课程标准及教育部关于实施卓越教师培养计划的意见制定,适用于普通高等学校培养小学教师的本、专科小学教育专业。

小学教育专业第二级与第三级认证从"践行师德、学会教学、学会育人、学会发展"四个方面凝练教师核心能力素质[1],指标体系由培养目标、毕业要求、课程与教学、合作与实践、师资队伍、支持条件、质量保障和学生发展等8个一级指标和若干二级指标构成(见表2-5)。认证内容引导教师培养落实立德树人的根本任务,为师范毕业生从事教育教学工作奠定扎实基础。第二级定位于小学教育专业教学质量合格标准认证,以定性指标为主,旨在引导各地各校加强专业内涵建设,保证专业教学质量达到合格标准。第三级定位于小学教育专业教学质量卓越标准认证,旨在以评促强、追求卓越,打造一流质量标杆。

---

[1] 注:践行师德、学会教学、学会育人、学会发展简称为"一践行三学会"。本书在下一节会讨论它在第二级和第三级标准中的含义。

表2-5 小学教育专业认证的指标体系

一级指标	二级指标	
	第二级	第三级
1.培养目标	1.1 目标定位;1.2 目标内涵; 1.3 目标评价	1.1 目标定位;1.2 目标内涵; 1.3 目标评价
2.毕业要求	2.1 师德规范;2.2 教育情怀; 2.3 学科素养;2.4 教学能力; 2.5 班级指导;2.6 综合育人; 2.7 学会反思;2.8 沟通合作	2.1 师德规范;2.2 教育情怀; 2.3 知识整合;2.4 教学能力; 2.5 技术整合;2.6 班级指导; 2.7 综合育人;2.8 自主学习; 2.9 国际视野;2.10 反思研究; 2.11 交流合作
3.课程与教学	3.1 课程设置;3.2 课程结构; 3.3 课程内容;3.4 课程实施; 3.5 课程评价	3.1 课程设置;3.2 课程结构; 3.3 课程内容;3.4 课程实施; 3.5 课程评价
4.合作与实践	4.1 协同育人;4.2 基地建设; 4.3 实践教学;4.4 导师队伍; 4.5 管理评价	4.1 协同育人;4.2 基地建设; 4.3 实践教学;4.4 导师队伍; 4.5 管理评价
5.师资队伍	5.1 数量结构;5.2 素质能力; 5.3 实践经历;5.4 持续发展	5.1 数量结构;5.2 素质能力; 5.3 实践经历;5.4 持续发展
6.支撑条件	6.1 经费保障;6.2 设施保障; 6.3 资源保障	6.1 经费保障;6.2 设施保障; 6.3 资源保障
7 质量保障	7.1 保障体系;7.2 内部监控; 7.3 外部评价;7.4 持续改进	7.1 保障体系;7.2 内部监控; 7.3 外部评价;7.4 持续改进
8.学生发展	8.1 生源质量;8.2 学生需求; 8.3 成长指导;8.4 学业监测; 8.5 就业质量;8.6 社会声誉	8.1 生源质量;8.2 学生需求; 8.3 成长指导;8.4 学业监测; 8.5 就业质量;8.6 社会声誉; 8.7 持续支持

通过表2-5,我们可以看出小学教育专业认证第二级和第三级标准中的一些共同点。下面针对8个一级指标,分别进行简要介绍。

"培养目标"是小学教育专业建设的灵魂和核心,是专业人才培养的依据,对其余各部分起到引领作用。培养目标的制定,必须坚持以学生为本的基本理念,注意其内容与毕业要求的相互衔接。在进行小学教育专业认证时,本部分重点关注专业培养目标定位的准确性、专业培养目标内涵界定的科学性和专业培养目标的合理评价和修订情况。

"毕业要求"集中体现产出导向的基本理念,符合国家对小学教育专业人才培养的质量要求,是整个认证的核心,具有承上启下的作用。小学教育专业应根据《小学教师专业标准(试行)》和相关政策法规,制定明确、公开的毕业要求。毕业要求能够支撑培养目标,表述明确、清晰,易于师生理解,在师范生培养全过程中得到分解、落实,并能通过评价证明毕业要求的达成。在进行小学教育专业认证时,本部分重点关注专业毕业要求对培养目标的支撑情况、专业毕业要求对国家规定的通用 8 条标准的覆盖情况、专业毕业要求的逐条分解与落实情况和专业毕业要求的逐条达成情况。

"课程与教学"体现国家对专业人才培养体系和运行过程的质量要求,是整个认证的基础,对毕业要求具有重要支撑作用。课程是专业建设的核心要素,标准中所称的课程,包括课堂教学、实验实习、实践教学、第二课堂、国内外游学访学等所有的教学环节。在进行小学教育专业认证时,本部分重点关注课程体系对毕业要求的支撑情况、课程教学对毕业要求的落实情况和课程与教学的评价与改进情况。

"合作与实践"是在我国教师教育体系重构过程中,国家对小学教师教育培养机制改革和教育实践的质量要求,是课程教学运行的重要组成部分和人才培养质量的重要保障机制,对毕业要求具有重要支撑作用。在进行小学教育专业认证时,本部分重点关注"三位一体"协同培养机制的建立和运行情况、实践教学体系的建立和管理评价情况和教育实践"双导师"制度落实情况。

"师资队伍"是专业重要的人力资源保障,是实现培养目标、加强小学教育专业建设、维持课程教学运行和保证人才培养质量的重要因素,对毕业要求具有重要支撑作用。在进行小学教育专业认证时,本部分重点关注专业师资队伍的基本情况、专业师资队伍的素质能力要求和师资队伍的培训、评价和专业发展情况。

　　"支持条件"包括经费、设施和资源,是实现人才培养目标、达到毕业要求的物质保障,对小学教育专业人才培养质量起到基础性作用。在进行小学教育专业认证时,本部分重点关注专业教育经费保障情况、专业教育教学设施保障情况和各类教育教学资源保障情况。

　　"质量保障"是对小学教育专业人才培养过程和制度等方面的管理和监控,是实现人才培养目标,保证培养质量,达成毕业要求的重要环节。在进行小学教育专业认证时,本部分重点关注教学质量保障体系建设情况、教学质量监控与评价机制的建立情况和评价结果的有效使用

　　"学生发展"集中体现了"学生中心"的基本理念,是小学教育专业人才培养的核心。它强调遵循师范生成长成才规律,关注学生需求,加强成长指导,切实达成毕业要求。在进行小学教育专业认证时,本部分重点关注小学教育专业的生源质量的保障制度、学生专业发展的需求与成长和毕业生就业质量与社会评价情况。

　　小学教育专业认证的内容围绕"培养什么人"和"怎样培养人"展开(其间逻辑关系见图2-2),所有指标均围绕以学生为中心、以产出为导向、持续质量改进的认证理念设置。学生发展是专业教学的出发点和最终目标,体现了以学生为中心。培养目标和毕业要求是核心指标,以培养目标为依据制定毕业要求,以毕业要求进行教学设计,并开展师资队伍建设和教学条件建设,体现了以产出为导向。持续质量改进的理念贯穿于人才培养的全过

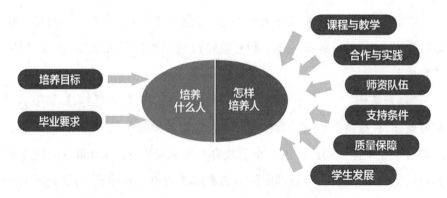

图2-2　小学教育专业认证的核心

程,通过建立有效的质量监控和评价改进机制,持续跟踪改进效果并用于推动专业人才培养质量不断提升。

(三)小学教育专业认证的考查重点

小学教育专业认证考查范围涵盖专业人才培养活动的各个环节,贯穿学生入学至毕业的整个培养过程,关注学生毕业后发展状况。专业认证考查工作的重点是"紧扣培养目标与培养效果的达成度、专业定位与社会需求的适应度、教师及教学资源的支撑度、质量保障体系运行的有效度、学生和用人单位的满意度为主线"[1],把 8 个一级指标和若干个二级指标"串联"起来,对小学教育专业人才培养质量状况进行全面客观评判。

1. 培养目标与培养效果的达成度

培养目标是小学教育专业建设的灵魂和核心,是专业人才培养的依据,是专业对社会做出的承诺。培养效果是小学教育专业人才培养的结果,是专业对社会做出的真实绩效。因此培养目标与培养效果是预期目标与行动结果的关系,是理想与现实的关系。

在进行小学教育专业认证时,重点考查师范生在毕业时知识、能力、素质发展是否满足国家规定的质量要求,是否达到专业所制定的培养目标。同时通过毕业生及用人单位的满意度调查,综合评判专业培养目标与培养效果的达成情况。

2. 专业定位与社会需求的适应度

小学教育专业定位的重点在于专业要培养"什么样的人",是对未来需要的预期,在很大程度上决定了课程内容与教学方式。社会需求是现在或者近期需要什么样的人,是现实需要。因此专业定位于社会需求预期与现实的关系,是专业的产品质量与市场需求的关系。

---

① 教育部教师工作司、教育部高等教育教学评估中心:《培养新时代大国良师——普通高等学校师范类专业认证工作指南(试行)》,2018 年。

在进行小学教育专业认证时，重点考查小学教育专业办学定位是否符合国家战略和经济社会发展需求，是否与学校的办学定位和人才培养定位相符合，毕业生能否适应社会发展需要。

3. 教师及教学资源的支撑度

师资是专业重要的人力资源保障，是实现培养目标、加强专业建设、维持课程教学运行和保证人才培养质量的重要因素。教学资源是实现人才培养目标、达到毕业要求的物质保障。因此教师和教学资源就是专业的人力和物力保障，对专业运行具有重要支撑作用。

在进行小学教育专业认证时，重点考查小学教育专业师资队伍配备、课程体系设置、教学资源配置及教学活动安排是否聚焦师范生成长成才需求展开，能否有效支撑师范生能力素质的养成，是"学生中心"的重要表现。

4. 质量保障体系运行的有效度

质量保障体系是实现培养目标、达成毕业要求的管理保障与制度保障，质量保障体系的有效运行，能够从管理目标、管理任务、管理机构、管理责任等多方面，有效保证专业人才培养和教学任务的有效完成。

在进行小学教育专业认证时，重点考查小学教育专业是否建立"评价—反馈—改进"闭环，是否形成基于产出的内外评价机制和持续改进机制，是否注重质量文化建设并推动专业人才培养质量不断提升。

5. 学生和用人单位的满意度

学生的满意度是学生根据亲身经历对小学教育专业人才培养质量做出的评价。用人单位满意度是社会根据毕业生工作成效对小学教育专业人才培养质量做出的评价。学生和用人单位的满意度从内外两个方面阐释了专业的办学水平、办学质量，在很大程度上决定了专业的发展前途。

在进行小学教育专业认证时，重点考查小学教育专业是否从学生学习体验和学习收获出发，对在校生、毕业生、用人单位等利益相关方开展满意度调查与研究。同时，将调查与研究的结果用于小学教育专业人才培养过程的教学质量持续改进，推动专业持续、健康的良性发展。

三、标准分析

小学教育专业认证标准的第一级定位于专业办学基本要求监测,促进专业基本建设。第二级定位于小学教育专业教学质量合格标准认证,引导专业内涵建设,保证专业教学质量达到合格标准。第三级定位于小学教育专业教学质量卓越标准认证,打造一流质量标杆。力求通过专业认证,解决小学教师教育综合改革面临的在开放化背景下教师教育质量保障制度建立、综合化背景下的教师教育特色强化、教师教育内涵式发展引导等新情况和新问题。小学教育专业认证的三级标准层层递进,前面已经介绍了第一级标准,下面我们介绍第二级和第三级标准,重点阐述它们的递进关系。

(一)培养目标与毕业要求

小学教育专业认证第二级和第三级标准的培养目标和毕业要求主要阐述专业"培养什么人"的问题。那就是培养党和人民满意的高素质、专业化、创新型小学教师。其中,培养目标是对社会做出的承诺,既有现实的,又含毕业后5年以内的预期。毕业要求是现实的结果,即专业培养的师范生在毕业时达到什么状态,可以看作培养目标的阶段性成果。

1. 培养目标

从培养目标看,小学教育专业第二级旨在培养合格的小学教师,胜任常规教育教学;第三级旨在培养卓越的小学教师,强调培养创新教学的能力,胜任培养学生的核心素养的教学(见表2-6)。两者的差异体现在"三个更新"和"三个潜质"。"三个更新"是指第三级强调知识结构、能力结构、技术结构的更新;"三个潜质"是指第三级强调学生具有自主发展、国际视野、反思研究的潜质。因此在专业内涵上,第三级要突出专业特色与优势,比如育人传统、办学历史等。

表2-6   小学教育专业认证标准的培养目标

第二级	第三级
【1.1目标定位】培养目标应贯彻党的教育方针,面向国家、地区基础教育改革发展和教师队伍建设重大战略需求,落实国家教师教育相关政策要求,符合学校办学定位	【1.1目标定位】培养目标应贯彻党的教育方针,面向国家、地区基础教育改革发展和教师队伍建设重大战略需求,落实国家教师教育相关政策要求,符合学校办学定位
【1.2目标内涵】培养目标内容明确清晰,反映师范生毕业后5年左右在社会和专业领域的发展预期,体现专业特色,并能够为师范生、教师、教学管理人员及其他利益相关方所理解和认同	【1.2目标内涵】培养目标内容明确清晰,反映师范生毕业后5年左右在社会和专业领域的发展预期,体现专业特色和优势,并能够为师范生、教师、教学管理人员及其他利益相关方所理解和认同
【1.3目标评价】定期对培养目标的合理性进行评价,并能够根据评价结果对培养目标进行必要修订。评价和修订过程应有利益相关方参与	【1.3目标评价】定期对培养目标的合理性进行评价,并能根据评价结果对培养目标进行必要修订。评价和修订过程应有利益相关方参与

2. 毕业要求

毕业要求阐述了师范生毕业时的状态,能比较好地支撑小学教育专业的培养目标。毕业要求可以概括为"一践行三学会",在第二级中分解为8个指标,在第三级中分解为11个指标(见图2-3)。第三级与第二级相比,

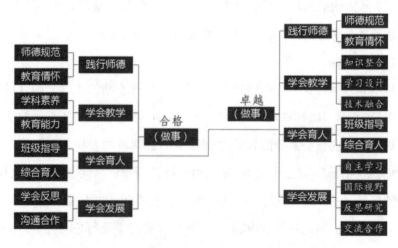

图2-3   第二级和第三级毕业要求的二级指标

最明显的就是增加了技术融合、自主学习和国际视野三个指标,这其实就是创新能力的潜质之一。

仔细分析第二级和第三级中毕业要求的二级指标,会发现其间存在的明显区别(见表2-7)。在教学知识方面,第三级强调知识整合,表现为:学科内整合,重点理解学科核心素养内涵;学科间整合,理解跨学科知识;学科与学习科学整合,能理解并运用学科学习知识,整合形成学科教学知识。在教学能力方面,强调以学生为中心实施教学,重点在于创设学习环境、指导学习过程和进行学习评价等方面。在班级指导方面,强调突出五项能力,即班集体建设、班级教育活动组织、学生发展指导、综合素质评价和与家长及社区沟通合作。在综合育人方面,重视在学科教学中有机进行育人活动,强调"三结合模式",即知识学习、能力发展与品德养成三者有机相结合的立体育人模式。

表2-7　小学教育专业认证标准的毕业要求

	第二级	第三级
践行师德	【2.1 师德规范】践行社会主义核心价值观,增进对中国特色社会主义的思想认同、政治认同、理论认同和情感认同。贯彻党的教育方针,以立德树人为己任。遵守中小学教师职业道德规范,具有依法执教意识,立志成为有理想信念、有道德情操、有扎实学识、有仁爱之心的好老师	【2.1 师德规范】践行社会主义核心价值观,增进对中国特色社会主义的思想认同、政治认同、理论认同和情感认同。贯彻党的教育方针,以立德树人为己任。遵守中小学教师职业道德规范,具有依法执教意识,立志成为有理想信念、有道德情操、有扎实学识、有仁爱之心的好老师
	【2.2 教育情怀】具有从教意愿,认同教师工作的意义和专业性,具有积极的情感、端正的态度、正确的价值观。具有人文底蕴和科学精神,尊重学生人格,富有爱心、责任心、事业心,工作细心、耐心,做学生锤炼品格、学习知识、创新思维、奉献祖国的引路人	【2.2 教育情怀】具有从教意愿,认同教师工作的意义和专业性,具有积极的情感、端正的态度、正确的价值观。具有人文底蕴和科学精神,尊重学生人格,富有爱心、责任心、事业心,工作细心、耐心,做学生锤炼品格、学习知识、创新思维、奉献祖国的引路人

续表

第二级	第三级
【2.3 学科素养】具有一定的人文与科学素养。掌握主教学科的基本知识、基本原理和基本技能,理解学科知识体系基本思想和方法。了解兼教学科的基本知识、基本原理和技能,并具备一定的其他学科基本知识,对学习科学相关知识有一定的了解。了解学科整合在小学教育中的价值,了解所教学科与其他学科的联系,以及与社会实践、小学生生活实践的联系	**【2.3 知识整合】**具有较好的人文与科学素养。扎实掌握主教学科的知识体系、思想与方法,重点理解和掌握学科核心素养内涵;掌握兼教学科的基本知识、基本原理和技能,了解学科知识体系基本思想和方法;了解小学其他学科基本知识、基本原理和技能,具有跨学科知识结构;对学习科学相关知识能理解并初步应用,能整合形成学科教学知识。初步习得基于核心素养的学习指导方法和策略
【2.4 教学能力】在教育实践中,能够依据所教学科课程标准,针对小学生身心发展和认知特点,运用学科教学知识和信息技术,进行教学设计、实施和评价,获得教学体验,具备教学基本技能,具有初步的教学能力和一定的教学研究能力	**【2.4 教学能力】**理解教师是学生学习和发展的促进者。依据学科课程标准,在教育实践中,能够以学习者为中心,创设适合的学习环境,指导学习过程,进行学习评价。具备一定的课程整合与综合性学习设计与实施能力
	【2.5 技术融合】初步掌握应用信息技术优化学科课堂教学的方法技能,具有运用信息技术支持学习设计和转变学生学习方式的初步经验
【2.5 班级指导】树立德育为先理念,了解小学德育原理与方法。掌握班级组织与建设的工作规律和基本方法。能够在班主任工作实践中,参与德育和心理健康教育等教育活动的组织与指导,获得积极体验	**【2.6 班级指导】**树立德育为先理念。了解小学德育原理与方法,掌握班级组织与建设的工作规律与基本方法。掌握班集体建设、班级教育活动组织、学生发展指导、综合素质评价、与家长及社区沟通合作等班级常规工作要点。能够在班主任工作实践中,参与德育和心理健康教育等教育活动的组织与指导,获得积极体验

（左侧纵向分区标签：上部为"学会教学"，下部为"学会育人"）

续表

第二级	第三级
【2.6 综合育人】了解小学生身心发展和养成教育规律。理解学科育人价值,能够有机结合学科教学进行育人活动。了解学校文化和教育活动的育人内涵和方法,参与组织主题教育、少先队活动和社团活动,促进学生全面、健康发展	【2.7 综合育人】树立育人为本的理念,掌握育人基本知识与技能,善于抓住教育契机,促进小学生全面和个性发展。理解学科育人价值,在教育实践中,能够结合学科教学进行育人活动。了解学校文化和教育活动的育人内涵和方法。积极参与组织主题教育、少先队活动和社团活动
【2.7 学会反思】具有终身学习与专业发展意识。了解国内外基础教育改革发展动态,能够适应时代和教育发展需求,进行学习和职业生涯规划。初步掌握反思方法和技能,具有一定创新意识,运用批判性思维方法,学会分析和解决教育教学问题	【2.8 自主学习】具有终身学习与专业发展意识。了解专业发展核心内容和发展阶段路径,能够结合就业愿景制订自身学习和专业发展规划。养成自主学习习惯,具有自我管理能力
	【2.9 国际视野】具有全球意识和开放心态,了解国外基础教育改革发展的趋势和前沿动态。积极参与国际教育交流。尝试借鉴国际先进教育理念和经验进行教育教学
	【2.10 反思研究】理解教师是反思型实践者。运用批判性思维方法,养成从学生学习、课程教学、学科理解等不同角度反思分析问题的习惯。掌握教育实践研究的方法和指导学生探究学习的技能,具有一定的创新意识和教育教学研究能力
【2.8 沟通合作】理解学习共同体的作用,具有团队协作精神,掌握沟通合作技能,具有小组互助和合作学习体验	【2.11 交流合作】理解学习共同体的作用,具有团队协作精神,掌握沟通合作技能,积极开展小组互助和合作学习

（注：左侧"学会发展"为跨行标题）

此外,小学教育专业认证第三级还增加了技术融合、自主学习和国际视野等创新型教师的重要潜质。在技术融合方面,强调利用技术优化课堂教学和助力转变学习方式。在自主学习方面,强调能够规划自身学习与发展、养成自主学习习惯和具有自我管理能力。在国际视野方面,强调用开放心态了解国外基础教育的前沿动态,借鉴国际先进教育理念和经验进行教育教学。

(二)课程与教学和合作与实践

1.课程与教学

在"课程与教学"方面,小学教育专业认证第三级比第二级要求更高(详见表2-8),注重前沿性、整合性和文化性。首先,在课程设置方面,第三级注重跟踪和对接基础教育前沿动态,比如理念、标准、文件、理论、实验等。其次,在课程内容方面,突出与小学教育的综合性,培养学生知识整合的能力,课程内容要结合小学教育教学实践,体现专业特色与文化,促进学生主体化多样性的发展。最后,在课程实施方面,强调实施效果,高度关注师范能力的养成,同时突出文化活动育人,即"校园文化活动具有教师教育特色,有利于养成从教信念、专业素养与创新能力"。

表2-8　小学教育专业认证标准的课程与教学

第二级	第三级
【3.1 课程设置】课程设置应符合小学教师专业标准和教师教育课程标准要求,能够支撑毕业要求达成	【3.1 课程设置】课程设置应符合小学教师专业标准和教师教育课程标准要求,跟踪对接基础教育课程改革前沿,能够支撑毕业要求达成
【3.2 课程结构】课程结构体现通识教育、学科专业教育与教师教育有机结合;理论课程与实践课程、必修课与选修课设置合理。各类课程学分比例恰当,通识教育课程中的人文社会与科学素养课程学分不低于总学分的 10%,学科专业课程学分不低于总学分的 35%,教师教育课程达到教师教育课程标准规定的学分要求	【3.2 课程结构】课程结构体现通识教育、学科专业教育与教师教育深度融合,理论课程与实践课程、必修课与选修课设置合理。各类课程学分比例恰当,通识教育课程中的人文社会与科学素养课程学分不低于总学分的 10%,学科专业课程学分不低于总学分的 35%,教师教育课程达到教师教育课程标准规定的学分要求

续表

第二级	第三级
【3.3 课程内容】课程内容体现小学教育的专业性，注重基础性、科学性、实践性，把社会主义核心价值观、师德教育有机融入课程教学中。选用优秀教材，吸收学科前沿知识，引入课程改革和教育研究最新成果、优秀小学教育教学案例，并能够结合师范生学习状况及时更新、完善课程内容	【3.3 课程内容】课程内容体现小学教育的专业性，注重基础性、科学性、综合性、实践性，把社会主义核心价值观、师德教育有机融入课程教学中。选用优秀教材，吸收学科前沿知识，引入课程改革和教育研究最新成果、优秀小学教育教学案例，并能够结合师范生学习状况及时更新、完善课程内容，形成促进师范生主体发展的多样性、特色化的课程文化
【3.4 课程实施】重视课堂教学在培养过程中的基础作用。依据毕业要求制定课程目标和教学大纲，教学内容、教学方法、考核内容与方式应支持课程目标的实现。能够恰当运用案例教学、探究教学、现场教学等方式，合理应用信息技术，提高师范生学习效果。课堂教学、课外指导和课外学习的时间分配合理，技能训练课程实行小班教学，养成师范生自主学习能力和"三字一话"等从教基本功	【3.4 课程实施】重视课堂教学在培养过程中的基础作用。依据毕业要求制定课程目标和教学大纲，教学内容、教学方法、考核内容与方式应支持课程目标的实现。注重师范生的主体参与和实践体验，注重以课堂教学、课外指导提升自主学习能力，注重应用信息技术推进教与学的改革。技能训练课程实行小班教学，形式多样，富有成效，师范生"三字一话"等从教基本功扎实。校园文化活动具有教师教育特色，有利于养成从教信念、专业素养与创新能力
【3.5 课程评价】定期评价课程体系的合理性和课程目标的达成度，并能够根据评价结果进行修订。评价与修订过程应有利益相关方参与	【3.5 课程评价】定期评价课程体系的合理性和课程目标的达成度，并能够根据评价结果进行修订。评价与修订过程应有利益相关方参与

2. 合作与实践

在"合作与实践"方面，小学教育专业认证第三级比第二级要求递进（详见表2-9），注重合作性、实践性和实效性。首先，在协同育人方面，注重合作，强调与地方小学教育研机构和教育行政部门协同制定培养目标、设计课程体系、建设课程资源、组织教学团队、开展教学研究等。其次，在基地建设方面，强调实践性，注重实践基地的师资力量、学科优势、资源优势和教改实践优势等。最后,在管理评价方面,突出实效性,注重依据教育实践标准,采取过程评价与成果考核评价相结合方式,对实践能力和教育教学反思能力进行科学有效评价。

表2-9　小学教育专业认证标准的合作与实践

第二级	第三级
【4.1 协同育人】与地方教育行政部门和小学建立权责明晰、稳定协调、合作共赢的"三位一体"协同培养机制,基本形成教师培养、培训、研究和服务一体化的合作共同体	【4.1 协同育人】与地方教育行政部门和小学建立权责明晰、稳定协调、合作共赢的"三位一体"协同培养机制,协同制定培养目标、设计课程体系、建设课程资源、组织教学团队、建设实践基地、开展教学研究、评价培养质量,形成教师培养、培训、研究和服务一体化的合作共同体
【4.2 基地建设】教育实践基地相对稳定,能够提供合适的教育实践环境和实习指导,满足师范生教育实践需求。每20个实习生不少于1个教育实践基地	【4.2 基地建设】建有长期稳定的教育实践基地。实践基地具有良好的校风,较强的师资力量、学科优势、管理优势、课程资源优势和教改实践优势。每20个实习生不少于1个教育实践基地,其中,示范性教育实践基地不少于三分之一
【4.3 实践教学】实践教学体系完整,专业实践和教育实践有机结合。教育见习、教育实习、教育研习贯通,涵盖师德体验、教学实践、班级管理实践和教研实践等,并与其他教育环节有机衔接。教育实践时间累计不少于一学期。学校集中组织教育实习,保证师范生实习期间的上课时数	【4.3 实践教学】实践教学体系完整。教育见习、教育实习、教育研习递进贯通,涵盖师德体验、教学实践、班级管理实践和教研实践等,并与其他教育环节有机衔接。教育实践时间累计不少于一学期。学校集中组织教育实习,保证师范生实习期间的上课时数和上课类型
【4.4 导师队伍】实行高校教师与优秀小学教师共同指导教育实践的"双导师"制度。有遴选、培训、评价和支持教育实践指导教师的制度与措施。"双导师"数量充足、相对稳定、责权明确、有效履职	【4.4 导师队伍】实行高校教师与优秀小学教师共同指导教育实践的"双导师"制度。有遴选、培训、评价和支持教育实践指导教师的制度与措施。"双导师"数量足、水平高、稳定性强、责权明确、协同育人、有效履职

续表

第二级	第三级
【4.5 管理评价】教育实践管理较为规范，能够对重点环节实施质量监控。实行教育实践评价与改进制度。依据相关标准，对教育实践表现进行有效评价	【4.5 管理评价】教育实践管理规范，能够对全过程实施质量监控。严格实行教育实践评价与改进制度。具有教育实践标准，采取过程评价与成果考核评价相结合方式，对实践能力和教育教学反思能力进行科学有效评价

（三）师资队伍和支撑条件

1. 师资队伍

在"师资队伍"方面，小学教育专业认证第三级比第二级要求更高（详见表2－10），注重高素质、实践经验和协同教研。首先，在数量结构方面，强调教师的高素质，不论本校教师还是小学一线教师，在学历、职称、研究能力、社会影响力等方面都提出了高要求。其次，在实践经历方面强调教师教育课程教师每五年至少有一年小学教育服务经历，并有丰富的基础教育研究成果。在持续发展方面，强调高校和小学协同教研和共同发展。

表2－10　小学教育专业认证标准的师资队伍

第二级	第三级
【5.1 数量结构】专任教师数量结构能够适应本专业教学和发展的需要，生师比不高于18:1，硕士、博士学位教师占比本科一般不低于60%、专科一般不低于30%，高级职称教师比例不低于学校平均水平，且为师范生上课。配足建强教师教育课程教师，学科专业课程教师能够满足专业教学需要。基础教育一线兼职教师素质良好、队伍稳定，占教师教育课程教师比例不低于20%	【5.1 数量结构】专任教师数量结构能够适应本专业教学和发展的需要，生师比不高于16:1，硕士、博士学位教师占比本科一般不低于80%、专科一般不低于40%，高级职称教师比例高于学校平均水平，且为师范生上课、担任师范生导师。配足建强教师教育课程教师，学科专业课程教师能够满足专业教学需要。本科具有半年以上、专科具有三个月以上境外研修经历教师占教师教育课程教师比例不低于20%，基础教育一线的兼职教师队伍稳定，占教师教育课程教师比例不低于20%，原则上为省市级学科带头人、特级教师、高级教师，能深度参与师范生培养工作

续表

第二级	第三级
【5.2 素质能力】遵守高校教师职业道德规范,为人师表,言传身教;以生为本、以学定教,具有较强的课堂教学、信息技术应用和学习指导等教育教学能力;勤于思考,严谨治学,具有一定的学术水平和研究能力。具有职前养成和职后发展一体化指导能力,能够有效指导师范生发展与职业规划。师范生对本专业专任教师、兼职教师师德和教学具有较高的满意度	【5.2 素质能力】遵守高校教师职业道德规范,为人师表,言传身教;以生为本、以学定教,具有突出的课堂教学、课程开发、信息技术应用和学习指导等教育教学能力;治学严谨,跟踪学科前沿,研究能力和创新能力较强。具有职前养成和职后发展一体化指导能力,能够有效指导师范生发展与职业规划。师范生对本专业专任教师、兼职教师师德和教学具有较高的满意度
【5.3 实践经历】教师教育课程教师熟悉小学教师专业标准、教师教育课程标准和小学教育教学工作,至少有一年小学教育服务经历。其中学科课程与教学论教师具有指导、分析、解决小学教育教学实际问题的能力,并有一定的基础教育研究成果	【5.3 实践经历】教师教育课程教师熟悉小学教师专业标准、教师教育课程标准和小学教育教学工作,每五年至少有一年小学教育服务经历,能够指导小学教育教学工作,并有丰富的基础教育研究成果
【5.4 持续发展】制定并实施教师队伍建设规划。建立教师培训和实践研修制度。建立专业教研组织,定期开展教研活动。建立教师分类评价制度,评价结果与绩效分配、职称评聘挂钩。探索高校和小学"协同教研""双向互聘""岗位互换"等共同发展机制	【5.4 持续发展】制定并实施教师队伍建设规划。教师培训和实践研修机制完善;建立专业教研组织,定期开展教研活动。建立教师分类评价制度,评价结果与绩效分配、职称评聘挂钩。高校和小学"协同教研""双向互聘""岗位互换"等共同发展机制健全、成效显著

2. 支撑条件

在"支撑条件"方面,小学教育专业认证第三级比第二级要求更高(详见表2-11),注重充裕性、便捷性和国际性。首先,在经费保障方面教学日常运行支出占生均拨款总额与学费收入之和的比例,由第二级的不低于13%提升到第三级的不低于15%。其次,在设施保障方面,强调设施完备,共享机制顺畅,便于师范生便捷充分的使用。最后,在资源保障方面,强调电子资源和纸质图书充裕,尤其是有国内外多种版本小学教材,增进师范生的国际视野。

表 2 - 11　小学教育专业认证标准的支撑条件

第二级	第三级
【6.1 经费保障】专业建设经费满足师范生培养需求,教学日常运行支出占生均拨款总额与学费收入之和的比例不低于13%,生均教学日常运行支出不低于学校平均水平,生均教育实践经费支出不低于学校平均水平。教学设施设备和图书资料等更新经费有标准和预决算	【6.1 经费保障】专业建设经费满足师范生培养需求,教学日常运行支出占生均拨款总额与学费收入之和的比例不低于15%,生均教学日常运行支出高于学校平均水平,生均教育实践经费支出高于学校平均水平。教学设施设备和图书资料等更新经费有标准和预决算
【6.2 设施保障】教育教学设施满足师范生培养要求。建有小学教育专业教师职业技能实训平台,满足"三字一话"、微格教学、实验教学、艺术教育等实践教学需要。信息化教育设施能够适应师范生信息素养培养要求。建有教育教学设施管理、维护、更新和共享机制,方便师范生使用	【6.2 设施保障】教育教学设施完备。建有小学教育专业教师职业技能实训平台和在线教学观摩指导平台,满足"三字一话"、微格教学、实验教学、艺术教育、远程见习等实践教学需要。信息化教育设施能够支撑专业教学改革与师范生学习方式转变。教育教学设施管理、维护、更新和共享机制顺畅,师范生使用便捷、充分
【6.3 资源保障】专业教学资源满足师范生培养需要,数字化教学资源较为丰富,使用率较高。生均教育类纸质图书不少于30册。建有小学教材资源库和优秀小学教育教学案例库,其中现行小学课程标准和教材每6名实习生不少于1套	【6.3 资源保障】专业教学资源及数字化教学资源丰富,使用率高。教育类纸质图书充分满足师范生学习需要。建有小学教材资源库和优秀小学教育教学案例库,有国内外多种版本小学教材,其中现行小学课程标准和教材每6名实习生不少于1套

(四)质量保障和学生发展

1.质量保障

在"质量保障"方面,小学教育专业认证第三级比第二级要求有所递进(详见表 2 - 12),注重体系的完善性、过程的全面性和追求卓越的质量观。

首先，在保障体系方面，强调建立完善的教学质量保障体系，主要教学环节要有清晰明确、科学合理的质量要求。其次，在内部监控方面，强调运用信息技术对各主要教学环节质量实施全程监控。最后，在持续改进方面，强调利用评价结果建立形成追求卓越的质量文化，实现一流的人才培养。

表2-12　小学教育专业认证标准的质量保障

第二级	第三级
【7.1 保障体系】建立教学质量保障体系，各主要教学环节有明确的质量要求。质量保障目标清晰，任务明确，机构健全，责任到人，能够有效支持毕业要求达成	【7.1 保障体系】建立完善的教学质量保障体系，各主要教学环节有清晰明确、科学合理的质量要求。质量保障目标清晰，任务明确，机构健全，责任到人，能够有效支持毕业要求达成
【7.2 内部监控】建立教学过程质量常态化监控机制，定期对各主要教学环节质量实施监控与评价，保障毕业要求达成	【7.2 内部监控】建立教学质量监控与评价机制并有效执行，运用信息技术对各主要教学环节质量实施全程监控与常态化评价，保障毕业要求达成
【7.3 外部评价】建立毕业生跟踪反馈机制以及基础教育机构、教育行政部门等利益相关方参与的社会评价机制，对培养目标的达成度进行定期评价	【7.3 外部评价】建立毕业生持续跟踪反馈机制以及基础教育机构、教育行政部门等利益相关方参与的多元社会评价机制，对培养目标的达成度进行定期评价
【7.4 持续改进】定期对校内外的评价结果进行综合分析，能够有效使用分析结果，推动师范生培养质量持续改进和提高	【7.4 持续改进】定期对校内外的评价结果进行综合分析，能够有效使用分析结果，推动师范生培养质量的持续改进和提高，形成追求卓越的质量文化

2. 学生发展

在"学生发展"方面，小学教育专业认证第三级比第二级要求更高，且递进明显（详见表2-13），注重优质生源、课程丰富、社会声誉和持续支持。首先，在生源质量上，强调招收乐教、适教的优质生源。其次，在课程教学方面，鼓励跨院、跨校选修课程开拓进师范生的学识视野和促进知识整合。再次，在社会声誉上，强调毕业生社会声誉好、用人单位满意度高。最后，特别增加了持续支持，注重对毕业生进行跟踪服务，了解发展需求，提供持续学习的机会,搭建进一步发展的平台。

表2-13　小学教育专业认证标准的学生发展

第二级	第三级
【8.1生源质量】建立有效的制度措施,能够吸引志愿从教、素质良好的生源	【8.1生源质量】建立符合教师教育特点的制度措施,能够吸引乐教、适教的优秀生源
【8.2学生需求】了解师范生发展诉求,加强学情分析,设计兼顾共性要求与个性需求的培养方案与教学管理制度,为师范生发展提供空间	【8.2学生需求】充分了解师范生发展诉求,加强学情分析。设计兼顾共性要求与个性需求的培养方案与教学管理制度,鼓励跨院、跨校选修课程,为师范生的自主选择和发展提供足够的空间
【8.3成长指导】建立师范生指导与服务体系,加强思想政治教育,能够适时为师范生提供生活指导、学习指导、职业生涯指导、就业创业指导、心理健康指导等,满足师范生成长需求	【8.3成长指导】建立完善的师范生指导与服务体系,加强思想政治教育,能够适时为师范生提供生活指导、学习指导、职业生涯指导、就业创业指导、心理健康指导等,满足师范生成长需求,并取得实效
【8.4学业监测】建立形成性评价机制,监测师范生的学习进展情况,保证师范生在毕业时达到毕业要求	【8.4学业监测】建立形成性评价机制,对师范生在整个学习过程中的表现进行跟踪与评估,鼓励师范生自我监测和自我评价,及时形成指导意见和改进策略,保证师范生在毕业时达到毕业要求
【8.5就业质量】毕业生的初次就业率不低于本地区高校毕业生就业率的平均水平,获得教师资格证书的比例不低于75%,且主要从事教育工作	【8.5就业质量】毕业生的初次就业率不低于75%,获得教师资格证书的比例不低于85%,且主要从事教育工作
【8.6社会声誉】毕业生社会声誉较好,用人单位评价较高	【8.6社会声誉】毕业生社会声誉好,用人单位满意度高
	【8.7持续支持】对毕业生进行跟踪服务,了解毕业生专业发展需求,为毕业生提供持续学习的机会和平台

四、组织流程

为了确保小学教育专业认证工作有序开展,教育部和省级教育行政部门加强统筹协调,形成整体设计、有效衔接、分工明确、分批实施的协同机制,采用严格认证程序,实施规范的认证过程。认证结果作为国家和地方政策制定、资源配置、经费投入等决策参考。同时,明确学校在专业质量建设方面的主体责任,引导开展小学教育专业自我评估,推动建立专业质量持续改进机制,提升专业质量保障能力。

(一)小学教育专业的认证组织

"普通高等学校师范类专业认证工作指南"中详细介绍了负责专业认证的组织与实施机构,包括教育行政部门、教育评估机构和认证专家组织①(见图2-4)。

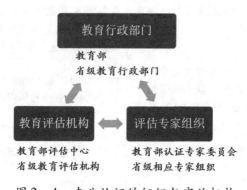

图2-4　专业认证的组织与实施机构

1.教育行政部门

教育部。负责全国师范类专业认证工作宏观管理,发布师范类专业认

---

① 教育部教师工作司、教育部高等教育教学评估中心:《培养新时代大国良师——普通高等学校师范类专业认证工作指南(试行)》,2018年。

证工作实施办法与标准,统筹协调全国师范类专业认证工作进度,指导监督全国师范类专业认证工作实施;组建普通高等学校师范类专业认证专家委员会;根据全国师范类专业认证工作结果,制定加强师范类专业建设的指导性政策。

省级教育行政部门。负责结合地方实际情况制定本地区师范类专业认证实施方案;统筹协调本地区师范类专业认证工作进度,指导监督本地区师范类专业认证工作实施;推荐并委托授权有资质、信誉好的教育评估机构开展第二级专业认证工作;成立本地区相应专家组织;根据本地区师范类专业认证工作结果,制定加强本地区师范类专业建设的指导性政策。

2. 教育评估机构

教育部高等教育教学评估中心(简称"教育部评估中心")。负责全国师范类专业第一级监测、第三级认证及中央部门所属高校和相应委托省份的第二级认证的组织实施;建立国家师范类专业认证专家库(以下简称"国家库")及入库专家培训、评价与动态管理;建设教师教育质量监测平台及师范类专业认证管理信息系统平台;参与师范类专业认证的院校培训、辅导与咨询服务;承担教育部认证专家委员会秘书处工作。

受省级教育行政部门委托的其他教育评估机构(简称"省级教育评估机构")。接受省级教育行政部门委托,根据该地区师范类专业认证实施方案要求,组织开展师范类专业第二级认证工作;为该地区师范类专业认证工作提供业务咨询与指导服务;接受教育部认证专家委员会及委托省份相应专家组织的指导和监督。

3. 认证专家组织

教育部普通高等学校师范类专业认证专家委员会(简称"教育部认证专家委员会")。负责全国师范类专业认证工作的规划与咨询、指导和检查;对拟承担师范类专业认证的教育评估机构进行资质认定;对师范类专业认证专家进行资质认定;开展全国师范类专业认证的结论审定,受理认证结论异议的申诉等。教育部认证专家委员会秘书处设在教育部评估中心,负责专家委员会日常事务组织、管理与协调工作。

省级相应专家组织。省级教育行政部门成立相应专家组织，负责本地区师范类专业认证工作的规划与咨询、指导和检查；制定本地区师范类专业第二级认证结论审议工作机制；对教育评估机构工作开展情况进行指导和监督。

（二）小学教育专业的认证程序

小学教育专业第一级认证采取网络平台数据采集方式，对师范类专业办学基本信息进行常态化监测。具体过程前文已有介绍，在此不再赘述。第二级和三级采取专家进校现场考查方式，对师范类专业教学质量状况进行周期性认证。《认证办法》详细介绍了认证程序，即申请与受理、专业自评、材料审核、现场考查、结论审议、结论审定、整改提高等 7 个阶段[①]（见表2－14）。

表2－14　小学教育专业的认证程序

序号	阶段	具体进程
1	申请与受理	提交申请：地方所属院校向省级教育行政部门委托的教育评估机构提交认证申请；中央部门所属高校向评估中心提交认证申请
		教育评估机构依据受理条件进行审核，审核通过的专业，进入自评阶段
2	专业自评	高校依据认证标准开展专业自评工作，按要求填报有关数据信息，撰写并提交自评报告
3	材料审核	教育评估机构组织专家对专业自评报告和数据分析报告等相关材料进行审核
		审核通过的专业，进入现场考查阶段

---

① 教育部关于印发：《普通高等学校师范类专业认证实施办法（暂行）》的通知（教师〔2017〕13号）［EB/OL］．www.moe.gov.cn/srcsite/A10/s7011/201711/t20171106_318535.html.

续表

序号	阶段	具体进程
4	现场考查	教育评估机构组建现场考查专家组
		专家组在审阅专业自评报告和数据分析报告基础上,通过深度访谈、听课看课、考查走访、查阅文卷、集体评议等方式,特别注重了解毕业生教书育人情况,对专业达成认证标准情况做出评判,向高校反馈考查意见
5	结论审议	教育评估机构对现场考查专家组认证结论建议进行审议
6	结论审定	教育评估机构将审议结果报教育主管部门同意后,提交教育部认证专家委员会审定
		认证结论,分为"通过,有效期6年""有条件通过,有效期6年""不通过"三种
		适时公布认证结论
7	整改提高	高校依据认证报告进行整改,按要求提交整改报告
		教育评估机构组织专家对整改报告进行审查,逾期不提交或整改报告审查不合格,终止认证有效期

  总之,小学教育专业认证坚持以培养目标达成度、社会需求适应度、教学资源支撑度、质量保障有效度、学生和用人单位满意度为主线,突出高等院校与小学教学与教研机构协同育人,推动师范教育主动面向对接国家、地区基础教育改革发展需要,充分反映学校对好教师的美好期盼,努力为每个小学生都能享有公平而有质量的教育提供稳固的师资来源。

第三章

小学教育专业的培养目标

一、理论背景

培养目标是专业向社会做出的人才培养规格承诺,毕业要求是专业向社会做出的学习发展承诺。培养目标是专业建设的灵魂,也是专业认证的核心。

(一)专业人才培养目标制定的思考框架

小学教育专业人才培养目标通常从以下三个方面考虑①:

第一,小学教育专业人才培养规格定位。人才培养规格主要揭示了人才培养目标制定者结合各方考察结果对学生所具备的素质、知识、技能、情感等方面的诉求。一是人才基础素质取向,如"厚基础、宽口径、高素质、强技能、有特长、善创新";二是人才专业素质取向,如培养规格定位:培养高素质、专业化、具有未来教育家潜质的师资。

---

① 闫建璋、许梅玉:《省属重点综合性大学教育学院人才培养目标定位探析》,《高校教育管理》,2019 年第 13 期。

第二，小学教育专业人才培养类型定位。人才培养类型一般分为研究型人才、应用型人才、复合型人才 3 种。研究型人才亦称"学术人才"，是指从事基础理论相关研究的专业工作者；应用型人才强调应用知识的操作能力，是指从事一线工作的专业工作者；复合型人才是指意在应对近年来知识呈现分化和综合不断加强的趋势，掌握多门专业知识和技能的人才。不同的学校可以依据自己的实际情况，选择培养不同类型的人才，也可以选择两种，如培养复合型、应用型的小学教育教师。

第三，小学教育专业人才培养层次定位。人才培养层次定位是指培养何种学历层次及与之对应的何种专业人才。

(二)"四有"好老师是教师教育专业人才培养目标设计的基本依据

专业培养目标定位是一定时代背景下人们对教师教育应然关系的认同、反思与实践。人才培养目标定位多维性的内在统一，包括坚持适应性与引领性统一、坚持综合性与转型性统一、坚持师范性与学术性统一等。国内学者对教师教育人才培养目标定位的研究，总体上立足教师教育培养目标定位的多维层次结构分析。以 2014 年习近平总书记考察北京师范大学时提出的"四有"好老师的培养为基础，以"卓越教师"为目标和价值追求，保证每个师范生符合教师专业要求并能够快速适应基础教育改革，同时为师范生追求卓越、引领基础教育发展奠定坚实的基础。实现对"四有"好老师的生成性理解，激发教师专业成长内驱力，包括理想信念、道德情操、扎实学识、仁爱之心等方面。[1]

(三)"儿童教育"是小学教育专业人才培养目标设计的基本出发点

小学教育专业人才培养目标受到小学教育专业定位决定，探讨小学教

---

[1] 赵正、李莎莎、杨柳：《高师院校教师教育培养目标定位的多维体系建构》，《教育理论与实践》，2020 年第 40 期。

育专业人才培养目标,首先必须要专业定位。要审视小学教育专业的性质定位,小学教育专业的性质定位准确,是制定小学教育专业人才培养方案、探索小学教师人才培养模式的前提基础。如果专业性质定位不准,那么人才培养目标、规格及课程设置就难免会发生偏离。在国内外广泛批判小学教育以人为本的教育理念难以落实,课业负担过重,"应试教育"难以克服,分科培养、学科教学本位、脱离生活等,导致了只见"成绩"不见"生命",教育目的与目标"混淆",错将"目标"当成"目的"。而学科教学本位成为以上问题的主要症结所在,必须要突破学科教学本位。小学教育专业人才培养逐渐摆脱了以"知识的目标",而关注"生命成长的目的"。逐渐重视小学儿童在小学教育中的主体地位及小学儿童生命健康成长对小学教育的需要。[①]

儿童教育是当代小学教育改革的价值取向,以儿童为中心、"儿童站在正中央"、童心教育、走近儿童、读懂儿童、学生发展核心素养、整合课程、"学材"开发、综合实践、体验学习等,已成为当代小学教育改革的一些"高频词""关注点"和"着力点"。今天的小学教育改革正朝着注重儿童生命成长需要的方向努力。从小学儿童的角度看,小学儿童接受小学教育是为了自身生命的精神成长,而不单纯是为了获取知识;小学儿童需要的是能为其生命健康成长提供有限能量的小学教育。小学教育的本质就是儿童教育,只不过现实的小学教育被"异化"了,学科教学成为本位,学科知识学习成为目的,而儿童生命却沦为了获得学科知识的工具,小学儿童必然成为小学教育的主体。所谓儿童教育是有关儿童生命健康成长的教育,是成人为儿童生命健康成长提供有效能量的活动。当代小学教育改革正试图突破学科教学本位,立足小学儿童的立场,而应是以儿童教育为本位,回归儿童教育本位。即以儿童生命为基点,从儿童的立场出发,围绕儿童生命成长规律、阶段特性、儿童生命需要、生命样态等思考、设计、实施小学教育教学,能为每个个体儿童生命的健康成长提供个性化的、适合的小学教师。只有这样的小学

---

① 刘慧:《以"儿童教育"为本位的卓越小学教师培养》,《课程·教材·教法》,2017年第2期。

教师,才能适应当前及未来小学教育改革与发展的需要。①

(四)专业认证理念是小学教育专业人才培养目标设计的基市规范

1. "学生中心、产出导向、持续改进"的认证理念

人才培养所有指标均围绕以学生为中心、以产出为导向、持续质量改进的认证理念设置。学生发展是专业教学的出发点和最终目标,体现了以学生为中心;培养目标是核心指标,以培养目标为依据制定毕业要求,由毕业要求进行教学设计,并开展师资队伍建设和教学条件建设,体现了以产出为导向;培养目标与毕业要求的关系如下:

培养目标体现专业人才培养"产出"的质量预期与追求,是专业确定毕业要求的基本依据;毕业要求体现专业人才培养"产出"的具体质量要求或规格,源于培养目标,支撑培养目标,是实现培养目标的保证。培养目标和毕业要求体现了专业人才培养的"产出"要求,是专业人才培养最重要的"导向"。

在小学教育专业人才培养体系中,应以培养目标为依据制定毕业要求,依据毕业要求进行课程体系建设,并开展师资队伍建设和教学条件建设,最终指向促进学生发展。同时,持续质量改进的理念应贯穿人才培养的全过程,通过建立有效的质量监控和评价改进机制,持续跟踪改进效果并用于推动专业人才培养质量不断提升,形成持续改进质量文化。

2. "面向需求"的培养目标设计理念

培养目标符合社会需求。以学生发展为中心,以培养目标、毕业要求为依据,综合评价人才培养质量。教育质量体现在"三效":教学效率、教学效果和教学效益(个人效益/价值和社会效益/价值),如图 3-1 所示。其中,教学效率是指学习结果与"社会/教学投入"之比;教学效果是指学习结果与教学目标之间的吻合程度;而教学效益是指教学目标与社会/学习需要之间

---

① 刘慧:《基于儿童生命的小学教育之思》,《当代教育科学》,2012 年第 18 期。

的符合或满足关系。① 只有当学习者的学习在效率基础上,达成一定的效果和效益,或者说是当教育投入一定的环境条件,学习者投入一定的时间和精力等,达成一定的学习结果,而这个结果能够符合之前设定的教学目标要求,且这个教学目标又比较符合学习者的学习需求;同时,学习者的学习需求又高度符合社会需求,从而实现个人价值或社会价值相统一,这就能体现一定的教学质量。

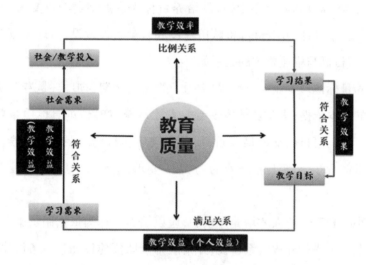

图 3 - 1 教学质量的"三效"

3."兜底不比高"的培养目标设计理念

认证是达标评价,兜底不比高。② 强调全员全过程全面达标。看差不看优,关注的是对弱势群体的保障,可以认为是"公平而有质量的教育"在高等教育中的一个体现。因此,培养目标的制定,一定是每个学生毕业 5 年后基本上都应该能够达到的标准和要求。

---

① 樊彩萍、朱永海:《论信息技术与课程:从有效整合走向整合有效性——兼论信息技术与课程有效整合的现状、问题与对策》,《远程教育杂志》,2010 年第 28 期。
② 教育部评估中心备课组:《师范类专业认证:培养目标与毕业要求的制定、分解与落实》,2019 年。

（五）小学教育专业培养目标的作用

在制定培养目标时，必须坚持以"学生为本"的基本理念，培养目标内容与毕业要求相互衔接，并对标准其余各部分起到引领作用。认证标准的基本构架中各指标间存在着一定的逻辑关系，其中培养目标是整个人才培养的"导向"，也是整个认证标准框架的基础。培养目标体现专业人才培养"产出"的质量预期与追求，是专业认证的总纲，具有统领性作用。如图 3 - 2 所示。

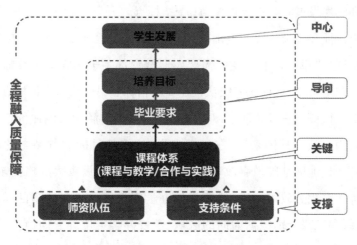

图 3-2　培养目标的导向作用①

（六）小学教育专业二级认证目标和三级认证目标的关系

教育部印发的《普通高等学校师范类专业认证实施办法（暂行）》的通知（教师〔2017〕13 号），其中《小学教育专业认证标准（第二级）》（下同）是国家对小学教育专业教学质量的合格要求，主要依据国家教育法规和小学教师专业标准、教师教育课程标准、专业教学相关标准制定。包括培养目标、

---

① 教育部评估中心备课组：《师范类专业认证：培养目标与毕业要求的制定、分解与落实》，2019 年。

毕业要求、课程与教学、合作与实践、师资队伍、支持条件、质量保障和学生发展 8 个一级指标，38 个指标点，是一个整体，均为专业人才培养涉及的重要内容，不可或缺。所有指标均围绕学生中心、产出导向、持续质量改进的认证理念设置。

《小学教育专业认证标准（第三级）》是国家对小学教育专业教学质量的卓越要求，主要依据国家教育法规和小学教师专业标准、教师教育课程标准、专业教学相关标准及教育部关于实施卓越教师培养计划的意见制定。包括培养目标、毕业要求、课程与教学、合作与实践、师资队伍、支持条件、质量保障和学生发展 8 个一级指标，41 个指标点。

二级认证和三级认证的差别在于，二级认证是教学质量的"合格要求"，而三级认证是"卓越要求"，主要需要参照教育部关于实施卓越教师培养计划的意见制定；二级认证比三级认证少 3 个指标点，只有 38 个指标点。

在二级认证与三级认证中，对目标定位、目标内涵和目标评价三个维度上要求均为一致。具体来说，在目标内涵上，培养目标应贯彻党的教育方针，面向国家、地区基础教育改革发展和教师队伍建设重大战略需求，落实国家教师教育相关政策要求，符合学校办学定位。因此在具体目标制定过程中，二级和三级分别根据面向的区域、学校办学定位等方面，对区域教育改革发展、教师队伍水平的建设和国家战略支撑的程度应该会有所差异，这个差异既来自区域差异，教师队伍水平高低和国家战略需求的差异；更来自学校在这些方面所能够做出培养的人才质量的差异。在二级向三级升级认证中，要重点关注结合卓越教师培养计划等文件精神，分析自己的专业优势，强化专业目标定位的提升，在区域基础教育改革发展、教师队伍水平和国家战略支撑上要做出更大贡献的定位。

同样，在目标内涵上，二级和三级分别都强调培养目标内容明确清晰，反映师范生毕业后 5 年左右在社会和专业领域的发展预期，体现专业特色，并能够为师范生、教师、教学管理人员及其他利益相关方所理解和认同。在二级向三级升级认证中，需要深刻把握目标定位，在目标内涵上下功夫，提升内涵发展,这些内涵发展在二级和三级的"毕业要求"已经做了很清晰的框架表述和界定,具体体现在学会教学方面:二级强调学科素养,三级强调知识整合、技术融合;在学会发展方面:二级强调学会反思、沟通合作,三级强调自主学习、国际视野、反思研究和交流合作;在学生发展方面:强调持续支持。而专业"培养目标"显然是在"毕业要求"基础上,预测毕业5年后的人才发展,这些人才发展水平要在以上各个维度上都比二级认证要有更丰富的内涵和更高的层次的要求。

而在目标评价上,也都强调定期对培养目标的合理性进行评价,并能够根据评价结果对培养目标进行必要修订,评价和修订过程应有利益相关方参与。

二、实践呈现

(一)标准解读

1."达标情况"解读

"达标情况"主要是对《小学教育专业认证标准(第二级)》中的标准条文,用数据和事实逐条说明达成情况。数据描述以《专业教学基本状态数据分析报告》为依据进行分析和达成说明,事实描述以具体明确的文件、制度、行为、效果等进行评价分析和达成说明。《小学教育专业认证标准》都给出了具体的"达标情况解读",这里以《小学教育专业认证标准(第二级)》为例来说明,并具体解读:

(1)目标定位

《小学教育专业认证标准(第二级)》中指出:培养目标应贯彻党的教育方针,面向国家、地区基础教育改革发展和教师队伍建设重大战略需求,落实国家教师教育相关政策要求,符合学校办学定位。

学校有一个较为统一的定位和表述框架,各专业在此基础上突出各自特点。教育部评估中心备课组在《师范类专业认证：培养目标与毕业要求的制定、分解与落实》中具体解释为①：目标定位是确定目标内涵的重要依据，对毕业要求会产生重要影响。本指标要求小学教育专业培养目标应有准确的定位，应该贯彻党和国家的教育方针，遵循正确的教育理念，符合专业教育要求和基本规律；要有明确的依据，改变脱离基础教育和教师教育发展实际的弊端，符合国家、地区小学教育改革发展的要求，对接毕业生服务区域的小学教师队伍建设规划，体现国家教师教育相关政策和改革要求；要根据学校的办学定位，符合学校的发展规划，依托学校的培养条件，具有较好的适应性和一定的前瞻性。

（2）目标内涵

《小学教育专业认证标准（第二级）》中指出：培养目标内容明确清晰，反映师范生毕业后5年左右在社会和专业领域的发展预期，体现专业特色，并能够为师范生、教师、教学管理人员及其他利益相关方所理解和认同。

目标内涵直接决定着毕业要求的具体内容。本指标要求小学教育专业在培养目标准确定位的基础上，做到基本内容清晰明确，目标表述科学规范；要坚持教师专业发展的原则，遵循小学教师早期专业成长的规律，反映师范生毕业5年左右作为一个小学合格教师应具备的职业素养和能力要求，以及所能达到的专业发展成就；要体现小学教育专业的人才培养特点，反映基础教育和教师教育改革与发展的要求，凸显自身的办学特色；要广泛听取本校师生、小学和教育行政部门的意见，使利益相关方能够理解并认同培养目标的制定原则和主要内容。

（3）目标评价

《小学教育专业认证标准（第二级）》中指出：定期对培养目标的合理性进行评价，并能够根据评价结果对培养目标进行必要修订。评价和修订过

---

① 教育部评估中心备课组：《师范类专业认证：培养目标与毕业要求的制定、分解与落实》，2019年。

程应有利益相关方参与。

目标评价体现持续改进的基本理念,是对培养目标制定过程和质量的有效监控。本指标要求小学教育专业能够定期对培养目标进行合理性评价,分析其与社会需求的契合度,对毕业要求和人才培养的引领作用;能够及时向相关机构和人员反馈评价结果,并按照规定程序对培养目标进行修订;能够广泛邀请本校学生、教师、教学管理人员和用人单位及其他利益相关方参与培养目标评价与修订,并提出合理意见。

2.“主要问题”解读

根据上述目标定位、目标内涵、目标评价等方面逐条对标情况,按标准条文明确清晰地分析专业对标自评中发现的问题与不足,为专业持续改进提供依据。“主要问题”需要注意以下三个方面:

第一,主要问题要实:包括“真实”“实事求是”,杜绝形式化和走过场。专业认证强调的是基本合格认证,强调的是专业人才培养的下限,不是盲目地追求“高”“新”“全”等。所以专业认证相比较其他多种形式的学校、学科和专业评估来说,更加注重务实,一切强调实事求是,切实地分析自身在专业建设过程中存在的问题。

第二,主要问题要深:包括“深刻反思”“深挖问题”“深究原因”,坚决杜绝提出的问题表面化和虚化,杜绝“象征性”地提出无关痛痒的问题,把握这些问题出现背后的本质,从深层次根源中梳理问题,从而为解决问题奠定基础。

第三,主要问题一定要聚焦,聚焦于“目标定位”“目标内涵”和“目标评价”等方面存在什么样的具体问题。杜绝顾左右而言他地提出无关紧要的问题,企图用细枝末节的问题来掩盖专业认证所关注的问题。

这些问题从具体维度来看,可能存在以下问题:

(1)目标定位

依据《小学教育专业认证标准(第二级)》,目标定位要符合学校办学宗旨,满足社会需求,服务国家和区域发展战略,有前瞻性和引领性(教育部评估中心备课组，《师范类专业认证：培养目标与毕业要求的制定、分解与落实》）。所以专业人才培养目标影响因素，大致也就分为三种类型，如果不符合目标定位的这三个方面，都可能是专业办学中存在的主要问题：

第一，培养目标与学校定位与办学宗旨的关系。如双一流高校中相关专业人才培养，是否能够和双一流的办学定位相符合；

第二，培养目标与国家或区域经济发展的关系，培养目标能否满足社会发展需求。如地处西部的地方高校，人才培养主要面向西部省区就业，学生培养目标应该符合当地需求；

第三，培养目标相对于整个社会发展需求来说是否具备一定的前瞻性和引领性，毕竟教育是面向未来培养人才的。

如果能够达到以上三个方面要求的，就说明专业"目标定位"方面是没有太大的问题，否则，可能会存在一些主要的、比较严重的问题。

（2）目标内涵

依据《小学教育专业认证标准（第二级）》，影响"目标内涵"表述的几个方面，或者说专业培养目标内涵可能存在问题的几个影响因素有：

第一，对培养目标内容的进一步展开表述的是否明确清晰、科学规范；

第二，是否遵循小学教师早期专业成长的规律，反映基础教育和教师教育改革与发展的要求，反映了师范生毕业后5年左右在社会和专业领域的发展预期，合理的分析了教师应该具备的职业素养和能力要求；

第三，是否体现了专业特色；凸显自身的办学特色；

第四，是否能够为师范生、教师、教学管理人员及其他利益相关方所理解和认同。

如果能够达到以上四个方面要求的，就说明专业"目标内涵"方面是没有太大的问题，否则，可能会存在一些主要的、比较严重的问题。

（3）目标评价

依据《小学教育专业认证标准（第二级）》，影响"目标评价"的几个因素有：

第一,是否定期对培养目标的合理性进行评价,分析其与社会需求的契合度,包括是否定期,和是否进行合理性评价两个方面;

第二,是否能够及时向相关机构和人员反馈评价结果,并能够根据评价结果对培养目标进行必要修订。

第三,评价和修订过程中是否有利益相关方参与,是否能够广泛邀请本校学生、教师、教学管理人员和用人单位及其他利益相关方参与培养目标评价与修订,并提出合理意见。

如果能够达到以上三个方面要求的,就说明专业"目标评价"方面是没有太大的问题,否则,可能会存在一些主要的、比较严重的问题。

3."改进措施"解读

针对自评中发现的问题与不足,按标准条文明确清晰地描述采取的改进措施。认证专家将视改进情况做出评判。针对以上存在的问题,深入挖掘主要问题存在的根源,可以有针对性的进行改进,提出切实可行的改进措施。措施一定要明确具体,要真正地能够解决问题,切忌:形式化和表面化敷衍。

(二)实践操作

1."达成情况"撰写

(1)目标定位的达成情况编写

专业认证是有严格的操作流程和规范,所以我们严格地比照了前述的《小学教育专业认证标准(第二级)》解读,进行"达成情况"编写。这里需要注意的是,对于"培养目标"的"目标定位""目标内涵"等文本,我们在以往的人才培养方案中人才培养目标并不符合专业认证的要求,相信大多数学校也是如此。为此,在本轮专业认证中,我们结合以往的人才培养目标和认证标准,进行了重新编写。对于其他非认证打样学校来说,人才培养计划调整可以按照自己以往教学计划调整周期等因素,尽快启动修订工作。

第一,用单独段落列出本专业的培养目标全文。目标定位是对本专业人才的基本素养、服务面向（专业领域、职业特征）、人才定位的总体描述。在没有任何参照的情况下，我们认真研读了教育部、相关专家的各种认证材料、讲座 PPT 等文件，编写了第一个版本，这个版本主要存在两个问题：一是编写的并不是毕业 5 年之后学生达到的教学目标；二是编写的目标比较空，不具体。之后，教育部高等教育教学评估中心组织多位专家到我校进行认证前的调研和指导，并给予了详细的书面反馈意见。在认真学习这些反馈意见后，我院内部召开了多轮研讨会修订培养目标。我们认识到人才培养目标编写应聚焦到以下几个要点：一是基本素养，指毕业生具有的专业、职业基本能力和素质。二是服务面向，包括专业领域——毕业生可提供服务的领域，职业特征——毕业生可从事哪些工作等。三是人才定位，培养什么类型的专业人才。这样，我们逐渐明确了培养目标的完整表述方式：服务面向＋基本素养＋职业特征（目标预期）＋人才定位。即在通常情况下，首先指出本专业人才服务面向的区域或行业；其次指出本专业人才毕业 5 年后所要达成的基本素养；再次说明本专业人才毕业 5 年后应该具备的基本职业能力，或能够从事哪些工作；最后指出本专业人才毕业 5 年后应该能够达成什么样类型的专业人才。

下面是几个培养目标的描述案例：

首都师范大学小学教育专业人才培养目标定位（2018）：本专业立足首都基础教育改革与发展的需要，传承百年师范精神，面向未来（基本素养），培养理想信念坚定，师德优秀、儿童为本、素养综合、全面育人、终身发展（职业特征），具有卓越小学教师和未来教育家潜质的小学教育人才（人才定位）。

某音乐学专业人才培养的目标定位：本专业适应国家基础教育改革发展要求，立足某省、面向全国，培养具有高尚师德、教育情怀，具备扎实的音乐学科知识、突出的教育教学能力和美育素养（基本素养），能够在中学、教育机构、社会文艺单位等专业领域（服务领域）从事音乐教学、教研及管理等相关工作(职业特征)的高素质创新人才(人才定位)。[1]

某汉语言文学专业人才培养的目标定位:本专业适应国家基础教育改革发展要求,立足某省、面向全国,培养富有高尚师德和教育情怀,具备深厚的人文与科学素养、扎实的中国语言文学学科知识与能力、突出的教育教学能力,具有创新精神与自我发展能力(基本素养),能够在中学及其他教育文化机构(服务领域)从事语文教育等相关工作(职业特征)的高素质教师(人才定位)。[2]

以上几个案例,虽然整体阐述上还需要值得推敲,但几个基本要素都关注到了,可以算是一个比较好的人才培养目标的表述案例了。

第二,描述说明专业培养目标贯彻党的教育方针及落实国家教师教育相关政策和改革要求的情况。培养目标主要的三大因素就是:前沿性和先进性,符合国家或地区政策,符合学校人才培养目标定位。依据前述"标准解读",一方面我院认证材料撰写小组首先学习了习近平总书记在2018年全国教育大会上有关教育改革发展提出的一系列新理念、新思想、新观点,研究了习近平总书记提出的"四有"好老师的要求及内涵,等等;另一方面查阅了《中共中央、国务院关于全面深化新时代教师队伍建设改革的意见》等诸多政策性文件,从国家基础教育改革发展的总体要求,从"立德树人"和"卓越小学教师品质",以及面向未来的"新一代人工智能发展规划"要求,利用信息技术"加快推动人才培养模式、教学方法改革"等方面进行比照分析;此外,我们还仔细研读了《小学教师专业标准》《教师教育课程标准(试行)》《卓越教师培养计划》等专业文件的相关要求,以确保把党和国家最近的指导思想和专业标准具体落实到首都师大小学教育专业的人才培养目标中。

第三,描述说明专业培养目标与学校本科人才培养目标定位,以及与国

---

[1][2] 教育部评估中心备课组:《师范类专业认证:培养目标与毕业要求的制定、分解与落实》,2019年。

家、地区基础教育改革发展和教师队伍建设重大战略需求的关系。首都师范大学小学教育专业在培养目标编写过程中，重点考虑了北京市基础教育改革发展和教师队伍建设重大战略需求，如《中共北京市委、北京市人民政府关于全面深化新时代教师队伍建设改革的实施意见》中指出："造就……高素质专业化创新型教师队伍，落实立德树人根本任务，培养德智体美全面发展的社会主义建设者和接班人"，"为建设国际一流的和谐宜居之都提供坚实的人才支撑，结合本市教育改革发展实际"，"遵循教育规律和教师成长发展规律，把促进学生健康成长作为教师队伍建设的出发点和落脚点……以教师素质能力提升为核心内容"，以及"到2035年，教师综合素质、专业化水平和创新能力显著提升，培养造就一大批在全国有影响的骨干教师、卓越教师和教育家型教师"等。

同时应注意的是，学院人才培养目标应符合学校办学定位。学校相关文件指出："首都师范大学是北京市属重点高校，是师范大学，服务首都经济社会发展、服务首都乃至国家基础教育发展，是学校的职责和使命"。专业发展必须和学校本科人才培养目标定位相结合，学校作为服务全国或地方经济社会发展的主要机构，通过几轮高校评估和建设，通常能够较为科学地把脉人才培养定位，专业作为学校的基本单元，必须要和学校定位和发展相吻合。专业培养目标必须要和科学的学校本科人才培养目标定位相结合，首先要明确学校的本（专）科人才培养定位是什么？以及培养什么类型的学生？这是我们进行专业人才培养目标制定应该首先要了解的问题。

专业建设是为经济社会发展培养人才，师范生培养主要是为国家和地区基础教育改革发展服务。因此，我们建议各个学校必须结合师范生主要就业区域，培养符合这些区域的基础教育需求人才。同时，不同时期国家教师队伍和教育改革的统筹规划不同，人才培养必须符合国家或区域重大战略需求。

（2）目标内涵的达成情况编写

培养目标内容明确清晰，反映师范生毕业后5年左右在社会和专业领域的发展预期,体现专业特色和优势,并能为师范生、教师、教学管理人员及其他利益相关方所理解和认同。目标内涵通常就是依据目标定位,明确毕业生 5 年后的具体发展预期,也就是要把培养目标细化成几方面预期目标,并逐一证明达成情况,并可量化调查与个案追踪。

第一,描述说明当前执行的培养目标表述明确清晰,预期了师范生毕业后 5 年左右在就业领域具有的专业技能、在社会环境下具有的职业素养及职业发展潜力和竞争力,并举证说明该预期可以达到或实现。

首都师范大学小学教育专业的专业培养目标主要从以下几个方面对师范生毕业 5 年左右在就业领域的发展做出了预期(目标内涵):

师德优秀:践行社会主义核心价值观,理想信念坚定,家国情怀深厚;秉持仁爱之心,能够以"爱心、童心,乐学、乐教"的教育情怀面对自己所从事的教育工作;品德高尚,依法执教,做儿童生命健康成长的引路人;

儿童为本:从儿童出发进行自己的教育教学工作,关爱、理解、研究儿童,能够为儿童生命健康成长提供适合的教育;

素养综合:能够以综合的人文、科学、艺术、信息等基本素养展开教育教学工作,能够整合知识,优化教育教学,并能够开展跨学科教学活动;

全面育人:理解小学生身心发展和养成教育规律,在班级指导、学科教学和实践活动中育心养德,帮助儿童在德、智、体、美、劳等方面全面发展;

终身发展:能够把握国内外基础教育的发展动态,具有敏锐的问题意识和研究能力,具有应对未来教育变化的能力,能够在协同工作、终身学习和实践反思中持续发展。

对于如上专业发展预期的实现情况,学院以 5 年为间隔,对毕业生进行个案追踪和抽样调查。同时,每年利用实习期间对基地学校进行走访和调研。结果显示,本专业毕业 5 年左右的学生职业发展表现突出,在各小学的教学和管理岗位中做出了较为突出的业绩,展现出长远的发展潜力和较强的竞争力,受到了用人单位的广泛好评。

第二,描述说明当前执行的专业培养目标能够体现专业在办学过程中形成的特色和优势。

目标内涵反映毕业生发展预期,体现专业特色和优势。职业能力预期,是对培养目标定位的具体解读,也是专业制定毕业要求的依据。因此,专业对目标预期的描述一定要体现目标定位的特色,这也是专业毕业要求形成专业特色的基础。专业特色和优势形成于较长时间办学过程中经验的积累与提炼。截至2018年11月专业认证之前,首都师范大学小学教育专业在落实培养目标的办学过程中逐渐形成了以下优势和特色,并不断强化。

其一,首都师范大学小学教育是全国最早一批设置的小学教师培养本科专业,其发展历史可以概括为"百年师范,廿年初教"。在长期的办学过程中,奠定了为北京市小学教育提供"量身定制师资"的基础格局,成为北京市小学教师的摇篮。在"面向小学、研究小学、服务小学"的过程中,形成了系列的专业建设成果,不断增强为北京市小学"量身定制"不同课程方向师资培养的能力,形成了本专业综合培养、多学科布局的明显优势。

其二,首都师范大学是国家"一流学科"建设高校,小学教育专业是北京市首批"一流专业"建设项目。按学校"高水平学科建设支撑高水平专业建设"的整体思路,小学教育专业"学科专业一体化"的建设路径越来越清晰,学科建设对专业建设的支撑不断强化。截至2018年,学院有11个聚焦于小学教育领域的研究中心和研究型实验室。各研究中心在本专业的学科建设中发挥了重要作用,促进了专业内涵发展,优化了专业方向布局,提升了小学教育专业建设的品质,也逐渐形成了完整的本科、硕士、博士小学教育人才培养体系。

其三,"家国情怀"与"教育情怀"兼具的立德树人特色不断彰显。"家国情怀"是扎根于中华民族内心深处的精神支柱,是未来教师核心价值观培育和核心素养发展中不可或缺的"底色";与此同时,专业培养目标注重"爱心、童心,乐学、乐教"的教育情怀,这是首都师大小学教育专业历经"百年师范,廿年初教"基础上逐渐凝练而成的"初教学子精神",与"为学为师、求实求新"的首都师范大学校训精神相互映衬。

其四,"综合培养"与"发展专长"兼具的"主兼多能"特色不断优化。建院 20 年以来,学院坚持"综合培养、发展专长"的培养理念,在"综合培养"的基础上,形成了"主教 + 兼教"培养模式。截至 2018 年,小学教育专业有 7 个主教方向(含音乐学和美术学专业下的"小学教育"方向)和 13 个兼教方向供学生选择修读。在课程设置方面体现出了专业人才培养的多维度、多层次、立体化的逻辑体系,人才培养模式不断优化。

其五,以"一体两翼一基"为基础的"多样态多空间联动"的综合育人培养机制日益完善。"一体"为课程与课堂教学体系,"两翼"分别为"院内实训课程与实验课程体系""校外教学实践与社会实践体系","一基"为小学教育各类实践与研究基地。理论与实践结合,大学与小学协同,形成了卓越小学教师的培养机制。在此基础上,为适应北京市基础教育改革需求,学院进一步拓展了人才培养的空间和环境,进一步凝练、形成了"多课程群、多实践样态、多空间联动"的"多样态多空间综合育人"的培养机制优势。

图 3 - 3　首都师大小学教育专业"一体两翼一基"培养机制

其六,"以儿童为本"的儿童取向小学教育专业人才培养模式日益完善。小学教师应首先能够读懂儿童、理解儿童、研究儿童,在此基础上发展以儿童为本的教育教学能力。① 为此,本专业开设了"儿童研究"系列课程,将与

---

① 刘慧:《以"儿童教育"为本位的卓越小学教师培养》,《课程·教材·教法》,2017 年第 2 期。

"通识课程""实践课程"并列的"专业课程"设计成了三个模块:儿童类课程、教师教育类课程、专业方向(主教＋兼教)课程,以此强化小学教育专业儿童属性的特点。

第三,描述并举证说明专业采取多种途径让培养目标能够为本专业师范生、教师、教学管理人员及其他利益相关方接受、认同。

按专业认证要求,专业培养目标的每一轮修订都经过内部调研和外部调研方法来进行。在这一方面首都师范大学小学教育专业的基本做法如下:

其一,培养目标能够为本专业师范生接受和认同。通过各种途径,使在校生和毕业生充分了解本专业的培养目标,在培养目标修订的过程中则充分听取他们的意见。在招生和就业宣传过程中,强调专业培养目标,以便让报考和用人单位充分了解。本专业学生的报考率、就业率在一定程度上反映了专业培养目标的被接受与认同情况,见表3-1。

表3-1　本专业学生的报考率、就业率

报考率	本专业结合培养目标制定了生源素养标准,并在招生环节体现,每年参加招生面试的考生量约7000人,参加面试人数与招生人数比为100∶5.7,近年来录取分数线均在一本线以上
人才招聘会	每年毕业季,北京市各区百余所小学纷纷前来本专业召开的专场校园双选会、宣讲会等,毕业生供不应求,体现了用人单位对本专业人才培养质量的信任
就业率	本专业每年毕业生初次就业率在99%以上,且95%以上在各级各类学校、教育机构从事小学教育工作

其二,在培养目标制定过程中,内部调研充分,本专业教师和教学管理人员充分接受和认同。学院培养目标的修订,均由教研室主任组织教师在教研室内部充分酝酿讨论,提出建议和意见,然后由学院教指委提出初稿,并分发各教研室让每位老师参与讨论。充分尊重和调动了广大专业教师的积极性,经过多次上下反复,群策群力,达成共识。

其三,培养目标能够为本专业其他利益相关方接受和认同。在培养目标修订期间,采取研讨会等不同形式,广泛征求市区教育行政部门、小学一线教师、校长和毕业校友等的意见和建议。在每年定期举办的"首师大附小共同体年会""实习基地校沟通与交流会",以及"招生宣传会""就业招聘会""国内外专家讲学"等不同场合,均会介绍和宣传专业培养目标,并征求意见。基于上述沟通、交流、研讨过程而修订的培养目标,被各界广为接受和认同,且进一步丰富了学院"大小协同"工作制度内容。

（3）目标评价的达成情况编写

专业培养目标合理性评价机制。定期对培养目标的合理性进行评价,并能根据评价结果对培养目标进行必要修订,评价和修订过程应有利益相关方参与。教育部评估中心备课组在《师范类专业认证:培养目标与毕业要求的制定、分解与落实》重点强调了以下三个方面:一是目标评价强调对培养目标进行合理性评价,同时进行相关的达成度评价。二是目标评价强调评价结果的运用,要根据评价结果对培养目标进行必要修订。三是目标评价强调适应利益相关者（政府、学校、实习基地、校友、用人单位、学生家长等）的需求。下面从专业认证自评报告中表格要求填写的内容分别阐释。

第一,描述说明专业培养目标合理性定期评价机制,包括评价制度、评价依据、评价周期、评价程序、评价责任机构和责任人、结果反馈等。说明最近一次培养目标合理性评价情况。

培养目标的合理性评价旨在考查培养目标是否面向需求,即"培养目标"与"内外需求"相吻合。专业制定培养目标应调研和思考:专业具备的资源条件是什么?本专业究竟能对接哪些社会需求和利益相关者的期望?这些学生毕业若干年后,可服务于哪些专业领域,职业特征是什么?预期具有怎样的职业能力和职业竞争力或成就?

评价机制应体现内部评价与外部评价相结合。内部评价:评价主体一般包括学校相关部门（职能部门和院系）、专业教师、师范生等,评价内容一般包括是否符合国家、区域基础教育发展要求和学校发展对人才培养定位的要求、培养目标的可达成性等,评价方法包括对比国家、地区、学校等相关政策、文件,以及访谈、座谈会等。外部评价:评价主体主要包括政府主管部门、实习基地、校友、用人单位、学生家长等,评价内容包括是否符合国家、区域基础教育发展需求,是否符合用人单位对人才专业、职业基本能力和素养的需求,是否符合校友主流职业发展对学校教育的需求等,可以采用访谈、座谈会、问卷调查、第三方调研等方法。

专业培养目标合理性定期评价结果反馈。初等教育学院结合相关认证文件要求,坚持目标合理性评价(分析其与社会需求的契合度)与目标达成情况评价相统一的原则,在已有基础上进一步建立和完善相关机制,包括:教研室内部组织师生座谈;利用每年 2 次的见习实习期间,就培养目标及其达成度情况与小学领导和一线教师进行沟通,定期收集评价结果反馈;通过师生、用人单位、教育行政管理机构人员、同行评议汇总结果,反馈至专业教学指导委员会。如上评价反馈结果作为教指委修订人才培养目标的基本参照。

下面为首都师范大学小学教育专业培养目标合理性评价机制。

专业培养目标合理性定期评价周期与制度。微调:每 1 年 1 次;整体调整:每 4 年 1 次。对培养目标进行科学性和合理性评价,本专业制定了人才培养目标评价制度。

专业培养目标合理性定期评价依据。具体如表 3 - 2 所示。

表 3-2　专业培养目标合理性定期评价依据

序号	评价依据	合理性的目的
1	党和政府工作会议、文件精神	保障方向正确
2	信息化社会及知识经济时代 首都社会政治经济科技文化的发展 社会发展现状调研	保障面向未来 保障与时代接轨 保障与科技前沿接轨

续表

序号	评价依据	合理性的目的
3	国内外基础教育发展动态 学术交流与文献研究 访谈、座谈、调研等	保障国际视野 保障面向首都 保障满足需求
4	首都基础教育发展需求(用人单位需求) 调研、访谈、座谈等 文献调研与学术交流	
5	单位内部调研(师生) 执行过程中教师反馈 执行过程中学生反馈	保障目标转化为人才培养的执行力
6	研究成果(包括儿童研究) 儿童学习与发展特征 时代(科技、文化)特征	保障以儿童为本 保障符合教育教学规律

专业培养目标合理性定期评价程序。如表3-3所示:

表3-3 人才培养目标制定程序

1	信息搜集与反馈分析。定期调研,见习实习期间交流调研,国内外学术研究及交流中的调研与研讨
2	学校统一部署提出培养目标修订需求(周期性、常规性)
3	教指委启动修订工作,布置教研组讨论,启动内外部市场、需求调研
4	专业内部师生就培养目标合理性及达成度进行现状分析座谈会
5	教指委召开培养目标修订需求论证和师生代表座谈会,提出初步修订方案
6	教指委组织相关教育主管部门、中小学校长、优秀教师、同行专家等座谈会或调研会,进行外部征求意见
7	教指委召开会议定稿

专业培养目标合理性定期评价责任机构和责任人。责任机构:小学教育专业教学指导委员会;负责人:分管教学的院长;具体联系人:教学办公室主任。

第二,描述说明最近一次专业依据培养目标合理性评价结果对培养目标进行修订情况，包括修订时间、改动的内容、改动的理由等。

　　按照"自评报告"要求的内容，认证准备过程中，我们着手对本专业最近一次培养目标合理性评价情况，进行详细过程表述，尤其是我们依据专业培养目标合理性评价结果，对培养目标进行修订的过程，详细地、实事求是地记录和梳理总结。虽然目前为止，师范院校都是进行第一次认证，但是人才培养目标制定作为一个科学的过程，应该是在日常人才方案制定过程中，都应该被遵守的，对这个过程需要客观记录，并不断优化。

　　专业认证之前，首都师范大学小学教育专业最近一次培养目标合理性评价是2018年9月对2017年6月所制定目标进行的评价。整体上看，相关方对本专业"爱心、童心，乐学、乐教"和"综合培养，主兼多能"的综合培养特色和模式认可度高，认为本专业培养的小学教师综合素养整体较好，希望本专业在如前所述的专业特色和专业优势方面能够继续加强。但是在某些方面，如教学机制、主教学科的知识底蕴等方面，还需要进一步强化。具体的意见和建议见表3-4。

表3-4　培养目标合理性评价反馈（2018，部分）

同行评价反馈	用人单位校长主任反馈	毕业生评价反馈
1.培养目标表述的内容过多，办学思路、专业发展理念等内容都被放入专业培养目标中； 2.培养目标表述的有点太具体； 4培养目标表述的预期和毕业要求区别不大； 5.培养目标内在逻辑性有所欠缺	1.增加实践、实习机会，实习时间长一些； 2.强化各方向学科知识底蕴； 3.强化读懂儿童的能力，多走进小学课堂，学习班级管理； 4.提高解决突发事件的能力和持续发展能力	1.进一步重视和加强培养学生的家校沟通能力和教研科研能力； 2.带领学生观摩更多的小学优质课程； 3.加强对学科课程标准的解读和教材分析能力； 4.举办更多的教学能力竞赛

　　基于同行专家、小学一线校长（主任）、毕业5年左右毕业生的评价反馈结果分析，本专业在2018年10月，又进行了一次培养目标修订，具体修改情况如表3-5所示。

表3-5 近期培养目标修订情况

修订前内容	修订后内容	改动理由
本专业从国家特别是首都基础教育改革与发展的实践出发,遵循"高水平学科建设支撑高水平教师教育发展"的办学思路,以及"国际视野、本土实践、借鉴历史、面向未来"的专业发展理念。培养如下规格的小学教育专业人才:热爱小学教育事业,充满教育情怀;认识小学儿童,能以儿童为本;理解小学教育,能以师德为先;能够教书育人,胜任小学教育、教学、管理等各项工作;具有多元而宽广的教育视野,敏锐的教育问题意识和良好的教育研究能力;具有终身学习能力和良好的职业发展潜质	本专业立足首都基础教育改革与发展的需要,传承百年师范精神,面向未来,培养理想信念坚定,师德优秀、儿童为本、素养综合、全面育人、终身发展,具有卓越小学教师和未来教育家潜质的小学教育人才	1. 内容表述更具逻辑性,更简洁; 2. 内容更加丰富完整,新增:"理想信念",强调"百年师范传统",强调"培养具有未来教育家潜质的小学教育人才"等。剔除如何培养等非目标内容和一些过低的要求; 3. 真正从"培养什么样的人"的角度和毕业5年后的发展期望设计

第三,描述说明师范生、教师、教学管理人员和用人单位及其他利益相关方参与专业培养目标评价和修订过程情况。

为了考查毕业生入职5年左右形成的职业能力和成就是否符合目标预期,我们建立了一个重在外部评价的方式,主要包括:评价主体是毕业后5年左右的校友和用人单位;评价内容主要包括毕业生入职后形成的职业能力、取得的职业成就是否符合目标预期;评价方法主要包括访谈、座谈会、问卷调查、第三方调研等。我们学院就师范生、教师、教学管理人员和用人单位及其他利益相关方参与专业培养目标评价和修订过程情况,如表3-6所示。

表3-6 在校师范生、毕业生、用人单位、教育行政部门参与目标修订情况

在校 师范生	1.随机形成师范生座谈会成员名单,参与培养目标意见反馈; 2.根据意见调整培养目标,召开学生代表培养目标修订座谈会
毕业生	1.通过线上发放调查问卷,进行数据分析,提炼观点; 2.个案访谈,根据反馈意见修改培养目标

续表

用人 单位	1. 利用小学实习见习期间,由带队教师对用人单位进行访谈; 2. 召开用人单位负责人专题座谈会,根据访谈结果形成修改意见; 3. 通过网络问卷收集反馈信息
教育行政 部门	1. 走访各区县教育行政部门进行意见征询; 2. 召开座谈会探讨小学教师核心素养构成及小学教育专业培养目标

2. "主要问题"撰写

主要问题这个方面的认证材料编写和认证准备工作中可能会遇到的问题是:对"主要问题"拿捏不准,对写什么内容,以及写到什么程度不是非常明确,很容易写得不到位。需仔细研读认证文件和领会认证精神,对真实存在的问题进行深入挖掘。

(1)达成目标方面存在的主要问题

在达成目标方面存在的主要问题,不同学校的不同专业,问题是不一样的。但是因为专业人才培养目标是和学校定位与办学宗旨、国家或区域经济发展及相对的前瞻性和引领性等有密切关系,并要依据这些方面来制定人才培养目标,所以总体上来说,在达成目标上存在的主要问题,就是不符合《小学教育专业认证标准(第二级)》的问题。

首都师范大学小学教育面对"专业目标定位"方面存在的主要问题,从以下几个主要方面进行了反思:一是专业培养目标与学校定位及办学宗旨尚有差距;二是专业培养目标与国家或区域经济社会发展不平衡,不能满足区域社会经济发展需要;三是专业培养目标不能适应社会科技文化对未来教师能力素养发展需要,欠缺一定的前瞻性和引领性。

原有的专业培养目标与北京市基础教育改革发展的师资能力需求还有一定差距。近三年,没有对"北京市小学教育专业人才需求"做系统的、专业性的调研和分析,主动征求北京市教育主管部门的意见和反馈信息相对较少,对北京市基础教育改革和小学教师队伍建设情况的系统调研和论证比较缺乏,对已毕业学生"培养目标"达成情况的调研与追踪仍然力度不够,也没有开展"质量年度报告"研究。这就造成在目标定位过程中，主观与经验偏多，实证与研究不足。

出现上述问题的主要因素有以下三点：第一，本专业定期化、常态化对基础教育一线的教育教学需求进行了调研，但调研过程比较聚焦于师范生的基本能力素质方面，聚焦在基本的教育教学实践能力、班级管理能力等层面上，没有针对师范生未来发展潜力的素质要求等进行充分的分析和研讨，使得整体调研视野受到一定限制。第二，对教育主管部门，即北京市教委和各区教委相关主要负责人的调研方面，有所缺失，致使更高视角的教育政策与未来教育改革与发展的展望调研不足，人才培养和需求更加聚焦于"日常的教育教学与管理"层面上，而对引领教学改革发展所应该具备的潜质和能力培养分析不足。第三，对优秀毕业生的调研有所缺失，毕竟本专业的优秀毕业生对小学教育教学改革与发展的了解会更加深入，对本专业人才培养的能力重心有更为深切的体会。对该群体的调研能够让本专业的人才培养更有效地面向北京区域小学教育的改革与发展，从而让本专业培养的毕业生具备更强的引领作用。

（2）目标内涵方面存在的主要问题

影响"目标内涵"表述的因素有：表述是否清晰；对毕业后5年的专业素养和能力体系预期；专业是否有特色；多个利益相关方是否理解和认同。目标内涵方面存在的问题一般表现在以下五个方面：一是目标内涵不能明确或细化专业培养目标所要表达的意义；二是目标内涵对专业素养和能力体系的建构不完整、不科学、不体系化；三是目标内涵没有深刻地把握符合本专业办学定位和区域社会发展的专业素养；四是目标内涵没有体现本专业的办学特色，没有基于学校或学院历史或学科特长等而设定目标内涵；五是目标内涵没有得到多个利益相关方的理解和认同，宣传不到位，或者相关方不了解，甚至不理解、不认同培养目标。

首都师范大学小学教育专业"目标内涵"方面存在的问题主要表现在：百年师范精神底蕴需要进一步深入挖掘，专业培养目标整体上与"面向未来"尤其是"人工智能技术"等对小学教师人才素质培养要求还有一定差距。我们对上述问题做了进一步的分析,并指出了原因。

存在的问题:第一,培养目标中,强调传承百年师范精神,需要进一步挖掘百年师范精神的底蕴究竟是什么? 自1905年至今,百余年的历史,培养了大量的教育工作者,办学历程中积累了深厚文化底蕴,有待进一步挖掘。第二,专业培养目标明确提出"面向未来""具有卓越小学教师和未来教育家潜质的小学教育人才。"但还需要在"面向未来"等方面进一步丰富和拓展,在如何应对"面向未来""未来学校",尤其是"人工智能技术"等方面,需要做更加深入全面的思考与设计。

原因分析:第一,本专业秉承百年师范底蕴进行专业方向设计和人才培养,尽管办学层次提升,但随着教师的更新,校址的搬迁,百年师范的教育文化与精神,没有得到充分挖掘与研究,尤其是未能从学术化的角度进行专业研究与阐释。第二,"面向未来"具有动态性、变化性,面向未来的人才培养目标也需随之调整。当下社会与教育日益受到"互联网+"和"人工智能技术"等因素影响,目前,这种影响更多表现为仅将其作为一种教学手段和工具的影响,而未能对技术环境变化中的教育变革及人才培养目标做系统思考。

(3)目标评价方面存在的主要问题

影响"目标评价"的几个方面因素有:定期对培养目标的合理性进行评价;及时反馈评价结果;根据评价结果对培养目标进行修订;评价和修订过程中是否有利益相关方参与。如果"目标评价"方面存在问题,主要就是在这几个方面出现问题。具体来看,问题可能是:第一,没有定期对培养目标的合理性进行评价,没有分析其与社会需求的契合度。包括没有定期修改培养目标,当然人才培养目标通常都会定期修改,所以这方面问题不大;但关键问题是,通常没有对目标的合理性进行评价,表现为没有合理性的评价机制,没有目标评价与修改的稳定队伍或者专业委员会等机构。第二,没有及时向相关机构和人员反馈评价结果,最主要的问题可能是,并没有根据评价结果对培养目标进行必要修订。第三,评价和修订过程中没有用人单位等有利益相关方参与,没有广泛邀请本校学生、教师、教学管理人员和用人单位及其他利益相关方参与培养目标评价与修订。比如,没有经过有效的、严谨的或较为科学的内外部评价程序进行评价,评价目标修改随意性比较大等。

首都师范大学小学教育专业"目标评价"方面存在的问题有:第一,用人单位和毕业生等都是人才培养目标制定和评价的重要参与者,尤其是用人单位的需求指标能为培养目标的制定提供客观依据。但当前就用人单位对本专业人才培养目标制定和评价的参与情况来说,其深度与广度仍然不足。第二,就业5年左右毕业生的职业发展追踪反馈机制还有待健全,对毕业5年左右学生专业素养的阶段性数据采集不够,导致对毕业生的职业发展潜力、竞争力和胜任力等方面的数据分析不足。

原因分析:第一,如前所述,本专业已经制定了相关《小学教育专业培养目标合理性定期评价机制》的文件制度,但是专业性的调研工具、研究性的数据分析及信息化的反馈平台尚未建立健全,使调研评价还停留在制度层面而不是学术研究层面,导致深入性、专业性、针对性不足。第二,同理,对往届毕业生的追踪调查也缺乏更加专业的设计及数据分析系统。第三,这导致对培养目标的评价与分析更多停留在政策导向层面,对培养目标的合理性、科学性、前沿性缺乏深入的专业性评价与分析。

3."改进措施"撰写

"达成情况"和"主要问题"明确后,接下来的问题就是"改进措施",这也是专业认证与以往多种形式的专业评估的主要差别之处,期望通过改进措施能够做到对专业建设的持续优化。"改进措施"的撰写应紧扣相关的"主要问题",针对问题逐一提出改进意见,对策一定要和问题一一对应,有什么样的问题,就必须提出相应的对策。

(1)目标定位方面的改进措施

一是,要通过对专业培养目标进行规范化设计,在学校定位及办学宗旨的基础上,设定人才培养目标。二是,深入地分析毕业生主要就业和服务区域,以及相关区域的经济社会发展的特点,从而让自己的专业培养目标能够与学生服务区域的经济社会发展能够保持基本一致,培养的学生能够满足区域社会经济发展需要。三是,除了适应区域经济社会发展之外,专业培养目标还要能够跟上整体社会发展形势,与时俱进地提升师范生的基本素养和基本技能,以便适应社会科技文化对未来教师能力素养发展需要,在一定程度上,适当引领区域教育和经济社会发展;尤其是作为学生毕业5年后的人才培养目标,更应该具有一定的前瞻性和引领性。

首都师范大学小学教育"专业目标定位"方面的改进措施主要包括以下四个方面:

改进措施一:系统、充分地开展"小学教师专业人才需求研究"和"质量年度报告"研究,将人才培养需求调研和人才培养质量达标情况结合起来开展系统调查分析,明确当下北京市小学教育现状及其改革情况,明确北京市小学教育师资能力需求,明确本专业在人才培养质量方面的问题与不足,找到本专业的优势和缺陷,从而优化调整本专业人才培养目标,使之更加科学、更具针对性。

改进措施二:加强对北京市有关师资规划和教育改革文件精神的研究。尤其是对《中共北京市委北京市人民政府关于全面深化新时代教师队伍建设改革的实施意见》等北京基础教育师资规划重点,以及课程教学需求的研究;加强关于《北京市民办教育机构参与中小学学科教学改革项目管理办法(修订)》等北京市基础教育改革发展对小学教师能力素质的挑战的研究;加强对北京基础教育改革和小学教师队伍建设情况的系统调研和论证;进一步把握北京市基础教育改革与发展的动向,如课程改革、教学方式和教学组织形式的变化等。

改进措施三:建立起稳定的制度和规范化的流程,系统开展"专业人才需求研究"。积极主动征求北京教育主管部门的意见和反馈信息,向北京市教委和各区教委相关主要负责人进行调研,了解北京市教育教学改革与发展对小学教育师资的需求,主动对标北京市一流专业建设的人才培养目标标准。严格执行《小学教育专业培养目标合理性定期评价机制》文件精神,周期性、常态化、标准化地对基础教育一线的教育教学需求进行调研。一方面是走访基地校,进行需求调研和培养目标交流,提前做好调研提纲和数据收集准备,明确调研目的,保质保量地完成调研内容;另一方面,定期组织北京市小学校长主任等一线教师开展人才培养质量和毕业生质量调研分析,依据教育教学实践和前沿需求、改革发展引领的需求方面,注重对北京市小学教师未来发展潜力的素质要求,拓展调研视野。

改进措施四:加强对本专业优秀毕业生的调研。本专业培养目标的定位是为北京市培养一流小学师资,因此需加强对本专业优秀毕业生的追踪与研究,以便从小学教育教学实践的本身出发,了解北京市基础教育对优秀教师素养的基本要求,从而让本专业培养目标更加聚焦于北京市基础教育的人才需求,聚焦于培养"具有卓越小学教师和未来教育家潜质"的人才。

(2)目标内涵方面的改进措施

依据前述的目标内涵存在的问题,分别提出具体的对策,主要包括:第一,需要在专业培养目标基础上进一步分解和明确目标内涵,让目标内涵能够更加吻合专业培养目标所要表达的意义。第二,深入解读国家方针政策和近期文件规划等,准确把握国家对师范生的基本能力素养的基本要求、能力标准和未来发展指引等。第三,和学校规划部门及教务处等部门充分沟通,分析符合本校办学定位和区域社会发展的人才培养所需要的专业素养和能力体系,结合专业办学特色,以及对相关用人单位、专家学者的咨询,详细分解专业培养目标,提出构建完整的体系化目标内涵相关对策。第四,对社会经济发展做准确地把脉,掌握科技文化发展趋势及其对人才培养的基本能力素质要求,尤其是现代信息技术对人才培养能力素养提出相关对策。

首都师范大学小学教育专业"目标内涵"改进措施包括以下三个方面:

改进措施一:目前,初等教育学院已经成立了专门的"院史开发小组",对本专业百年办学历史及其优秀传统精神进行深度挖掘,从教育史的视角审视本专业百年办学过程中积累的丰富的育人精髓。另外,还将以个案分析法,辅以量化分析,对相关史料和优秀校友进行深度研究,从而更好地挖掘百年师范精神,立足深厚的历史,更加自信地面向未来。

改进措施二:强化培养目标中的信息技术应用能力,借助小学教师信息技术应用能力,实现课堂真正意义上的"翻转"。培养能够面对并能适应未来教育变革的小学教师。

改进措施三:充分研究"未来社会""未来教育"和教育现代化的特点,以及国际化趋势、人工智能等对教育的影响。"未来已来"已成为当下教育一个不可回避的现实,培养小学教师具备应变能力、终身学习与发展能力、宽广的国际视野,是未来师资培养的基本要点。本专业在培养目标上,将加速研究人工智能技术给未来小学教育和未来小学教师职业形态与能力带来的冲击和影响,加速研究北京市儿童生活学习和未来生存环境的特征,加速研究如何培养更具国际视野、更具信息素养、更具终身学习与发展潜质的,与首都教育发展相适应的小学教师。

(3)目标评价方面的改进措施

针对目标评价方面的问题,可以从以下四个方面提出对策:第一,提出定期对培养目标的合理性进行评价的措施,包括通常2年一调整人才培养目标;建立专门的教学方案或人才培养目标修订工作组;借助内外部调研和评价方案,设计完善的内外部调研量表和访谈提纲等;建立大数据追踪与评价机制等。第二,建立社会需求分析的政策和专家团队,把握社会发展趋势,解决国家政策方针,提出符合国家及时代需求的人才素养能力体系。第三,要能够将多种形式下的调研结果向专业修改工作组进行反馈,保障这个渠道是畅通的,而且是稳定的、持续性的、周期性的常态化调研和反馈,并将其用于对培养目标进行必要修订之中。第四,建立连接用人单位等人才能力素养需求单位的稳定联系渠道和沟通机制,保障用人单位、本校师生、教学管理人员及其他利益相关方充分参与。

首都师范大学小学教育专业"目标评价"方面的改进措施包括:

改进措施一：充分考虑北京市城市战略定位，以及用人单位对小学教师的能力素质需求，严格执行《小学教育专业培养目标合理性定期评价机制》，并不断完善该评价机制。构建教育行政主管部门、用人单位（小学）、部分专家学者及其他利益相关方，参与培养目标制定、评价、改进的数据采集与分析的系统化机制，形成多方参与、多元评价、良好互动的常态机制和人才培养的开放系统，实现从偏重考虑学校内部的专业自足向综合考虑利益相关者现实需求的转变。

改进措施二：完善毕业生职业发展数据追踪反馈机制，了解其职业发展情况及对专业培养目标的评价，汇总毕业生对专业建设的建议。每5年对本专业的毕业生进行系统调查，从多个维度掌握其职业发展情况，并汇总其对专业培养目标改革的建议。这些数据将为专业培养目标的更新和人才培养方案的持续改进提供主要参考依据。

改进措施三：加强对培养目标达成情况的评价。在目标评价过程中，关注对目标本身合理性的评价，关注在教师岗位工作5年左右的本专业毕业生对培养目标达成情况的评价，以便准确把握本专业的优势、特色和问题，为制定更加科学的培养目标奠定基础。

三、反思对话

鉴于首都师范大学小学教育专业是教育部指定的试点打样认证单位，因此我们也是在摸着石头过河。因为没有参考样本，教育部教学评估中心也是在师范专业认证过程中不断积累经验。从文件解读到实施评估认证实践，走过一些弯路。

（一）人才培养目标的制定

人才培养目标作为人才培养的逻辑起点，是引领各人才培养环节的总体设计,同时也是人才培养质量达成与否的验证标准①。培养目标作为人才培养过程的出发点及归宿,是人才培养理念的高度浓缩与概括,处于人才培养各环节的核心。因此小学教育专业建设过程中首先需要明确的是人才培养目标。

第一,加强对人才培养目标意义的认识。人才培养目标是课程建设、师资队伍建设、资源建设等各教育教学环节的统领者,是具体人才培养工作的行动指针。培养目标不是空泛的文字表述,不能脱离人才培养各环节独立存在。制定人才培养目标的过程实际是归纳专业建设成果、明晰各利益相关者需求、彰显人才培养特色、凝练人才培养理念的复杂过程,需要反复斟酌和提炼。

第二,科学制定人才培养目标。师范类专业认证中对于人才培养目标的制定要求是"培养目标应贯彻党的教育方针,面向国家、地区基础教育改革发展和教师队伍建设重大战略需求,落实国家教师教育相关政策要求,符合学校办学定位;内容明确清晰,反映师范生毕业后 5 年左右在社会和专业领域的发展预期;体现专业特色和优势,并能够为师范生、教师、教学管理人员及其他利益相关方所理解和认同;定期对培养目标的合理性进行评价,并能根据评价结果对培养目标进行必要修订。评价和修订过程应有利益相关方参与"。在具体制定过程中,需要内化上述文件精神,覆盖各项要求,同时凸显已有人才培养特色。

第三,培养目标切实可操作。人才培养目标具有高度概括性,但这并不意味着培养目标是笼统目标概念的空洞表述,在制定人才培养目标时,高度概括的培养目标概念应可以实现层层分解。后续各项教育教学环节依据该分解点展开人才培养活动,同时应注重基于人才培养目标的分解点设定质量监测分解点,审视人才质量是否达到预期目标。

---

① 眭依凡:《一流本科教育改革的重点与方向选择——基于人才培养的视角》,《现代教育管理》,2019 年第 6 期。

（二）人才培养目标制定过程中的几对关系

第一，优质呈现与合格评估的关系。在撰写自评报告的过程中，各个专业通常都是想把自己最优秀的一面展示出来，只展示"亮点"，但是这样撰写的材料，不一定符合专业认证的需要。专业认证是做合格评估，是保障最低水平的要求，要求我们严格按照"自评报告"的格式要求来"一问一答"，严格按照"问题"，填写相关"答案"，这个过程中可以展示本专业做的丰富的成果，但是这些成果一定都是符合"自评报告"要求的成果展示，而不是为了展示而展示，更不是展示的材料，都是最好的那一部分学生才能达到的，或者是对最好的那一部分学生的要求。这就违背了专业认证的目的。

第二，毕业目标和 5 年后目标的关系。按照传统的理解，人才培养目标，都是指大学 4 年毕业后，学生应该达成的基本素养和专业能力。而专业认证强调的是学生毕业 5 年后能够达成的基本素养和专业能力。这就存在一个 5 年的差距，而且这个 5 年的差距，不是我们在校培养所能调控的，是学生自主发展的，这就需要一个预测。

第三，达成目标——目标内涵——目标评价三者间的关系。专业培养目标，是学生毕业 5 年后的目标，较为概括，100 字左右即可。目标内涵，是对培养目标进行具体解读，要把专业培养目标划分成具体的几项专业能力（素养），表达应准确、清晰。目标评价，是对培养目标及其内涵是如何设计出来的、设计的过程是否科学合理、设计的结果是否符合需要等问题进行具体阐释和论证。

第四，达成情况——主要问题——改进措施三者间关系。这是本章自评报告撰写的大框架，而这个大框架逻辑是非常清晰的，就是"现状——问题——对策"，这是学者们最为熟悉的写作"套路"。但是这个写作是"命题作文"，不是让我们自由发挥，这个命题的依据就是《小学教育专业认证标准（第二级）》，这是个基础前提。依据这个标准，逐条列出现状；然后对照标准，认真分析还欠缺哪些东西，存在什么问题；最后针对这些问题提出对策和措施。

四、改进与展望

(一)坚持落实认证思想,推动持续改进

经过教育部专家认证后,认为首都师范小学教育专业培养目标能够面向北京市基础教育改革发展和教师队伍建设重大战略需求,全面落实国家教师教育相关政策要求,对接《卓越教师培养计划》,符合"四有"好老师要求,紧扣北京市全面深化新时代教师队伍建设改革精神,符合学校办学定位。培养目标内容明确清晰,反映了师范生毕业后5年左右在社会和专业领域的发展预期。

但也存在以下问题与不足:在培养目标的具体表述上逻辑还不够统一;对教育家"潜质"这一定位,难以评价和明确预期,不易得到毕业要求和课程目标的精准支撑;培养目标未能充分反映首都师大百年传承的师范特色,特色不够彰显;还没有建立对毕业学生培养目标达成度的评价机制;人才培养目标对学生的宣传尚不够到位。

改进的意见和建议如下:紧密结合北京市小学教师队伍建设整体规划,加强对北京市新时期小学教师专业人才的需求研究,制定更有针对性的培养目标,培养大批既符合实际需要又面向未来的高素质、专业化、创新型的优秀小学教师;反复推敲,精益求精,精准表述专业的培养目标;充分研究培养目标与毕业要求的对应关系,将培养目标科学分解为具体的毕业要求;总结首都师大百年传承的师范文化,提炼独具首师大特色的小学教育人才培养目标和毕业要求,彰显培养目标的特色;对广大师生,特别是学生进行有效的宣传,让学生进行生涯规划,自我定向和自我教育;建立定期系统全面评价培养目标达成度的机制。

（二）持续改进

基于百年师范传承和二十年来本科层次小学教师培养的探索和经验，我院以师范专业认证为新的发展契机，针对培养目标方面存在的问题，积极进行改进，推动小学教育专业走向新的发展阶段。一方面，紧密结合北京和国家小学教师队伍建设整体规划，加强对北京和国家新时期小学教师专业人才的需求研究，研究探讨面向未来教育需求的高素质、专业化、创新型的优秀小学教师；另一方面，积极开展对本土师范教育的历史研究，深入挖掘百年师范人才培养的传统和文化积淀，为当前小学教育人才培养注入新的历史蕴含。

在 2020 版本人才培养方案中，依据专家建议和广泛论证，参照一流专业建设和专业认证（三级）标准，对人才培养目标做了适当修订，具体内容如下：

本专业立足首都基础教育改革与未来教育发展的需要，传承百年师范精神，培养师德优秀、热爱小学教育事业，能以儿童为本、全面育人，素养综合、能够终身发展，具有国际视野和未来教育家潜质的创新型小学教育人才。

【核心素养】师德优秀　儿童为本　素养综合　全面育人　终身发展　国际视野

与此同时，学院加大了对培养目标与毕业要求之间对应关系的研究与实践，加大建立定期系统全面评价培养目标达成度的机制的力度，为学院人才培养建立科学的管理体系。

（三）坚持专业认证、持续改进与专业创新引领发展

专业认证，尤其是对培养目标进行专业认证，必须坚持"学生为中心、以

产出为导向、持续质量改进”的认证理念；坚持“面向需求”的培养目标设计理念；以及“兜底不比高”的培养目标设计理念。这对于规范化办学、对于兜底人才质量培养具有重要意义。

但需要警惕的是，在强调质量底线和基本需求的同时，也会带来行为导向、需求导向、兜底导向等人才培养观念。因此在推进“专业认证”的同时，必须同时强化“卓越教师培养计划”。面向北京基础教育师资人才培养，面向首都四个定位的人才培养，首都师范大学小学教育专业建设必须要高起点站位，严标准要求，勇于创新。同样，对于国内其他双一流学校和省属师范大学来说，必须认识到达标只是基础，不是导向，更不是全部，专业建设的重点要在二级认证的基础上，依据三级认证和一流专业建设的标准，落实教育部《关于实施卓越教师培养计划的意见》等相关文件和要求，站在更高的视角，去思考小学教师培养的问题。兜底固然重要，但真正代表师资人才培养水平和未来教育水平的必须是一批有思想、有创新潜质的“未来教育家”。

第四章

小学教育专业毕业要求

《小学教育专业认证标准(第二级)》的根本出发点是保障和提升小学教育专业的教育教学质量,而衡量这种培养质量的最直接、最重要的标准,就是通过确定科学、全面、具体的毕业要求,对毕业生的各项核心素养、能力和知识进行考核,把好师范专业的"出口关"。因此《小学教育专业认证标准(第二级)》赋予了"毕业要求"这一指标极高的重要性,考察的指标点数量最多,规定也最为详细。本章基于《小学教育专业认证标准(第二级)》中的相关要求,以及首都师范大学初等教育学院长期以来,尤其是在参与认证过程中的经验与反思,对小学教育专业的毕业要求进行了深入的分析与探讨。

一、理论背景

在认证标准体系里,毕业要求和培养目标一起,起着关键的引领性作用,为师范专业的建设与发展指明了方向和路径。毕业要求最直接地体现着《小学教育专业认证标准(第二级)》中"以学生为中心、以产出为导向"的理念,因此堪称整个专业认证体系的核心,并发挥着承上启下的功能:向上而言,毕业要求应当紧密对接培养目标,并将抽象、凝练的培养目标进行具体的分解,将之转化为一系列明确的、可以执行和测量的标准,以保障培养目标的实现;向下而言,毕业要求不仅是一种考核评价机制,更应引领师范专业以结果为导向,开展全方位的持续变革和改进,包括资源配置、师资建设、课程建设、教学改进、环境建设等。

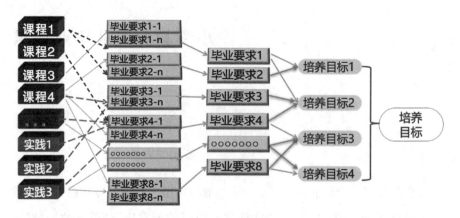

图4-1　培养目标、毕业要求、毕业要求指标点与课程关系图

对师范专业而言,其毕业要求还应具备几项关键特征。首先从内容上来说,毕业要求应当涵盖学生毕业时,以及工作后所应掌握的各项专业知识、技能和素养,尤其是要德才兼备,具有良好的教育情怀,符合"四有"好老师的要求,并具备长远的终身学习和发展能力。这种全面性是我国高校的毕业要求相较于西方高校的一个最明显优势。西方高校对学生的毕业要求(graduation requirement)往往以底限式的、学术性的指标为主,列举出学生所需完成的最低数量的学分、课程、GPA、在校时间等标准。尽管有些高校还会根据自己的培养理念设置额外的毕业要求,比如哈佛大学要求毕业生必须掌握对数据的定量分析能力[1]、芝加哥大学要求毕业生必须掌握良好的语言能力[2]、康奈尔大学要求毕业生必须通过体育测试和游泳测试等[3],但鲜有对

---

[1]　https://handbook.fas.harvard.edu/book/quantitative-reasoning-data-requirement.

[2]　https://college.uchicago.edu/advising/graduation-requirements.

[3]　https://cals.cornell.edu/undergraduate-students/student-services/degree-requirements/graduation-requirements.

学生的品行操守、职业愿景和信念等提出要求,这种底限要求也难以起到引领专业发展和变革、甚至引领小学教育学科发展和一线教育教学实践改进的作用。

其次,在实践过程中,毕业要求应当体现特色性。一是要体现小学教育异于中等教育、高等教育、学前教育、成人教育等的学段特色;二是要因校而异,基于不同地区、不同学校的办学条件、资源和优势,体现学校和地域的特色;三是要体现时代特色,当教育理念和育人目标发生变革时,毕业要求也应随之不断改进。

最后,毕业要求应当公开,成为教师、学生、家长、用人单位和社会相关部门共同认可、遵守和致力的目标。由此,教师在日常的教育教学过程中才能够有的放矢,学生和家长可以有备而学,用人单位和社会可以根据毕业要求对毕业生的质量进行考评,并为高校提供意见反馈。

二、实践呈现

(一)标准解读

在《小学教育专业认证标准(第二级)》里,"毕业要求"这一项一级指标下共包含了践行师德、学会教学、学会育人、学会发展四个主要维度,每一维度下又包括了2项二级指标点,总计8项。具体介绍如下:

1. 践行师德

(1)师德规范

《小学教育专业认证标准(第二级)》中对师德规范的要求是:应践行社会主义核心价值观,增进对中国特色社会主义的思想认同、政治认同、理论认同和情感认同。贯彻党的教育方针,以立德树人为己任。遵守中小学教师职业道德规范,具有依法执教意识,立志成为有理想信念、有道德情操、有扎实学识、有仁爱之心的好老师。

师德是教师工作必须遵守的道德规范和行为准则的总要求，是引领和指导师范生学会教学、学会育人和学会发展的第一素养。该指标对应培养目标中师德素质定位，从立德树人、师德规范、依法执教等多角度提出具体培养规格要求。要求小学教育专业准确把握新时代中国特色社会主义特征，以"立德树人"为专业根本任务，以立志成为"四有"好老师为专业发展动力，以社会主义核心价值观为专业政治方向，以依法执教为专业行为依据，系统构建师德认知和体验养成教育体系，重在养成毕业生爱生、敬业、为人师表的行为规范；要立足"知行合一"，创设师德践行环境，创新师德养成路径、形式和方法，注重将师德认识内化为师德认同，转化为师德行为，帮助师范生成长为思想政治信念坚定、职业发展目标明确、具有立德树人理念、理解依法执教内涵、认同师德规范并能在专业实践中积极践行的新时代好教师。

《小学教育专业认证标准（第二级）》中对于这一指标的考查要点包括：

①能够立足专业特点，对该指标内容进行合理分解，从价值观、职业目标、道德认知、职业情感、行为规范等方面形成可衡量的指标点，论证与设计师范生师德素质养成教育体系。

②以有利于师范生师德体验和行为养成为目标，加强师德教育课程的建设。师德教育课程能够较好地落实毕业要求的相关指标点，教学目标明确、教学环节清晰、教学效果明显，能够支撑师德素质养成教育体系。

③采取以表现性评价为主、过程性评价与结果性评价相结合的多种评价方式，对师范生师德规范养成情况实施全方位严格评价，并对毕业要求的达成度进行综合评价。

相应地，认证院校所需提供的佐证材料包括：

①培养方案中关于师德规范的培养目标和毕业要求的内容。

②教师教育相关课程标准或教学大纲的课程目标、相关教学内容、相关教学活动设计、学生课程学习的评价方案对师德规范培养要求的体现。

③专业开展师德教育、法治教育和专业信念教育等方面情况的档案资

料,学生参与情况记录,对学生参与情况的评价。

④学生提交入党申请书、入党积极分子培养和党员发展情况的相关资料。

⑤学生参加各类志愿者服务、社会实践情况,涌现的道德典型案例等相关资料,对学生活动情况的评价。

⑥专业教育实习管理对师德规范的要求细则及校内外指导教师对实习生师德规范表现的评定意见等相关资料。

⑦学生遵纪守法的情况。

⑧专业对学生在毕业前后实施师德规范发展综合测评的标准、评定实施办法、评价结果及数据分析报告等档案资料。

⑨师德规范培养达成评价证明材料和实施改进报告。

(2)教育情怀

《小学教育专业认证标准(第二级)》中对教育情怀的要求是:具有从教意愿,认同教师工作的意义和专业性,具有积极的情感、端正的态度、正确的价值观。具有人文底蕴和科学精神,尊重学生人格,富有爱心、责任心、事业心,工作细心、耐心,做学生锤炼品格、学习知识、创新思维、奉献祖国的引路人。

教育情怀是以情系学生、胸怀育人为标志的教师核心素养,建立在正确的职业认知和良好的综合素养基础上。该指标对应培养目标中师德素养定位,聚焦促进学生成长,从职业理解、师生关系、自身修养等多角度提出具体培养规格要求。专业毕业生应该树立正确的教师观,能够正确认识小学教师工作的价值和意义,理解其专业性要求,愿意从事小学教师职业,立志做学生锤炼品格、学习知识、创新思维、奉献祖国的引路人;专业毕业生养成较好的职业行为规范,树立正确的学生观,能够正确处理师生关系,在教育教学活动中尊重学生,爱护学生,富有爱心、责任心、耐心和细心;专业毕业生应该具有较好的人文科学底蕴和艺术素养,人格健全、心理健康、情感丰富,做到为人师表。

为此，《小学教育专业认证标准（第二级）》对教育情怀的考查要点包括：

①能够立足专业特点，对该条指标内容进行合理分解，从职业认知、专业态度、行为特点、师生关系等方面形成可衡量的指标点，论证与设计师范生职业认知养成教育体系。

②形成系列化的职业认知和综合素养教育课程，使之成为师德素质养成教育体系的重要组成部分。职业认知和综合素养教育课程能够较好地落实毕业要求的相关指标点，教学目标明确，教学过程注重学生的职业体验和行为养成，取得明显的教学效果。

③采取以表现性评价为主、过程性评价与结果性评价相结合的多种评价方式，对师范生职业认知和综合素养教育情况实施全方位严格评价，并对该毕业要求的达成度进行综合评价。

认证院校需提供的佐证材料包括：

①培养方案中关于职业认知和综合素养教育的培养目标和毕业要求的内容。

②教师教育相关课程标准或教学大纲，在课程目标、相关教学内容、相关教学活动设计、课程学习的评价方案中对职业认知和综合素养教育培养目标的体现。

③专业开展专业信念教育、优秀学校教师榜样教育等方面情况的档案资料，学生参与情况记录，对学生参与情况的评价。

④学生提交入党申请书、入党积极分子培养和党员发展情况的相关资料。

⑤学生参加各类志愿者服务、社会实践情况，涌现的积极分子典型案例等相关资料，对学生活动情况的评价。

⑥专业教育实习管理对师范生完成教育实践任务的要求细则及校内外指导教师对实习生完成实习任务表现的评定意见等相关资料。

⑦专业对学生在毕业前后实施综合素养测评的标准、评定实施办法、评价结果及数据分析报告等档案资料。

⑧职业认知和综合素养教育达成评价证明材料和实施改进报告。

2.学会教学

（1）学科素养

《小学教育专业认证标准（第二级）》中对学科素养的要求是：具有一定的人文与科学素养。掌握主教学科的基本知识、基本原理和基本技能，理解学科知识体系基本思想和方法。了解兼教学科的基本知识、基本原理和技能，并具备一定的其他学科基本知识，对学习科学相关知识有一定的了解。了解学科整合在小学教育中的价值，了解所教学科与其他学科的联系，以及与社会实践、小学生生活实践的联系。

学科素养是师范毕业生从事小学教学工作的基础素养，是师范生形成教学能力的前提条件。该指标对应培养目标中知识与能力素养定位，从通识知识和学科专业知识的角度，要求小学教育专业师范毕业生形成合理的知识结构和良好的学科素养。由于小学教育具有基础性和综合性，并考虑到小学生的认知特点，要求小学教育专业师范毕业生具有一定的人文与科学等通识知识，形成较广博的知识基础；在学科专业知识方面，要具有扎实深厚的小学主教学科知识，了解知识体系主要构成部分的逻辑关系，掌握知识探究与创新的基本技能和思想方法；要具有小学兼教学科的基本知识、基本原理和技能，并对小学其他学科知识有一定了解；要善于进行知识整合和迁移，了解主教学科与其他学科之间的知识关联，以及学科知识与社会实践、小学生生活实践的联系，形成综合的知识结构和跨学科的思维方式。

由此，《小学教育专业认证标准（第二级）》中对学科素养的考查要点包括：

①能够立足专业特点，对该指标内容进行合理分解，从专业毕业生应具备的通识知识、应掌握的主教学科和兼教学科的知识等方面形成可衡量的指标点，并反映在人才培养方案、学科课程体系和具体课程设置中。

②学科课程标准和教育实践教学大纲能够实质性地覆盖该毕业要求的相关指标点，并在课堂教学和实践教学等主要教学环节得到有效落实，推动

了课程内容、教学方法和评价方式的改革,取得了明显的教学效果。

③采取以表现性评价为主、过程性评价与结果性评价相结合的多种评价方式,对师范毕业生学科素养教育情况实施全方位严格评价,并对该毕业要求的达成度进行综合评价。

认证院校需提供的佐证材料包括:

①专业培养方案培养目标和毕业要求中关于学科素养的相关内容。

②专业通识课程、学科专业课程的设置、学分比例结构等相关资料。

③相关课程标准或教学大纲中,关于课程目标、教学内容、教学活动设计、学生学习评价等体现学科素养培养的材料。

④学生作业,包括读书笔记、实验报告、习题、调研报告或小论文等课程考核材料。

⑤学生参与大学生创新活动、参与教师科研、参与学科竞赛情况的记录,专业对学生参与情况的评价。

⑥专业对学生学科素养实施综合测评的标准、评定实施办法、评价结果及数据分析报告等档案资料。

⑦学科素养培养达成评价证明材料和实施改进的报告。

(2)教学能力

《小学教育专业认证标准(第二级)》中对教学能力的要求是:在教育实践中,能够依据所教学科课程标准,针对小学生身心发展和认知特点,运用学科教学知识和信息技术,进行教学设计、实施和评价,获得教学体验,具备教学基本技能,具有初步的教学能力和一定的教学研究能力。

教学能力是师范毕业生的基本能力。该指标对应培养目标中知识与能力素养定位,对小学教育专业毕业生的教学能力提出明确的培养规格要求。专业毕业生能够较好地掌握小学相关学科课程标准、小学生身心发展和认知特点、信息技术等基本知识,特别是能够将相关学科知识与教育教学知识整合,形成学科教学知识;能够掌握小学教师基本技能,在课程学习和进行小学教学设计、教学实施和教学评价等实践活动中,综合运用各种知识,获得初步教学体验,具备从事小学教学的基本能力;能够掌握教育研究的基本方法,结合小学教育教学实践进行研究,具有一定的教学研究能力。

由此,《小学教育专业认证标准(第二级)》中对教学能力的考查要点包括:

①能够立足专业特点,对该指标内容进行合理分解,从专业毕业生应具备的基本教学能力和一定研究能力等方面形成可衡量的指标点,并反映在人才培养方案、课程设置和教学实施中。

②相关课程标准和教育实践教学大纲能够实质性地覆盖毕业要求的相关指标点,改革课堂教学和教育实践等主要教学环节,着重培养师范生教学设计、实施和评价的能力,使师范毕业生获得全面的小学教学体验,进行初步的小学教学研究,取得了明显的培养效果。

③采取以表现性评价为主、过程性评价与结果性评价相结合的多种评价方式,对师范毕业生教学能力和研究能力培养情况实施全方位严格评价,并对该毕业要求的达成度进行综合评价。

认证院校需提供的佐证材料包括:

①培养方案中关于教学能力的培养目标和毕业要求的内容。

②教师教育相关课程、教育实践、实训环节的设置、学分比例结构等相关资料。相关课程和实践实训教学的标准或教学大纲的教学目标、教学内容、相关教学活动及教学任务设计、学生学习的评价方案对教学能力培养要求的体现。

③学生作业,包括读书笔记、实验报告、习题、调研报告或小论文等课程考核材料。

④学生教育实习手册中的相关记录及校内外指导教师的评定意见。

⑤学生毕业论文相关材料及指导教师的评定意见。

⑥学生参与师范技能竞赛情况的记录,专业对学生参与情况的评价。

⑦专业对师范生毕业前后教学能力实施综合测评的标准、评定实施办法、评价结果及数据分析报告等档案资料。

⑧教学能力培养达成评价证明材料和实施改进报告。

3. 学会育人

（1）班级指导

《小学教育专业认证标准（第二级）》中对班级指导的要求是：树立德育为先理念，了解小学德育原理与方法。掌握班级组织与建设的工作规律和基本方法。能够在班主任工作实践中，参与德育和心理健康教育等教育活动的组织与指导，并获得积极体验。

班级指导是师范生育人能力的重要组成部分。该指标对应培养目标中知识与能力素养定位，对小学教育专业毕业生小学德育和班级管理能力提出明确的培养规格要求。要求专业毕业生树立德育为先理念，认识小学德育工作的重要性，了解并掌握小学德育原理与方法，以及班级组织与建设的工作规律和基本方法；在小学教育实践过程中，能够实际承担班主任工作，获得班级管理工作的体验，并参与组织与指导小学德育与心理健康等教育活动，形成小学德育和班级管理的基本能力。

基于此，《小学教育专业认证标准（第二级）》中对班级指导的考查要点包括：

①能够立足专业特点，对该指标内容进行合理分解，从专业毕业生应具备小学德育和班级管理能力方面形成可衡量的指标点，并反映在人才培养方案、课程设置和教学实施中。

②相关课程标准和教育实践教学大纲能够实质性地覆盖毕业要求的相关指标点，相关课程教学注重师范生小学德育和班级管理基本知识的掌握和运用，在小学教育实践过程中，通过担任班主任和组织指导相关活动，使师范生获得小学德育和班级管理的真实体验，取得了明显的培养效果。

③采取以表现性评价为主、过程性评价与结果性评价相结合的多种评价方式，对师范毕业生小学德育和班级管理能力培养情况实施全方位严格评价，并对该毕业要求的达成度进行综合评价。

认证院校需提供的佐证材料包括：

①培养方案中关于班级指导能力的培养目标和毕业要求的内容。

②教师教育相关课程标准或教学大纲中,课程目标、相关教学内容、相关教学活动设计、学生学习评价方案体现对班级指导培养要求的相关材料。

③专业教育实习管理对师范生尝试班级管理实践、班级活动组织的要求细则,师范生在教育实践过程中观摩、参与班级指导工作的体验、感悟记录,校内外指导教师对实习生参与班级指导工作表现的评定意见等相关资料。

④专业对学生在毕业前后班级指导能力进行综合测评的标准、评定实施办法、评价结果及数据分析报告等档案资料。

⑤班级指导能力培养达成评价证明材料和实施改进报告。

（2）综合育人

《小学教育专业认证标准（第二级）》中对综合育人的要求是：了解小学生身心发展和养成教育规律。理解学科育人价值,能够有机结合学科教学进行育人活动。了解学校文化和教育活动的育人内涵和方法,参与组织主题教育、少先队活动和社团活动,促进学生全面健康发展。

综合育人是师范生育人能力的具体体现。该指标对应培养目标中知识与能力素养定位,对小学教育专业毕业生的综合育人能力提出明确的培养规格要求。要求专业毕业生掌握小学生身心发展和养成教育规律的基本知识,并能在综合育人实践中较好地加以运用;能够认识学科育人价值和意义,根据学科教学的内容和特点,设计和组织相关教学活动,将德育渗透小学学科教学之中;在参与组织校园文化和各种类型的教育活动中,能有意识地突出其育人价值,促进学生全面健康发展,形成较好的综合育人能力。

相应的,《小学教育专业认证标准（第二级）》中对综合育人的考查要点包括：

①能够立足专业特点,对该指标内容进行合理分解,从专业毕业生应具备小学综合育人能力方面形成可衡量的指标点,并反映在人才培养方案、课程设置和教学实施中。

②相关课程标准和教育实践教学大纲能够实质性地覆盖毕业要求的相关指标点,相关课程教学注重师范生学科育人和环境育人等基本知识的掌握和运用,在小学教育实践过程中,通过学科教学实践和组织指导相关活动,使师范生获得学科育人和环境育人等综合育人的真实体验,取得了明显的培养效果。

③采取以表现性评价为主、过程性评价与结果性评价相结合的多种评价方式,对师范毕业生小学综合育人能力培养情况实施全方位严格评价,并对该毕业要求的达成度进行综合评价。

认证院校需提供的佐证材料包括:

①培养方案中关于综合育人的培养目标和毕业要求的内容。

②学科教育课程、教师教育相关课程标准或教学大纲涉及综合育人素养培养,在课程目标、相关教学内容、相关教学活动设计中的体现,对学生在课程学习中习得综合育人知识、能力的评价方案。

③专业教育实习管理对师范生尝试学科教学育人、参与少先队活动组织、课外活动育人、小学校园文化建设的要求细则,师范生在教育实践过程中观摩、参与综合育人活动的体验、感悟记录,校内外指导教师对实习生综合育人表现的评定意见等相关资料。

④专业对学生在毕业前后综合育人素养进行综合测评的标准、评定实施办法、评价结果及数据分析报告等档案资料。

⑤综合育人培养达成评价证明材料和实施改进报告。

4.学会发展

(1)学会反思

《小学教育专业认证标准(第二级)》中对这一指标的要求是:具有终身学习与专业发展意识。了解国内外基础教育改革发展动态,能够适应时代和教育发展需求,进行学习和职业生涯规划。初步掌握反思方法和技能,具有一定创新意识,运用批判性思维方法,学会分析和解决教育教学问题。

教师是反思性的实践者。学会反思是师范毕业生从事小学教育教学工作、实现专业发展的基本能力要求。该指标对应培养目标中知识与能力素养定位,对小学教育专业毕业生的教育反思能力提出明确的培养规格要求。要求专业毕业生能够树立终身学习理念,具有专业发展的自我意识,了解并掌握教师专业发展的基本知识和实现路径,明确专业发展的方向;能够适应时代和教育发展的需求,在了解国内外基础教育、特别是小学教育改革发展动态基础上,对自己的学习活动和职业生涯进行初步规划;能够认识教育反思的价值与意义,初步掌握教育反思的基本方法和技能,具有一定创新意识,在小学教育实践过程中,能够运用批判性思维方法分析和解决小学教育教学实际问题,形成较好的教育反思能力。

由此,《小学教育专业认证标准(第二级)》中对学会反思这一指标的考查要点包括:

①能够立足专业特点,对该指标内容进行合理分解,从专业毕业生应具备小学教育反思能力方面形成可衡量的指标点,并反映在人才培养方案、课程设置和教学实施中。

②相关课程标准和教育实践教学大纲能够实质性地覆盖毕业要求的相关指标点。相关课程教学注重师范生教师专业发展和教育反思基本理论的掌握和运用,并尝试对学习活动和职业生涯进行初步规划。能够加强师范生的教育反思基本方法和技能的训练,并在小学教育实践过程中,通过小学学科教学和研究,以及组织各类教育教学活动,使师范生获得教育反思的真实体验,取得了明显的培养效果。

③采取以表现性评价为主、过程性评价与结果性评价相结合的多种评价方式,对师范毕业生小学教育反思能力培养情况实施全方位严格评价,并对毕业要求的达成度进行综合评价。

认证院校需提供的佐证材料包括:

①培养方案中关于反思能力的培养目标和毕业要求的内容。

②教师教育课程体系中,教师专业发展、国内外基础教育动态、教育研究等课程的开设情况,教育实践、实训环节的设置,学分比例结构等相关资

料。相关课程和实践实训教学的标准或教学大纲的教学目标、教学内容、相关教学活动及教学任务设计,对学生学习的评价方案。

③学生作业,包括反思日记、读书笔记、调研报告或小论文等,课程考核材料。

④开展促进师范生终身学习信念与自主专业发展讲座、活动的制度规定、文字档案资料等,学生参与行为表现记录。

⑤专业积极鼓励师范生通过多种方式到海外境外交流、交换、访学、短期研修的制度与措施,学生参与情况等档案材料。

⑥师范生将自己所学知识与能力运用于问题解决的各种实践活动例证,诸如积极参加各种校内外社团活动组织、社会实践活动、志愿者帮扶活动,以及大学生创新创业实践活动的证书与记录等。

⑦学生教育实习手册、毕业论文等相关材料。

⑧专业对学生反思能力实施综合测评的标准、评定实施办法、评价结果及数据分析报告等档案资料。

⑨反思能力培养达成评价证明材料和实施改进报告。

(2)沟通合作

《小学教育专业认证标准(第二级)》中对沟通合作的要求是:理解学习共同体的作用,具有团队协作精神,掌握沟通合作技能,具有小组互助和合作学习体验。

沟通合作是师范毕业生从事小学教育教学工作、实现专业发展的基本能力要求。该指标对应培养目标中知识与能力素养定位,对小学教育专业毕业生的沟通合作能力提出明确的培养规格要求。要求专业毕业生能够认识学习共同体对于促进自身专业发展的价值和意义,具有主动积极参与团队协作活动的意识,初步掌握团队合作与人际沟通的方法与技能;在学习活动中能够积极参加小组互助合作和协作学习,在小学教育教学实践中能够获得与小学教师、家长和社区等沟通的积极体验,形成较好的沟通合作能力。

相应的,《小学教育专业认证标准(第二级)》中对沟通合作的考查要点包括:

①能够立足专业特点,对该指标内容进行合理分解,从专业毕业生应具备小学沟通合作能力方面形成可衡量的指标点,并反映在人才培养方案、课程设置和教学实施中。

②相关课程标准和教育实践教学大纲能够实质性地覆盖该毕业要求的相关指标点。相关课程教学注重师范生团队合作与人际沟通基本知识的掌握和运用,在小学教育实践过程中,通过小学班主任实践和参加小学教研活动,使师范生获得与小学教师、家长和社区等沟通的真实体验,取得了明显的培养效果。

③采取以表现性评价为主、过程性评价与结果性评价相结合的多种评价方式,对师范毕业生小学沟通合作能力培养情况实施全方位严格评价,并对毕业要求的达成度进行综合评价。

认证院校需提供的佐证材料包括:

①培养方案中关于沟通合作能力的培养目标和毕业要求的内容。

②相关课程和实践实训教学的标准或教学大纲,把沟通与合作能力培养落实到教学目标、教学内容、相关教学活动及教学任务设计中的材料,对学生学习表现的评价方案。

③师范生日常教育教学活动中开展小组合作学习的活动记录,教师评价结果相关材料。

④专业为学生提供参加多种学习共同体构建的活动制度规定,学生积极参加各种形式的共同体活动并有实际体验的反思日记等证明材料。

⑤在教育实践环节中,师范生与小学教师、学生家长、社区人士进行互动交流的活动资料记录,师范生参与小学多种教研活动诸如开放课堂、同课异构、反思分享、校本教研等系列合作学习的活动资料记录等材料,校内外指导教师对师范生相关行动表现的评价。

⑥专业对学生沟通与合作能力实施综合测评的标准、评定实施办法、评

价结果及数据分析报告等档案资料。

⑦沟通与合作能力培养达成评价证明材料和实施改进报告。

以上是对《小学教育专业认证标准(第二级)》中关于"毕业要求"的各项指标点的介绍。而在《小学教育专业认证标准(第三级)》中,在现有的四个维度下,又将"毕业要求"扩充到了11项二级指标点,分别是:践行师德(师德规范、教育情怀)、学会教学(知识整合、教学能力、技术融合)、学会育人(班级指导、综合育人)、学会发展(自主学习、国际视野、反思研究、交流合作)。

目前,首都师范大学的小学教育专业已经基于《小学教育专业认证标准(第三级)》进一步扩充和完善了毕业要求。

(二)实践操作

1. 毕业要求与培养目标的关系

学院认真梳理了毕业要求和培养目标之间的关系,确定了毕业要求能够逐条对应和支持本专业的培养目标。支撑情况见下表:

表4-1　毕业要求与培养目标的支撑关系(2018年)

	师德优秀	儿童为本	素养综合	全面育人	终身发展
师德规范	✓	✓			✓
教育情怀	✓	✓			✓
学科素养			✓	✓	✓
教学能力			✓	✓	✓
班级指导	✓	✓		✓	
综合育人	✓	✓	✓		
学会反思			✓	✓	✓
沟通合作			✓	✓	✓

此外,本专业的毕业要求还体现了以下几点突出特征:

第一,开展全方位、多层次的师风师德教育。师风师德是教师职业的立身之基。因此除了教师职业道德规范教育外,本专业还高度重视对学生的政治引领和思想教育,严把师德关,将社会主义核心价值观贯穿师德教育的始终,引导学生做"四有"好老师。同时,通过一系列课程和社团活动,结合大量案例,使学生充分了解与小学教师有关的各项法律法规、规章制度和职业规范,以提高其依法从教意识。此外还注重加强学生的美育,通过礼仪教育和艺术修养课程,提升其道德情怀和审美品位。

第二,培养学生以正确的儿童观为基础的教育观。小学的教育对象是儿童。儿童有着独特的生理、心理和情感特征。因此树立正确的儿童观,深入了解儿童,准确把握其独有特征开展各项教育教学工作,是成为合格小学教师的基本前提,也是小学教师独有的一项素质要求。本专业开设了丰富的课程、讲座和实践活动来达成此项毕业要求,帮助学生认识儿童、尊重儿童、理解儿童,形成正确的儿童观和儿童教育观,为其专业发展奠定基础。

第三,重视学生的综合素质培养和个性化、自主化发展。对于一名合格的师范生而言,既要具有扎实的综合素质,又要根据其特长、兴趣等因势利导,满足其个性化的成长需求。为此,本专业高度重视对学生综合素质的发展和个性化、自主化发展的兼顾,通过通识教育体系、"主教 + 兼教"的育人模式及丰富多彩的社团活动,兼顾了学生人文、科学、艺术素养的培养,兼顾了学生共性与个性发展的需求,促进了学生知识整合和融会贯通的能力。

第四,强化学生的教科研能力和科研转化能力。本专业将学生的教科研能力,以及利用教科研改进教学、管理实践的能力放在重要的位置上。借助"全程实践"过程,组织、指导所有学生进行科研申请立项和毕业论文设计,从教学和管理实践中发现问题、分析问题、解决问题,最终把研究结果应用于实践改进。通过这一途径,帮助学生促进科研意识,掌握科研方法,提升自主学习、自主探究的能力,从而满足相应的毕业要求。

2. 毕业要求指标点分解

在这些理念的指导下,我们以《小学教育专业认证标准(第二级)》中所规定的 8 项指标点为基础,结合我院的实际情况和对新时期小学教师岗位需

求的前瞻性分析,对其进行了拓展延伸和具体分解,见下表:

表4-2　毕业要求指标点分解(2018年)

毕业要求	指标点分解
师德规范	1.践行社会主义核心价值观,不断增进对中国特色社会主义的理解和认同,理想信念坚定
	2.贯彻党和国家的教育方针,以立德树人为己任
	3.遵守教育法律法规,具有良好的职业操守、健康的心理素质和高尚的审美情趣
	4.为人师表,立志成为"四有"好教师,做儿童健康成长的引路人
教育情怀	5.热爱小学教育事业,具有"爱心、童心,乐学、乐教"的教育情怀
	6.具有积极的情感、正确的价值观和良好的职业理想与敬业精神
	7.认同小学教育工作的专业性,理解小学教育工作的意义和特点
	8.具有正确的儿童观和教育观,了解小学儿童生命成长和身心发展的规律,尊重、理解、保护、平等对待每一位儿童,以儿童发展作为自己教育教学工作的出发点和归宿
学科素养	9.具有广博的人文、科学与艺术素养,形成综合性的知识结构
	10.掌握主教学科的基础知识及学科体系、思想与方法,具有良好的学科专业素养
	11.掌握兼教学科的基本知识、原理与技能
	12.掌握并理解儿童学、教育学、心理学的基础理论
	13.了解学科整合的基本理论与价值,理解学科之间的联系,以及社会实践、生活实践之于儿童学习与成长的意义
教学能力	14.具备小学教师基本的专业技能,具有良好的书写、表达、信息技术运用能力及艺术表现力
	15.掌握教与学的知识与观念,熟悉学科课程标准与教材内容,能够创设以学习者为中心的学习情境,促进学生的学习与发展
	16.掌握有效的学科教学方法与策略,包括教学规划与设计、教学组织与实施、教学评价与反思等
	17.具有较强的教学资源开发、课程整合及运用信息技术优化教学的能力,能够进行跨学科学习活动及综合性学习的设计、组织、实施与评价

续表

毕业要求	指标点分解
班级指导	18.理解小学德育原理,掌握德育基本方法,能够在班级、学校、社区里组织充满教育意义的主题活动
	19.具备班级组织与建设能力,胜任小学班主任和少先队工作
	20.能够对小学生进行积极心理辅导,开展有效的心理健康教育活动
综合育人	21.理解小学生身心发展和养成教育规律,具有促进儿童全面健康发展的意识与能力
	22.能够在班级指导、学科教学和实践活动中综合育人
	23.能够参与学校文化建设,创设有益于学生发展的育人环境
学会反思	24.具有终身学习与专业发展意识,做好职业生涯规划
	25.了解国内外基础教育改革与发展动态,以应对未来教育的变化
	26.掌握规范的教育教学研究方法,经历研究过程,积累全面、细致的研究经验
	27.具有一定的问题意识和创新意识,能够运用批判性思维分析教育教学与儿童现象,发现、提炼并尝试解决教育教学实践中的问题
沟通合作	28.理解学习共同体的作用,具有良好的团队合作精神
	29.掌握倾听、表达、沟通等技能,能够在教育教学工作中积极、有效地进行协作与研讨
	30.具有良好的社会适应性,能够与学生、家长及社区等进行有效沟通

值得说明的是,在二级认证的基础上,借助整改和一流专业建设,首都师范大学初等教育学院的小学教育专业目前已基于《小学教育专业认证标准(第三级)》中的指标点,对毕业要求又进行了全新的补充和完善。当前的毕业要求对培养目标的支撑情况如下图所示:

表4-3 毕业要求与培养目标的支撑关系(2020年)

	师德优秀	儿童为本	素养综合	全面育人	终身发展	国际视野
师德规范	✓	✓	✓			
教育情怀	✓	✓	✓		✓	

续表

	师德优秀	儿童为本	素养综合	全面育人	终身发展	国际视野
知识整合		✓	✓	✓	✓	✓
教学能力			✓	✓		
技术融合			✓			✓
班级指导	✓	✓	✓	✓		
综合育人	✓	✓	✓	✓		
自主学习			✓		✓	
国际视野			✓		✓	✓
反思研究			✓	✓	✓	✓
交流合作	✓		✓			✓

注:上表仅显示毕业要求的11个维度对培养目标的高支撑情况。

　　表4-4以小学教育专业为例,展示了我院基于《小学教育专业认证标准(第三级)》的要求进行的毕业要求指标点分解。音乐学(小学教育)、美术学(小学教育)、书法学(小学教育)三个专业的指标点分解思路与之类似,不再赘述。

表4-4　毕业要求指标点分解(2020年)

毕业要求	指标点分解
1.师德规范	1-1理解社会主义核心价值观和中国特色社会主义的内涵,理想信念坚定
	1-2忠于党的教育事业,贯彻国家的教育方针,以立德树人为己任
	1-3遵守教育法律法规,具有良好的职业操守、健康的心理素质和高尚的审美情趣
	1-4为人师表,志愿成为"四有"好教师,能够做儿童健康成长的引路人

续表

毕业要求	指标点分解
2. 教育情怀	2－1 热爱小学教育事业,具有"爱心、童心,乐学、乐教"的教育情怀,能够以儿童发展作为自己教育教学工作的出发点和归宿
	2－2 具有积极的情感、正确的价值观、良好的职业理想与敬业精神
	2－3 理解小学教育工作的意义和特点,认同小学教育工作的专业性
	2－4 具有正确的儿童观和教育观,了解小学儿童生命成长和身心发展的规律,能够尊重、理解、保护、平等对待每一位儿童
3. 知识整合	3－1 具有广博的人文、科学与艺术素养,形成综合性的知识结构
	3－2 掌握主教学科的基础知识、学科体系、思想与方法,具有良好的学科专业素养
	3－3 初步掌握兼教学科的基本知识、基本原理和学科体系
	3－4 掌握并理解儿童学、教育学、心理学的基础理论,具有整合形成学科教学知识的能力及指导学生学习的方法和策略
	3－5 了解学科整合的基本理论与价值,理解学科之间的联系,以及社会实践、生活实践之于儿童学习与成长的意义
4. 教学能力	4－1 具备小学教师基本的专业技能,具有良好的书写、表达、信息技术运用能力及艺术表现力
	4－2 掌握教与学的知识与观念,熟悉小学学科课程标准与教材内容,能够创设以学习者为中心的学习情境,促进学生的学习与发展
	4－3 掌握有效的学科教学方法与策略,包括教学规划与设计、教学组织与实施、教学评价与反思等
	4－4 具有较强的教学资源开发和课程整合能力,能够进行跨学科、综合性的学习活动设计、组织、实施与评价
5. 技术融合	5－1 具有良好的信息素养,理解智能环境下教与学方式的改变,以及未来教育在理念、文化和生态方面的变革
	5－2 掌握应用信息技术优化学科教学的方法、技能,能够基于信息技术进行学习设计以促进学生学习方式的转变
	5－3 具有基本的数字教育资源开发及信息化学习环境的建设与应用能力

续表

毕业要求	指标点分解
6. 班级指导	6-1 具有儿童为本、德育为先的理念,理解小学德育原理,掌握德育基本方法
	6-2 具备班级组织与建设能力,胜任小学班主任和少先队工作,能够在班级、学校、社区组织充满教育意义的主题活动
	6-3 能够对小学生进行积极心理辅导,开展有效的心理健康教育活动
7. 综合育人	7-1 理解小学生身心发展和养成教育规律,具有促进儿童全面健康发展的意识与能力
	7-2 能够在班级指导、学科教学和实践活动中综合育人
	7-3 能够参与学校文化建设,创设有益于学生发展的育人环境
8. 自主学习	8-1 具有终身学习的意识、自主学习的习惯和自我管理的能力
	8-2 了解教师专业发展的核心内容、发展阶段与路径,能够对自己的教师职业生涯做出科学合理的规划
9. 国际视野	9-1 具有开放心态和国际视野,积极参与国际间的学习和交流
	9-2 了解国外基础教育的改革趋势与发展动态,能够对中西方不同国情和文化背景下的教育理念与实践问题进行专业思考
	9-3 能够尝试借鉴国际先进教育理念和教学经验进行小学教育教学的实践与研究
10. 反思研究	10-1 恪守学术道德,坚守学术诚信,掌握科学、规范的教育教学研究方法,熟悉研究过程,具备研究经验
	10-2 具有一定的问题意识和创新意识,能够运用国内外先进教育理念和批判性思维从不同角度分析真情境中的教育教学现象,并能发现、提炼并尝试解决教育教学实践中的问题
11. 交流合作	11-1 理解学习共同体的作用,具有良好的团队合作精神,能够在教育教学工作中积极、有效地进行协作与研讨
	11-2 掌握倾听、表达、组织、沟通的技能,能够有效组织学生进行小组互助和合作学习
	11-3 具有良好的社会适应性,能够与学生、家长、社区及国内外同行等进行有效沟通

3. 毕业要求达成度评价

进而,我们对如何衡量毕业要求的达成情况进行了深入分析,这种达成度评价类型具体包括内部评价及外部评价两种方式。

（1）毕业要求的内部达成度分析：内容、过程与方法

为达成如上毕业要求，小学教育专业均设置了相应的课程（含理论课程、实践课程、党团活动、校园环境等），课程置于"三全育人"的整体架构中，以帮助每一位学生达成毕业要求。每项毕业要求及指标点均有相应的课程支撑，每门课程均有严格的内容与目标设计以实现对毕业要求的精准支撑。同时，对每门课程教学目标的实现途径、评价方式、达成效果等也有严格的监控与分析。具体评价机制见下表：

表 4-5　毕业要求内部达成度评价机制

评价内容	评价责任人	评价方法	评价依据	评价结果分析及改进措施
每项毕业要求指标点下各支撑课程的教学目标、考核目标、考核内容、考核方式及考核结果	任课教师、指导教师及各教研室	◆统筹某一指标点下各课程的支撑强度，为每门课程赋权重系数，作为评价目标值； ◆确定各课程达成度评价值，评价值＝目标值（综合成绩的平均分/样本综合成绩的满分）； ◆确定各项指标点评价值，即同一指标点内各课程评价值之和； ◆确定各项毕业要求评价值，即同一毕业要求内各指标点评价值相加后求平均值	◆课程考核目标、教学目标对毕业要求指标点的支撑强度； ◆同一指标点下各课程权重比例； ◆课程考核过程性记录； ◆课程考核结果（综合成绩）	◆制定各项毕业要求达成度阈值：75，若达到该阈值则视为该项毕业要求达成； ◆若结果达成：为该项毕业要求赋新阈值（以一年为动态调整期，对新阈值合理性进行分析），于第二年以新阈值为标准持续改进各课程教学对毕业要求的支撑情况； ◆若结果未达成：重新审视该指标点下课程对毕业要求指标点覆盖情况，统筹该毕业要求下各课程对毕业要求支撑强度分布，在现有课程中增加强支撑内容或新增强支撑课程

内部分析的基本思路如下:对于任一项毕业要求,基于其包含的各项指标点,分别筛选出 2~3 门高支撑课程,对每门课程的考核内容、考核途径(方式)和过程性记录进行提取和整理。也包括对评价周期、评价依据、评价人、评价结果等进行分析,并对相关记录文档整理归档。随后,在上述准备工作的基础上,依据对该毕业要求的各指标点的支撑强度,给出每门课程不同的权重系数,作为评价的目标值。支撑各指标点的所有课程权重系数之和等于1。

第一,课程目标达成度评价方法。①抽取样本:根据学生数,抽取具有统计意义的成绩样本数,样本中好、中、差的比例基本均等。②达成度评价值计算方法:评价值 = 目标值(样本综合成绩的平均分/样本综合成绩的满分)。例如,2016 年,对"教师语言"课程进行达成度评估,已知该课程对"毕业要求"中"指标点 1"的权重系数(目标值)为 0.2,抽取该课程的期末考试成绩作为样本。已知样本成绩的总分为 100 分,学生考试成绩的平均得分为 82.56 分,则该课程对该指标点的达成度评价值可计算为:评价值 = 0.20 × (82.56/100) = 0.165。

第二,毕业要求达成度的评价方法。按照上述方法对所有课程进行评价,将各指标点对应的所有课程的评价结果相加,可得到该指标点的评价结果,最后将各指标点的评价结果相加,求其平均值,即得到"毕业要求 4"的评价结果值(达成度)。毕业要求的评价值大于专业规定的阈值,即认为"达成"。

第三,毕业要求达成度的内部评价结果。毕业要求达成度的评价是以两年中课程目标达成度评价值的最小值,作为课程目标达成度的评价结果。按上述方法对课程目标评价结果求和,获得每个指标点的达成度,每个指标点达成度求和取均值,即获得该项毕业要求达成度的评价结果。

(2)毕业要求的外部达成度分析:基于北京市 19 所小学的调查

小学教育专业每年都有大量毕业生进入小学教师岗位,在基础教育发生深刻变革的今天,他们能否胜任工作? 是否达成了毕业要求? 用人单位对他们的评价如何？为此，本专业制定了外部评价机制，见下表：

表 4 - 6　毕业要求外部达成度评价机制

评价内容	评价责任人	评价方法	评价依据	评价结果分析改进措施
毕业生在师德规范、教育情怀、学科素养、教学能力、班级指导、综合育人、学会反思、沟通合作等方面的表现	小学（用人单位）校长、主任和教学指导委员会	向用人单位发放毕业生培养质量调查问卷、访谈，对毕业生的毕业要求达成度情况进行评价（5分制）	本专业毕业生工作3—5年后，毕业要求的达成度情况，涵盖毕业生在师德规范、教育情怀、学科素养、教学能力、班级指导、综合育人、学会反思、沟通合作等方面	◆ 制定各项毕业要求达成度阈值：3.5，若达到该阈值则视为该项毕业要求达成； ◆ 将评价结果反馈至"专业教指委"，根据评价结果调整专业人才培养方案

以 2018 年本专业对北京市 19 所小学（用人单位）的校长、主任进行的调查为例，评价结果如下：

在师德师风方面，以 5 分为满分，本专业毕业生的平均分为 4.6，反映出用人单位对本专业毕业生的教师职业道德情操给予了充分肯定。在教育情怀方面的得分为 4.5，说明本专业大多数毕业生在日常教育教学工作中能够热爱本职工作，对小学教育事业所承载的重要意义有充分认同。在知识素养方面，各用人单位普遍认为本专业毕业生在所教学科领域内具有比较扎实的知识素养，同时也提出了应继续加强的愿望。在儿童理解方面，绝大多数受访学校认为本专业毕业生具有"儿童为本"的意识，能够在日常教学和管理中考虑到小学儿童的身心发展特征。在教育教学能力方面，近 90% 的受访校给予了肯定，认为本专业绝大多数毕业生能够胜任主教学科的教学工作，并能在需要的时候胜任其他学科的教学；能够对工作中的不足和问题进行反思，积极改进；能公平、公正地对待儿童，胜任班主任和少先队工作。在专业发展方面，用人单位对本专业毕业生"追求卓越的态度和精神"给予了充分肯定，认为本专业毕业生"能够比较快地适应基础教育的改革、发展与变化"。

上述外部评价结果表明：

本专业大多数毕业生达到了毕业要求的规定，并具备了较好的持续发展基础，获得了用人单位的普遍认可。与其他院校毕业而走上小学教育岗位的毕业生相比，我院毕业生在诸多方面具有明显优势，尤其是在教育情怀、师风师德方面，获得了基地校的极大肯定。

本专业毕业生具备了基本的教学能力，"主兼多能"的特点突出，能够胜任小学的各项教育教学工作。但是在"教育教学能力""主教学科知识素养""沟通交流"等方面，仍需进一步强化。关于"与其他院校毕业的教师相比，我校小学教育专业毕业生的不足之处"的调查结果显示，"沟通交流""主教学科的知识素养""班级管理"是排名前三位的、毕业生需进一步提升的能力。

调查结果还显示，在今后小学教育专业本科生培养过程中，以下几点也需进一步强化：

①重视教师基本功的训练和培养，尤其是板书能力；

②优化课程结构，重视培养学生对主教学科及学科间知识的整合以及灵活运用于课堂教学的能力；

③重视沟通交流能力及创新意识的培养。

三、反思对话

对于我院的毕业要求设置，考核专家组给予了充分肯定，认为我院的毕业要求支撑了培养目标，符合《专业标准》。从毕业生及用人单位访谈表明，小学教育专业的毕业生理想信念坚定，具有教育情怀和扎实的教学基本功，深受用人单位的欢迎。同时，专家组也提出了我们当前仍然存在的问题与不足，主要有：对毕业要求的合理性和达成情况评价机制还没有真正建立，专业还不能完全说明通过评价证明毕业要求的达成情况；调查结果显示，

"沟通交流""主教学科的知识素养""班级管理"是本专业排在前三位的弱项;专业对毕业生的师德规范评价体系尚不健全;专业教师对毕业要求的了解还不够充分。

除了专家组的意见之外,我们在各个指标点上均进行了深入反思:

(一)师德规范

政治素养与理想信念总体情况良好,但个别学生思想政治方面表现不积极、不主动。同时,本专业对毕业生的师德规范追踪评价体系仍然不够健全,评价对象的范围也需要进一步扩大,在追踪毕业生长期的师风师德表现方面还需要进一步科学和系统化。有关礼仪修养方面,对于师范生个人内涵和修养的长期培养关注不够。

(二)教育情怀

当前对学生的理想信念教育与专业教育之间的融合度还有待进一步加强,需进一步探索理想信念教育融入各专业课程和社团活动中的多样化途径与方式。此外,少部分学生还缺乏作为小学教师的专业意识,没有理解这门专业的独特性和重要意义。在儿童观念方面,师范生对当代社会文化环境下儿童的个性发展的理解还不够充分,尤其是对问题儿童的理解和指导能力还显薄弱。对于一些自报考志愿时就对教师职业热情不高的师范生,缺乏有效的引导和教育途径。

(三)学科素养

人文、科学、艺术等各方面素养综合发展整体较好。但师范生主教学科知识体系的掌握不够系统和深入,知识整合能力需要进一步加强。这与对毕业 5 年左右的学生的调查及对 19 所小学校长的调查所反馈的结果相同。这也在一定程度上制约了毕业生在工作岗位上的后续发展。个别学生对兼教学科的重视程度不够,学习态度不够认真。

（四）教学能力

各种教师技能竞赛和基本功竞赛在形式、内容、覆盖范围上需进一步完善。学生对各学科教材的分析和理解应进一步加强，课堂教学的评价和反思能力还有欠缺。同时，本专业对师范生教学能力实施综合测评的标准还需进一步科学化、系统化，理论与实践之间的交叉和深度融合还需进一步研究、改进、加强，运用信息化手段整合、筛选、运用知识的能力还需加强，师范生对信息技术发展所引起的教育变革还缺乏足够的敏感性。

（五）班级指导

师范生将德育贯穿、融入小学各门学科教学及综合性活动的过程中还有一些困难，班级指导的体验与组织能力还有不足。有关心理辅导的课程开设较为充足，但学生普遍缺乏心理辅导的实践经验。

（六）综合育人

对师范生及毕业生综合育人水平的评价指标体系需要改进和完善，还没有建立长效反馈、跟踪与分析的信息技术系统。如何利用信息技术科学、有效追踪、衡量师范生和毕业生的综合能力和素养依然是一个亟待解决的问题。在学科育人方面，在具体如何进行学科育人的实践操作环节还有一定困惑。此外，学生对学校文化的理解还不够深入。

（七）学会反思

师范生在教育实践中遇到的问题，往往还不能及时转化为可以研究的问题，从而错失了引导其及时开展反思研究、改进教育教学的机会。创新意识方面，学生在教育教学方法上往往容易循规蹈矩，害怕出错，创新意识受到一定压制。学生的理性批判意识也显不足，在教育教学实践中发现、分析和解决问题的能力还有待进一步提升。此外，目前本专业师范生参与国际教育交流的人数和次数都还有待加强,交流的内容和形式也较为简单。

(八)沟通合作

在沟通能力方面,师范生包括毕业后工作期间,与学生家长、社区人员间的交流、沟通、协商能力还显薄弱。尤其是在北京地区,家校联系越来越紧密,家长对孩子的关注度极强,对学校、班主任的要求越来越多,如何进行有效沟通就成为教师的一项重要素质。所以,师范生与学生家长、社区人员间的合作与沟通能力都还需要大力加强。

四、改进与展望

专业建设和发展是一个长期而持续的过程。面向未来,考核专家组给我院提出的改进建议主要有:

应尽快建立毕业要求的合理性和达成度的定期评价机制;进一步优化毕业要求的指标点分解;查找"沟通交流""主教学科的知识素养""班级管理"等毕业要求达成度不高的原因,在课程体系的调整、教育实习的内容设计等方面进行新的设计;健全在校生和毕业生的师德规范评价体系。

基于以上改进建议,并结合我院对当前专业发展中的问题反思,未来将围绕各项指标点,继续进行优化和改进:

(一)师德规范

继续深入加强对学生的思想政治教育,并且根据学生的特征进行差别式教育、针对性教育,在教育形式、教育内容、考核评价方式等各方面都实现多元化。同时,继续健全和完善针对在校师范生和毕业生的师德规范评价指标体系,并建立电子档案和长期追踪机制,加强师德规范教育的过程性。此外,将在礼仪教育中更加重视对师范生的内涵培养,提升其道德涵养、审美情趣和艺术品位。

另外，我院申报的"师范生师德养成体系建设研究"项目获批 2019 年北京高等教育"本科教学改革创新项目"，目前正处于研制和实验过程中。

（二）教育情怀

将在专业教育中增加信念教育内容的渗透，更多地组织开展信念教育讲座等活动，引领学生结合自己的实际工作岗位来反思和讨论。继续加强小学教育专业发展方面的课程和讲座，强化师范生对教师专业性的理解和认同。在儿童观念方面，将在儿童发展类课程中增加对多元化社会里儿童样态的多样性理解，在各学科方向的专业课程中也增加了对不同儿童的差异化教育和管理方式的内容。

此外，将基于新生入学时的从教意愿调查，对从教意愿不高的学生进行有针对性的专人、专课辅导，并建立追踪体系，了解学生在 4 年之内的从教意愿变化情况，并加以适时引导和教育。

（三）学科素养

将在培养方案中调节人文、科学、艺术等各方面素养课程的比例，促进学生在各方面的素养发展上取得更好的平衡。主教学科方面，将加强主教学科课程之间的体系性、连续性，适当增加学科专业知识课程的比重，更新学科专业教材。兼教学科方面，将进一步完善兼教类课程，增加课程比重，严格考核制度，确保学生的兼教学习质量。此外，将进一步加强跨学科教学和综合实践活动教学。

（四）教学能力

教学技能方面，将不断增加学院内部各项师范生技能竞赛的种类和频次，并鼓励学生参加更多校外竞赛活动，以锻炼其教育教学技能，加强他们对教师岗位的热爱。教材知识方面，将邀请更多的一线教师到校定期举办专题讲座，帮助学生对各学科方向的课程标准和教材有更好的解读和应用。

教学方法方面,将在相关课程中增加反思改进环节的比重,培养学生进行评价、反思、改进的专业习惯。

信息教学方面,将加强学院的信息化平台和实验室建设,为学生提供更好的学习、科研和实践的信息技术平台,增强其面对教学变革的能力。

(五)班级指导

增强学生的德育观念和将德育融入学校各项工作中的意识和能力。班队建设方面,将不断增加实践环节中班级指导的比重,邀请实习、见习学校中的优秀班主任对师范生进行班级指导工作的重点辅导,并不断增加班级指导实训环节时间。心理辅导方面,将在心理相关课程上增设实践体验和观摩环节,在实习、见习过程中,也要求学生参与观摩心理咨询室,以丰富其心理辅导方面的实践经验。

(六)综合育人

健全师范生及毕业生的综合育人水平的评价与反馈机制。改进相关专业课程的设计,突出学科育人的内容,并在实习、见习过程中明确要求学生开展学科育人的实践。此外,将与实习基地校加强文化建设方面的合作,要求学生在实习、见习过程中观察、了解和分析学校文化,理解学校文化育人的方式和效果。

(七)学会反思

将从师范生一年级入学时开始就增加终身学习及自主专业发展方面的讲座、实践活动,并通过班级活动、党团活动和社团活动加以落实,帮助他们在学校中养成良好的终身学习意识和学习能力。研究能力方面,将不断完善教育研习体系,引导学生在教育实践中发现问题,并进行自主探究。创新意识方面,将改进日常的教育教学工作,给学生更多的自由讨论空间,鼓励和引导学生增强自主创新意识。此外,将严把学生科研立项和毕业论文的质量关,引导其在科研过程中加强批判性分析。

在国际视野方面,将要求各门课程增加国外相关教育经验介绍的比重,帮助学生更好地了解国外教育动态。将给师范生提供更加多样化、更加丰富的国际教育交流机会,同时扩大国际交流与合作的形式和内容,落实"请进来"和"走出去"相结合的原则。

(八)沟通合作

合作能力方面,将在学生的日常学习和实习、实践过程中,有意识地引导加强学习共同体的建设,增强学生之间的学习探讨,培养其合作能力。沟通能力方面,将不断深化实践环节中师范生与学生家长、社区人员间的交流体验,创造交流机会,使其尽早培养起工作中所需要的交流、沟通、协作能力,为其入职后的工作消除障碍。家校合作方面,将增设家校合作方面的主题讲座,邀请优秀校长、教师来校介绍家校合作经验。

第五章

小学教育专业的课程与教学

在小学教育师范专业认证的标准体系中,"课程与教学"是小学教师教育的基本组成部分。"课程"是师范专业建设的核心部分,"教学"包括课堂教学、实验实习、实践教学、第二课堂、国内外游学访学等所有的教学环节。"课程与教学"因此被赋予了极为重要的地位。其中,课程设置、课程结构、课程内容、课程实施以及课程评价是衡量小学教育师范专业的五大指标。本章基于《小学教育专业认证标准(第二级)》,结合首都师范大学初等教育学院参与认证工作的经验及其后续改进,反思小学教育专业课程与教学维度。

一、理论背景

小学教育专业课程是小学教育专业实施人才培养的主要载体,相应的教学是小学教育专业人才培养的过程与方式的总和。两者具有内在的统一性和连续性,共同构成了小学教育专业认证的第三部分——课程与教学。

小学教育专业课程与教学设置可以体现国家对该专业人才培养体系和运行过程的质量要求,是整个小学教育专业认证的基础,对小学教育专业学生的毕业要求具有重要支撑作用。从世界范围来看,职前教师课程与教学一直是教师教育研究发展变革关注的热点。国外师范教育经过多年的尝试、探索,已经建立了较为成熟的教师教育认证制度。并且通过教师教育认证积极实施课程和教学改革,确保教师任职前所需专业知识的学习和能力的培养,有效保障教师培养的质量。

在美国,教师教育课程设置中,理论知识联系实践的问题得到了较大程度的解决。20世纪80年代以来,美国教师教育课程体现出了融合与多元模式的思想特点和发展趋势。融合与多元模式的教师教育课程思想的实质是学术课程(通识课程、学科专业课程)与教育类课程(包括实践课的融入)以及教师职业道德、情感三者如何融合,以达到理论知识之间连贯一致、理论与实践知识之间融为一体,教师融会贯通,自我构建,从而推进教师专业发展,提高教育质量。为此,除了基于实践情境的反思以及各方的合作外,美国还努力拓展教育研究对教师们的影响力,倡议建立一种研究和发展体系,以创造、积累和共享教学知识,从而解决将实践知识转化为教学知识基础的问题。①

在英国,当前多样化的教师职前培养模式,在课程与教学上的共性有三。共性之一,是实行灵活性较强的模块课程。英国教师教育机构的整个课程结构以模块化的形式构建,几个大的模块组成某一专业的课程方案,每个模块由若干个学习单元组成。模块化课程单元构建方式的灵活性在于两方面。一则,及时增删课程内容,吸取教育科学前沿知识,保持课程的稳定性与适应性平衡。二则,能变通地组合和采用不同的教与学的方式。共性之二,是重视实践性课程。大学理论学习与学校教育实习同步进展,交错安排,形成了以反思为手段促进教师专业发展的终身学习模式,凸显对反思、批判以及创造性思维的强调。职前实习教师的课程设计体现出"反思-归纳"的取向。培训课程以案例教学与教学实习为主,通过中小学的"校本"式教学观摩、同伴合作、教学工作坊、班级观察等实践教学形式,促进实习生体

①　戴伟芬:《当代美国教师教育课程思想的三种价值取向分析》,《教育研究》,2012年第5期。

悟高校所学教学理论,反思自身教学能力和职业信念、理解等。共性之三,是采用多样化的教学方法,旨在结合学院的学习与实践体验。重视对学生的评价和反馈,尤其强调对实践性课程的评价。[①]

在德国,进入21世纪后,联邦政府启动了深化教师教育改革的系列方案,职前教师教育课程与教学具有如下的面貌特征。其一,遵循教师教育课程标准,课程设置具有整体性,以模块形式组织和安排职前教师课程,整合学科知识和教师专业知识。其二,基于具有可操作性和指导性的教师标准确立能力导向的课程目标。各州职前教师教育课程整体框架的共通之处,是都涉及了教学能力层面、教化层面、评价层面以及职业持续发展与创新层面的能力与内容要求。其三,课程体系凸显针对性,每种类型的教师教育项目在培养内容上都表现出具体有针对性的要求。其四,强调多学科教学能力训练的专业化和个性化。在德国双科型教师培养中,课程体系保证了师范生灵活地选择和组合两个学科领域,满足了教师培养的专业性和个性化的要求。其五,把教师实践教学能力的建构放在首位,开发行动能力导向的多种实践课程,教学实践训练是贯穿职前培养全程的。其六,课程内容融入可持续教育和跨文化教育主题,将终身学习能力、跨文化知识、处理多文化异质性、文化多元性、媒体教育等融合到课程设置中。[②]

在加拿大,英属哥伦比亚大学(UBC)的探究型小学全科教师教育模式,作为传统教师教育项目——小学全科教师培养的典范,具有良好的成效。UBC教师教育项目致力于培养终身学习者,致力于个人成长和专业发展,注重学生持续专业发展能力、探究合作以及社会情感发展。其课程体系在内容构成上,包含有教育探究与实践、学科教学法课程、教育心理学与特殊教

---

① 王艳玲、苟顺明:《试析英国教师职前教育课程与教学的特征》,《教育科学》,2007年第5期;徐文秀、刘学智:《英国教师教育改革三十年:背景、历程与启示》,《现代教育管理》,2019年第18期。
② 任平、高松:《世纪之交以来德国职前教师教育课程改革:背景、举措与效果》,《外国教育研究》,2020年第47期;刘江岳、田芬:《德国教师教育专业课程体系的特点及启示》,《黑龙江高教研究》,2016年第9期。

育、语言与读写能力教育以及教育学学习。这一课程体系呈现出三个显著的特点。其一，是采用整体育人的理念，旨在教师的全面发展。其二，是以探究为本位，采用融合理论与实践的能力培养路径。其三，是以实践为导向，师范生在真实的学校背景中加强经验学习，系统实践，积累实践性知识，形成教学智慧。[①]

芬兰的小学全科教师的培养模式因基础教育质量享誉全球而备受关注。关于课程，芬兰小学全科教师的职前教育课程有如下特点。其一，包含教学法课程、教育学其他课程以及具体学科方向课程等不同部分。其二，研究取向是芬兰小学全科教师培养的核心理念，课程的重要目的是师范生学会发现问题并分析问题，进而有能力面对未来的职业工作。师范生在接受研究方法训练的同时，也内化了"教师作为研究者"的态度，并逐渐以研究的态度对待教育教学工作，以批判性反思的方式审视自己的工作。其三，芬兰小学教师的培养自始至终将理论研究与教育实践相连，二者复杂而细密地交织，不断帮助师范生形成对专业的体悟、责任感以及深层次的认同。在机构设置上，所有教师教育学院均下设教师培训学校（实习学校），为师范生提供教学实习、实验、研究与终身教育服务，从而有效保证了研究取向培养理念的落地。[②]

综上，职前教师教育强调教师的可持续发展；整合通识课程、学科课程和教师专业课程，以模块化方式构建课程；重视教师实践能力；采用多样化的教学方法，结合理论学习与实践体验；按照教师专业标准的要求落实课程评价等，体现了职前教师培养注重课程与教学的专业性，注重两者间的统一性与连续性，注重课程与教学的质量保障。这些是当前世界教师教育课程和教学方面理论研究的成果，也是职前教师培养课程和教学实践的共识。上述的理论研究成果和实践共识，在有效提升教师教育由课程和教学主导

---

① 王明宇、吕立杰：《加拿大小学全科教师职前培养课程体系研究》，《比较教学学报》，2020 年第 5 期。

② 魏戈：《小学全科教师培养模式的芬兰经验》，《基础教育课程》，2020 年第 4 期。

的内部过程保障方面,提供了方向的引领;在对教师教育课程与教学质量进行外部审查时,予以了可资借鉴的标准。

我国教育部制定的《小学教育专业认证标准(第二级)》之"课程与教学"部分,主要从课程设置、课程结构、课程内容、课程实施、课程评价5个二级指标对其进行监测。其中,"课程设置"是从小学教育专业培养的大系统视角,指向国家与课程体系对合格小学教师专业素质的基本要求的关联性,指向国家与课程体系对教师教育机构设置教师教育课程的基本要求的关联性,也从小学教育专业认证系统视角指向课程体系与小学教育专业认证一级维度——毕业要求的关联性。"课程结构"主要体现了课程体系内部不同课程旨在满足小学教育人才要求的关联性和整体性,也明确了国家教师教育课程基本要求的规约性。"课程内容""课程实施"以及"课程评价"不仅指向小学教育的专业性,关注课程与教学的关联,而且特别强调对课程目标实现的支持。5项都反映了全球范围对职前教师教育课程与教学的实践指向与质量诉求。基于此,梳理职前教师教育课程与教学的共性,并对《小学教育专业认证标准(第二级)》的"课程与教学"部分进行专业解读,能促进小学教育专业课程建设及其教学改革,有效提升教师教育由课程教学主导的过程保障质量。

二、实践呈现

(一)标准解读

《小学教育专业认证标准(第二级)》"课程与教学"部分的测评重点关注三个方面:一是课程体系对毕业要求的支撑情况;二是课程教学对毕业要求的落实情况;三是课程与教学的评价与改进情况。具体包括课程设置、课程结构、课程内容、课程实施、课程评价5个二级指标。

1. 课程设置

《小学教育专业认证标准(第二级)》指出,课程设置应符合小学教师专业标准和教师教育课程标准要求,能够支撑毕业要求达成。

合理设置课程并有效实施是提高人才培养质量的关键。该指标要求小学教育专业构建能够覆盖毕业要求的课程体系,从而有效地支撑毕业要求的达成;能够体现"育人为本、师德为先、能力为重、终身学习"的基本理念,以促进师范生的全面发展为中心,注意培养师范生终身专业发展的潜能;能够打破按照学科知识体系设置课程的方式,遵循《教师教育课程标准(试行)》和其他相关要求,注重师范生学习能力、教育教学实践能力和创新能力的培养。

该指标之下的考查要点主要包括:

①专业课程体系对毕业要求的支撑关系清晰明确,每项毕业要求都有课程或相应的教学环节支撑,并以课程矩阵的形式予以呈现。

②课程设置符合《小学教师专业标准(试行)》对小学教师专业知识与能力的要求,能够按照《教师教育课程标准(试行)》和《关于加强师范生教育实践能力培养的意见》的具体要求,开设教师教育课程和教育实践类课程。

③建立课程设置与建设的相关制度并能有效实施,形成课程动态调整的机制。

④邀请利益性相关方参与研讨专业课程设置,师生对课程与毕业要求之间的支撑关系有正确的理解,对课程设置具有较高的认可度。

为此,认证院校应提供的相应佐证材料,主要包括:

①专业人才培养方案和调整、论证的相关材料。

②专业课程体系对毕业要求形成支撑关系的相关材料。

③专业各类课程的课程标准或教学大纲等相关材料。

④教师教育课程和教育实践类课程设置及按要求开设的情况。

⑤专业课程设置和调整管理制度建设等相关材料。

⑥邀请利益相关方参与课程设置讨论的证明材料。

⑦学校、院系和专业相关课程建设规划、建设成果等材料。

2. 课程结构

《小学教育专业认证标准(第二级)》指出,课程结构应体现通识教育、学科专业教育与教师教育有机结合;理论课程与实践课程、必修课与选修课设置合理。各类课程学分比例恰当,通识教育课程中的人文社会与科学素养课程学分不低于总学分的10%,学科专业课程学分不低于总学分的35%,教师教育课程达到教师教育课程标准规定的学分要求。

课程结构是课程体系构建的重要内容之一,直接影响着师范生的素质能力结构和毕业要求的达成。该指标重点关注小学教育专业课程结构的合理性和各类课程的比例关系,及其与毕业要求的有效对接;要求专业课程结构能够反映小学教师教育人才培养模式改革趋势,较好地实现了师范生的通识教育、学科专业教育与教师教育的有机结合;能够遵循高等教育的基本规律,理论课程与实践课程、必修课与选修课设置合理,增加课程的选择性,着重培养学生教育教学实践能力和自主学习的意识;各类课程学分比例符合专业认证标准的具体要求,从而支撑毕业要求的达成。

该指标之下的考查要点主要包括:

①专业对课程体系构建和各类课程结构比例关系进行深入的研讨和论证,培养方案中人文与科学素养课程、学科专业课程和教师教育课程结构合理,比例恰当,与毕业要求有较好的契合度。

②课程结构能够体现国家教育法律法规,反映《小学教师专业标准》对小学教师知识能力素养的要求,符合《教师教育课程标准(试行)》的相关规定,兼顾理论学习与实践训练,必修课程与相关毕业要求形成了对应关系,并逐步扩大选修课程的比例,有利于师范生自主学习和形成合理的知识能力结构。

③课程结构相对稳定,并能够根据社会需求变化和人才培养模式改革进行适当调整。

④课程管理规范有序,有严格的学分认定和管理办法,各类课程管理文

件完整配套,课程方案与课程执行具有一致性。

为此,认证院校应提供的相应佐证材料,主要包括:

①专业人才培养方案和调整、论证的相关材料。

②专业课程结构对毕业要求形成支撑关系的相关材料。

③人文社会与科学素养课程、学科专业课程和教师教育课程设置及按要求开设的情况。

④专业课程设置和调整管理制度建设等相关材料。

⑤学校、院系和专业相关课程建设规划、建设成果等材料。

3. 课程内容

课程内容应体现小学教育的专业性,注重基础性、科学性、实践性,把社会主义核心价值观、师德教育有机融入课程教学中。选用优秀教材,吸收学科前沿知识,引入课程改革和教育研究最新成果、优秀小学教育教学案例,并能够结合师范生学习状况及时更新、完善课程内容。

课程内容的选择决定着师范生的学习内容,直接影响着毕业要求的达成。该指标要求将毕业要求与课程内容对接,注意课程内容选择的专业性,系统设计和选择专业特点鲜明、体现小学教师职业要求的课程内容;要注意课程内容选择的思想性,坚持正确的价值取向,将社会主义核心价值观、师德教育有机融入课程教学内容;要注意课程内容选择的前瞻性,关注学科发展动态,吸收学科前沿知识,引入小学课程改革和教育研究最新成果、小学优秀教育教学案例等,及时更新、完善课程内容;要选用优秀教材进行专业教学,并能根据教学改革和人才培养需要积极开发专业教材。

该指标之下的考查要点主要包括:

①建立专业课程与相关毕业要求的对应关系,以此为基础设计和确定课程目标,按照课程目标选择课程内容,使每项毕业要求都有相应的课程和教学内容予以支撑。

②专业课程内容选择能够体现社会主义核心价值观、师德教育等方面内容,在课堂教学、教育实践等教学环节中,能够多途径融入对师范生进行

思想政治教育和师德养成教育的内容。

③专业建立课程内容选择和更新制度,能够根据学科发展、基础教育课程教学改革和学生学习需要,及时更新、丰富和优化课程内容,形成课程内容动态调整机制。

④建立教材选用和管理制度,包括教材使用申报制度,教材遴选审核制度,国外优秀教材的引入制度等,专业教材开发和建设取得一定成绩。

为此,认证院校应提供的相应佐证材料,主要包括:

①专业人才培养方案和课程标准或教学大纲。

②课程建设规划、课程内容调整和课程建设成果等相关资料。

③课程内容引入的学科前沿知识、基础教育课程改革、教育教学研究最新成果和小学优秀教育教学案例等资料。

④教材的遴选与使用、教材的开发与评价以及加强教材建设的相关材料。

⑤师生参与课程内容遴选和课程评价的相关材料。

4. 课程实施

《小学教育专业认证标准(第二级)》指出,院校应重视课堂教学在培养过程中的基础作用。依据毕业要求制定课程目标和教学大纲,教学内容、教学方法、考核内容与方式应支持课程目标的实现。能够恰当运用案例教学、探究教学、现场教学等方式,合理应用信息技术,提高师范生学习效果。课堂教学、课外指导和课外学习的时间分配合理,技能训练课程实行小班教学,养成师范生自主学习能力,练好"三字一话"等从教基本功。

课程实施直接决定着师范生的学习结果。该指标要求加强课程教学实施环节的管理,以保证毕业要求的达成。课堂教学是师范生学习的主渠道,在小学教师培养过程中起到基础作用,要积极推进课堂教学改革,保证课堂教学质量;要突出以学生发展为本的教育理念,明确课程设计和教学实施的逻辑思路,切实做到依据毕业要求制定课程目标,根据课程目标确定教学内容、教学方法、考核方式与内容等教学环节;积极推进课堂教学方式改革和技术手段更新,能够恰当使用灵活多样的教学方式,合理应用信息技术,提高学生学习效果;要多途径形成课内课外结合、正规学习与社团活动互补的课程实施模式,培养学生自主学习、自我管理的能力;要加强教师基本技能和小学教师从教基本功的训练,保证相关课程的教学要求和质量。

该指标之下的考查要点主要包括:

①专业重视课堂教学工作,将毕业要求的达成作为课程实施的中心环节,按照各类课程特点及其与毕业要求的对应关系,设计分类管理措施,使每项毕业要求都有相应的课程和管理予以支撑。

②能够依据毕业要求制定课程目标,根据课程目标确定教学内容、教学方法、考核方式与内容等教学环节,设计相应的学习任务,加强学习指导,检验学习效果,保证师范生学习成果的达成。

③积极推进课堂教学改革,根据学生学习需求不断调整授课模式及教学方法,采取案例教学、探究教学、现场教学等多种教学方法,运用慕课、翻转课堂等信息技术手段,拓展课堂教学的时空,激励师范生主动参与、自我反思和团队合作学习,保证课堂教学质量。

④合理安排课堂教学、课外学习和学生社团等各种学习活动,加强教师基本技能和小学教师从教基本功的训练,创设教师养成教育的环境和氛围,培养学生自主学习、自我管理能力。

⑤建立覆盖课程实施全过程的教学管理制度,有健全的教学督导、教学监控和教学评价体系,运用奖优罚劣的管理办法,保证教学正常运行和课程目标的实现。

为此,认证院校应提供的相应佐证材料,主要包括:

①专业人才培养方案和相关课程标准或教学大纲。

②专业课程实施过程的相关材料,包括教案、课件、教材、学生作业、试卷、毕业论文及毕业设计、实习要求及实习指导手册等相关材料。

③专业应用信息技术进行课堂教学和学习方式改革的相关材料。

④专业进行教师基本技能和幼儿园教师从教基本功训练相关课程和课

外教学活动的材料。

⑤课内与课外学习一体化设计与实施,教师进行课外指导、学生参加课外学习和组织社团活动的相关材料。

⑥专业进行课程内容调整和教学方式改革的相关材料。

⑦专业对课程实施进行全程管理,建立教学督导、教学监控和教学评价体系的相关材料。

5. 课程评价

《小学教育专业认证标准(第二级)》指出,应定期评价课程体系的合理性和课程目标的达成度,并能够根据评价结果进行修订。评价与修订过程应有利益相关方参与。

课程评价能够反映课程目标实现程度和师范生的学习成效,是对课程与教学环节毕业要求达成情况的有效监控。该指标要求建立科学合理的课程评价制度,主要包括评价原则、评价标准、评价组织、评价方法、评价反馈与改进等方面;要定期对课程体系的合理性和课程目标的达成度进行评价,并根据评价结果及时修订培养方案,进行课程建设和教学改革;要改革教师课堂教学评价和学生学业评价,注重过程评价和多元评价,以调动教师教学和学生学习的积极性;在课程教学评价过程中,教学管理者、教师、学生和用人单位及其他利益相关方能够积极参与,并提出合理意见。

该指标之下的考查要点主要包括:

①专业课程评价制度健全,能够做到责任到人,标准科学,方法多元,过程规范,结果客观,导向正确,形成评价信息收集、整理、分析、反馈和改进的课程评价闭路循环机制。

②能够定期对课程体系的合理性、课程目标的达成度和课程实施的效果进行评价,以发现课程教学中存在的问题,采取持续改进措施,不断提高课程教学质量。

③改革教师课堂教学评价和学生学业评价方式,注重过程评价和多元评价,调动教师教学和学生学习的积极性。

④在课程教学评价和修订过程中，教学管理者、教师、学生和用人单位及其他利益相关方能够积极参与，并提出合理意见。

为此，认证院校应提供的相应佐证材料，主要包括：

①专业教学质量保障系统和课程教学评价制度与实施结果总结报告等相关材料。

②课程标准或教学大纲、课程评价标准与实施办法等相关材料。

③学生考试、考核等学业评价实施办法与评价改革的相关材料。

④教学管理者、教师、学生和用人单位及其他利益相关方进行合作评价，以及体现评价主体、内容、对象的多元性的相关材料。

⑤课程评价方式改革和运用课程评价结果改进课程教学，提高人才培养质量的相关材料。

（二）实践操作

基于以上对小学教育专业认证二级标准的专业解读、小学教育专业"课程与教学"建设自身的专业需求，立足首都师范大学初等教育学院小学教育专业的发展状况，我们紧密结合《小学教育专业认证标准（第二级）》的要求，从以下五个方面为迎接认证工作做好准备。

1.课程设置

分析小学教育专业课程设置，需要结合学院现行的人才培养方案，根据《小学教师专业标准（试行）》《教师教育课程标准（试行）》《关于师范生教育实践能力培养的意见》，对照学院在"小学教师核心指标体系"研制中所确定的毕业要求，从小学教育专业培养系统，对课程设置的逻辑起点，以及它在不同系统中的特征进行分析。

首先，我们结合当时正在使用的《小学教育专业本科人才培养方案》（2014版），分析了课程体系整体架构与特点，列出了课程拓扑图，呈现了课程的先修后续关系，以课程矩阵的形式梳理了课程目标与"毕业要求"之间的关系。结果确认，"培养目标"对课程设置起到了统领作用，通识教育课程、专业方向课程和实践教育课程三大模块(见表5-1),架构合理,先修后续关系明确,教育合力指向培养目标的达成。我们的小学教育专业课程体系与毕业总体要求之间体现着紧密的对应连接关系,同一项毕业要求,有来自不同模块、不同课程群的有效支撑。整体上,课程体系对毕业要求的支撑关系清晰明确,达到了二级认证的标准要求。

其次,我们分析了课程设置与《小学教师专业标准(试行)》专业素养的对应关系。结果显示,围绕"师德为先、学生为本、能力为重、终身学习"的基本理念而构架的小学教师在专业理念与师德、专业知识,以及专业能力三个维度下的专业素养具体要求,在首都师范大学小学教育专业课程设置中得到了充分的体现。我们的课程设置打破按照学科知识体系设置课程的方式,完全符合《小学教师专业标准(试行)》对小学教师专业知识与能力的要求,凸显小学教育专业素养的养成,是以促进小学教育师范生的全面发展为中心,重视培养小学教育师范生终身专业发展的潜能(见表5-2)。

表5-1　课程体系总体架构(2014版)

课程体系	各课程类别学分要求				
	课程模块	课程说明	属性	学分	学分合计
1 通识教育	通识基础课程	包含大学英语、体育、思想政治教育等全校学生必修公共课	必修	34	50
	通识核心课程	包含"人文精神与社会认知""科学精神与自然关怀""艺术修养与审美体验"等三个系列	选修	6	
	通识拓展课程	包含六个系列:"人文精神与社会认知""科学精神与自然关怀""艺术修养与审美体验""语言艺术与文化交流""身心健康与职业发展""教育理解与教师素养"	选修	10	

续表

课程体系	各课程类别学分要求					
	课程模块	课程说明		属性	学分	学分合计
2 专业教育	专业基础课程	含《教师教育课程标准》中的所有教师教育课程，以及儿童类课程群，旨在加强师范生对教育的理解、对儿童的理解，提升师范生教育教学能力		必修	35	41
	专业核心课程			选修	6	
	专业方向课程	主教学科课程	语文方向课程	必修	31	45
				选修	14	
			数学方向课程	必修	34	48
				选修	14	
			英语方向课程	必修	51	69
				选修	18	
			信息方向课程	必修	36	52
				选修	16	
			科学方向课程	必修	39	53
				选修	14	
		兼教学科课程	小学语文、数学、英语、科学、教育技术、美术、书法、音乐、心理辅导、德育与少先队教育、国学经典教育、生命教育与班主任工作十二个方向	必修	8	8
3 实践教育	专业实践课程	小学见习、实习、研习，及毕业论文等研究性实践		必修	15	29
	通识实践课程	通识基础必修课对应的实训环节		必修	13	
	社会实践课程	社会实践活动，野外综合实践等		必修	1	

表5-2　课程设置与《小学教师专业标准(试行)》专业素养对应关系表

标准维度	标准领域	开设课程
专业理念与师德	职业理解与认识	专业基础课程 例:小学教师专业发展、初等教育学、教育政策分析等
	对小学生的态度与行为	专业基础课程 例:儿童与教育课程群,包括小学生品德发展、小学生心理辅导、个别差异与教育等
	教育教学的态度与行为	专业核心课程 例:教师职业道德、教育哲学、生命教育等
	个人修养与行为	专业基础选修课程、通识课程 例:形式逻辑、朗诵艺术、美学概论等
专业知识	小学生发展知识	专业核心课程 例:儿童发展、儿童生理与卫生学基础、儿童权利与保障、儿童需要与表达等
	学科知识(以中文方向主教学科为例)	专业方向课程 例:古代汉语、现代汉语、中国古代文学、中国现当代文学、外国文学、汉字文化、儿童文学概论、文本解读与文学鉴赏、写作基础与儿童文学创作、修辞学与语文教学、国学基础、中国古代诗歌赏析等
	教育教学知识	专业基础、专业核心课程 例:教育心理学、课程设计与评价,以及主教兼教方向分别开设的学科课程标准与教材分析、学科教学设计与实施、学科学习心理学等
	通识性知识	通识核心、通识拓展课程 例:教育社会学、教育人类学、社会心理学、社会教育概论等
专业能力	教育教学设计	专业方向课程 例:课程设计与评价以及主教兼教方向的学科教学设计与实施、教育实习等
	组织与实施	专业核心课程 专业方向课程 例:小学班级管理、现代教育技术应用、学科教学案例研究、教育实习等
	激励与评价	专业核心课程 例:课程设计与评价、教师语言,以及各个方向的学科教学设计与实施等
	沟通与合作	专业基础课程 例:学校组织与管理、小学班级管理、教师语言、项目研究与毕业论文、教育实习等
	反思与发展	专业核心课程、专业基础课程 例:小学教育研究方法、质的研究、量的研究、国际教师教育前沿以及各个方向的学科教学研究、教育见习实习等

我们根据《教师教育课程标准(试行)》规定的小学职前教师课程领域设置建议,分析了所开设的课程与建议模块之间的关系;根据《关于加强师范生教育实践能力培养的意见》的具体要求,检核了教育实践的实施。结果表明,我们小学教育专业开设的教师教育课程涵盖了规定的 5 个学习领域和建议模块,达到了教师教育课程最低总学分数为 32 学分和教育实践为 18 周的规定,开足开齐了教师教育课程和教育实践类课程。

2. 课程结构

根据《小学教育专业认证标准(第二级)》,课程结构涉及三种结构:其一是通识教育、学科方向教育与教师教育课程结构,其二是理论课程与实践课程结构,其三是必修课与选修课结构。在具体要求上,不同部分的融合、比例以及灵活性都在认证的考查范围。

关于通识教育、学科方向教育与教师教育课程结构,我们分析了现行人才培养方案中三者融合的情况。结果发现,除了包括思想政治理论、法律、形势与政策、体育、外语等基础课程外,大学的通识教育还开设通识核心课程与不同类别的通识选修课程。在目标设定层面,通识课程意在打破人才培养学科壁垒,突破单纯"专业知识"的阈限,体现人类知识的共同基础,强调文化精神的传承,重视思想视野的拓展和情感体验的丰富。作为基础,宽厚的通识教育能养成学生宽泛的视野、良好的综合素养和充分发展的个性,能促进学生融会贯通,更为全面和深入地理解小学教育学科专业教育和教师教育所学,使学生在"教育信念与责任""教育知识与能力"以及"教育实践与体验"等领域获得发展,使学生具备成为卓越小学教师的潜质。从课程开设分布的时间上看,通识教育、学科方向与教师教育课程贯穿本科教育的四年,由浅入深,由表及里,全程融合。在学分比例上,首都师范大学小学教育专业的通识教育课程、学科专业课程、儿童+教师教育课程三类占总学分的比例为 33%、40% 和 27%。课程模块学分比例分配均衡适当。教师教育课程包括专业基础必修和选修课程(18 +6 学分)、专业核心课程(17 学分),必修和总学分分别为 35 学分和 41 学分,大大超过《教师教育课程标准(试行)》规定的 24 学分和 32 学分的最低要求,学分充足。

　　关于理论学习与实践训练课程,我们分析了现行人才培养方案中两者交错安排的情况。结果显示,首都师范大学小学教育专业的理论课程与实践课程相得益彰、相互渗透。不同方向,实践教学学分比例占到总学分的16%—16.8%。实践教学形式多样、内容丰富,特别是"33 递进式"教育实习充分体现了"一践行三学会"的指向要求。实践课程中的一些实训课程与相应的理论课程相对应,以促进学生深化学以致用的意识,并逐渐养成敏于发现、善于以理论指导实践的教师实践能力。

　　关于必修课程与选修课程,我们分析了现行人才培养方案中两者的比例及其功能。结果确认,课程体系中的必修课程是达成毕业要求的基本课程;选修课程旨在彰显个性、发挥学生特长,帮助学生形成合理的知识能力结构,体现在通识核心课程与通识拓展课程(16 学分)、专业基础选修(6 学分)和专业方向选修课程(14 学分)三个模块(见图 5 - 1)。首都师范大学统

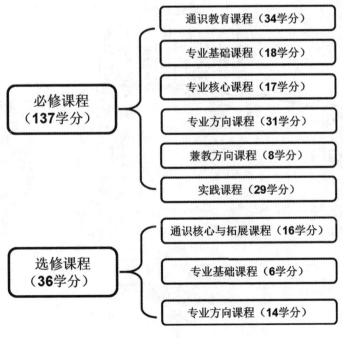

图 5 - 1　必修课与选修课关系图

一提供的通识核心课程有 80 门,通识拓展课程有 244 门,小学教育专业提供的专业基础选修课程有 30 门,专业方向选修课程 107 门。课程充足,学生个性发展、博学多识有了资源的保证。

课程在保持相对稳定的框架下,非常有必要根据社会需求变化和人才培养模式改革进行适当调整。我们梳理了建院以来的课程结构变化,发现为了加强对专业发展的支持,精准聚焦对学生的培养目标与毕业要求,首都师范大学小学教育专业在不断优化课程结构。具体调整如下:①将小学教育专业课程分为专业基础、专业核心和专业方向三类;将专业方向课程结构化为学科基础、学科课程和学科教学三类;将专业基础、专业方向课程再进一步"细化"为基础类、核心类和拓展类课程。②基于如上课程结构,着重推进"五大类"课程模块建设(见图 5-2),即"立德树人类""儿童课程类""教育能力类""学科素养类"和"通识类"课程模块建设。③在"类"之下进一步

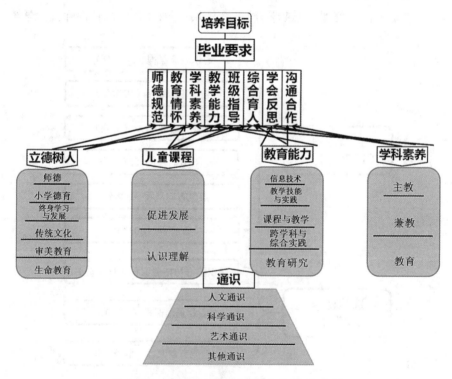

图 5-2　课程大类及与毕业要求关系图

进行"微课程群"建设。如"立德树人类"课程模块含有"师德""小学德育""终身学习与发展""传统文化""审美教育"和"生命教育"六个课程群。

借此,小学教育专业的 300 多门课程层级分明,结构清晰精细,类群丰富,指向明确,聚焦培养儿童本位、主兼多能、综合发展的小学教师教育专业毕业生。同时,依照严格的学分认定和管理办法,对 300 多门课程规范管理,使课程方案与课程执行具有一致性。

3. 课程内容

根据《小学教育专业认证标准(第二级)》,小学教师职前教育应该注意课程内容选择的专业性、思想性、典范性、前瞻性、特色性,重视教材开发。

就课程内容选择的专业性而言,我们严格遵照《小学教师专业标准(试行)》和《教师教育课程标准(试行)》,通过教学大纲明确每门课程在支持毕业要求中的角色定位,根据课程对各项毕业要求的支撑强度分别用"H(高)、M(中)、L(弱)"表示课程对该毕业要求贡献度的大小,切实做到课程内容与 8 项毕业要求对接。基于"综合培养,发展专长"的办学理念,强调增加课程内容的融合性、生成性,以支撑师范生形成综合性的知识结构,强化知识的运用能力。此外,注重课程中的实践内容,开设与专业核心课程相应的实训课程,加强学生在实际情景中的教育教学能力。所以,首都师范大学小学教育专业课程内容可以体现小学教育的专业性,注重基础性、科学性和实践性。

就课程内容选择的思想性而言,我们本着"师德为先"的理念,高度重视小学教育专业课程的思想政治教育和师德养成教育。课程体系中不仅有专门的"师德"和"小学德育"类课程群,还将立德树人内化为每门课程的共同目标,有机融入不同的课程内容和教学中去,通过课程、文化、活动、实践、管理等多元途径,落实社会主义核心价值观教育。以"小学教师专业发展"课程为例,其教学目标中有"通过了解国内外教师发展活动的主要内容与途径,增强师范生对于教师专业的深层认同,改善学生的教育情怀与师德规范"。课程中有"教师教育的目的,教师发展的意义,教师的社会角色,教师入职标准,教师筛选标准"等内容,并将习近平"四有"好老师的思想,践行社会主义核心价值观,贯彻党的教育方针,以立德树人为己任等内容融入上述教学内容当中。所以,首都师范大学小学教育专业课程内容及其教学中有机融入了社会主义核心价值观、师德教育内容。

就课程内容选择的典范性而言,我们依据《首都师范大学教材工作条例》,严格规范教材选用程序,实行教研室、学院、学校教务处三级申报审批制度,引导教师优先选用国家级、省级规划和精品教材,或者本专业有影响力的教材。

就课程内容选择的前瞻性、特色性而言,基于人才培养目标以及专业本身与时俱进的要求,我们高度关注对课程内容的动态更新,设置了课程内容更新、动态调整机制。我们鼓励教师依据当前国内外基础教育改革发展动态,基于首都基础教育现状,把握学生学习特点,以学生为中心,合理调整课程内容,注重本专业课程内容对基础教育课程与教学改革成果的吸收,注重对青少年发展与教育最新研究成果的吸收,并及时将这些内容引入本科生课堂,使其成为课程内容的一部分,使教学内容能够紧跟学生、基础教育、社会发展趋势,能融入学科前沿发展,并引导学生达到毕业要求。为此,我们还专门建立了国外小学及小学教育专业教材库,有较为丰富的来自亚洲、欧美等国家的原版教材。各个教研室均储备了大量的一线教育教学资源与案例,并用于本科生教学。

就教材开发而言,我们在课程与教学改革的基础上,吸收国内外先进经验,建立健全教材开发团队,整合资源,形成制度。近些年,开发并出版多套具有小学教育专业特色的,包括理论型、实践型、基础型在内的精品教材。据不完全统计,2008 年至认证,由首都师范大学本专业教师主编的面向不同对象的教材多达 150 多本,其中有一大批颇具影响力的教材,如刘慧主编的《小学生品德发展与道德教育》和《小学德育实践》,以及欧阳启名主编的《书法教育》等教育部教师教育精品资源共享课程。秉持开放、融合、创新的精神,我们注重发挥每一位教师的优势,以制度激励教师开发课程、建设课程的积极性,为学生提供多样化、多形式的课程资源。

4.课程实施

根据《小学教育专业认证标准(第二级)》,课程实施指向加强课程教学实施环节的管理,以保证毕业要求的达成。在具体要求上,重视课堂教学工作、依据支撑毕业要求的课程目标确定教学环节、推进课堂教学改革、鼓励多途径课程实施模式、加强教师基本技能和从教基本功训练等都在认证的考查范围。

就重视课堂教学而言,我们充分认识到课堂教学是学生能够达到毕业要求、达成培养目标的基础。我们根据学校出台的《首都师范大学关于教师教学工作的若干规定》《首都师范大学课堂规则》《首都师范大学教学差错教学事故认定和处理暂行办法》《首都师范大学优秀主讲教师评选办法》《首都师范大学本科教学督导工作条例》《首都师范大学本科课程教学质量评估标准与实施办法》《首都师范大学关于全面提高教学质量的若干意见》等文件,将毕业要求达成作为课程实施的中心环节,设置并贯彻覆盖课程实施全环节的教学建设和管理制度,建构了健全的教学督导、教学监控和教学评价体系。

就依据支撑毕业要求的课程目标确定教学环节而言,基于学生中心和产出导向教育理念、持续改进管控机制,我们的教学部门要求全体专任教师严格遵循模板科学制定或修订教学大纲,以支撑课程目标的实现。要求教师在"教学目标"条目下,列出本课程对各项毕业要求的支撑度,并根据毕业要求制定课程的目标。教学设计和实施中以课程目标的落实、学生的实际获得为出发点和归宿,确定支撑课程目标的教学内容,安排以学生为中心的教学方法,设计能评价目标达成的考核要点、考核方式以及评分标准等。这就使得课程目标与教学内容、教学方法、考核方式及评分标准挂钩,有力支撑了毕业要求的达成。

在推进课堂教学改革方面,我们提倡注重学生的自主性和实践体验,恰当运用多种教学方法。检视我们的课程实施,我们发现教师在教学中会根据学生学习需求适时调整授课模式及教学方法,灵活采用案例教学、活动体验、理论教学与实践观摩相结合、探究教学、现场教学、小组合作等多种教学方法。我们强调1—4年不间断地培养学生教育教学能力,基于"生本"教育理念,通过课上课下相结合,校内校外相结合,学生个体、团队和学校组织相结合,大学与小学合作等多种形式,展开系列化的实践教学培养。在教学实践中,设计并实施了富有特色、系列化的实践教育活动,在真实的教育情境中,培养学生的教育教学能力,形成教育智慧;并强调实践的广泛性、多样性和层次性。

关于信息技术在教学中的合理运用,我们注重应用信息技术推进教学方式的改革,建立智慧教室、微格教室、远程教育观摩室等实训设施,搭建网络教学平台,开发慕课、微课、课堂实录等学习资源。依托"爱课程"等课程平台,嵌入教师自建的网络核心专业课程,实行线上、线下互动,打造立体式网络课程体系。截至认证,已完成9门在线课程建设。课程实践中,不断加快建设的信息技术支撑的课程与教学平台充分地发挥先进的信息化基础设施效益,引领学院的教育教学深入推进教学改革。

在加强教师基本技能和从教基本功训练方面,我们历来就重视教师"三字一话"基本功训练,构筑了课上课下联动的技能培训模式。自入学第一学期起学院就开设教师书法、教师语言等专业基础必修课程,同时设置教师语言类、书法类选修课,并设有兼教方向课程。作为课堂教学延伸的"三字一话"基本功训练,是在课后组织学生完成"三字一话"基本功训练并进行检查评比,有助于提升学生教师基本技能水平。

在师德养成方面,我们注重师德课程体系建设,设置教师职业道德、小学教师专业发展、仪式教育等多门师德相关课程,同时注重实践,设置教师职业道德实训课、小学教师专业发展实训课,帮助学生在知情意行等层面具有较好表现。同时设置师德评价体系,定期对师德养成教育情况进行测量与反馈,以进一步完善师德教育体系构建。

在以校园文化活动培养师范生从教信仰、专业素养与创新能力上,学院从树立师范生正确的教育信念、确立师范生积极的教育情感以及养成师范生坚强的教育意志等不同层面开展校园文化活动,以培养师范生的从教信仰。"两学一做"学习教育系列活动、"师生同心同向共成长"项目,让师生共同树立廉洁价值观、人生观和道德观,树立正确的教育信念;增强了师范生的教师职业素养和社会责任感。在培养学生的文化素养层面,学院通过丰富多彩的文化品牌活动,如大学生艺术节、女生之星、师范生风采大赛、校园歌手大赛、体育文化节、社团文化月(节)等,惠及每一名学生。还以《关于全面加强和改进学校美育工作的意见》为指引,组织师范生走进小学,发挥童心艺术团作用,大力推进艺术普及教育的同时也提升了大学生自身的艺术文化素养。

学院还以《小学教师专业标准》为指引,打造大学生多元、立体的第二课堂,建设专业能力提升平台,形成了"四个必须"的能力提升保障体系,即"必须依托学院专业优势、必须配备专业指导教师、必须坚持协同创新、必须调动学生热情",增强专业知识、提高专业技能、培养专业情感、塑造专业形象、养成专业行为。如,"卓越引航,协同育人"拔尖创新人才合作项目,在全国小学教育专业大学生书法和诗画大赛、全国创青春大学生创业大赛、北京市大学生书法大赛和北京市大学生物理竞赛中屡创佳绩。

5.课程评价

根据《小学教育专业认证标准(第二级)》,定期对课程体系合理性及课程目标达成情况进行评价的机制,基于评价的修订,以及利益相关方参与评价与修改都在认证的考查范围。

关于课程评价和修订的机制,经过对近8年来培养方案修订过程及结果的梳理,我们确认首都师范大学小学教育专业已经形成定期评价并修订课程体系的机制。《小学教育专业本科人才培养方案》每4年修订一次。新方案实施一轮后,由"教指委"以及"人才培养方案修订工作组"负责依据小学教育专业特点、基础教育改革发展趋势、学生需求、用人单位需求等,对专业课程体系进行评价和修订。修订过程中,"教指委"以及"人才培养方案修订工作组"积极与相关利益方建立联系,听取他们的意见,充分吸收其合理建议,努力确保毕业要求、课程体系与课程目标之间的达成度,培养符合教育利益相关方期望的小学教育专业人才。相关利益方包括:在校师范生、毕业生、用人单位以及教育行政管理部门。

基于上述课程方案修订机制,2018 年对小学教育专业课程方案进行了修订。修订的主要参考依据有:

①政策与基础教育改革与发展趋势分析。

②在校学生座谈会。

③毕业 5 年左右毕业生工作状况的反馈与分析。

④19 所用人单位对我院小学教育专业毕业生的反馈及分析。

⑤内部课程目标达成度分析。

我们通过抽样对专业内部课程目标达成度进行计算。综合学生座谈、毕业生反馈、用人单位反馈的数据和分析,以及内部课程目标达成度分析,我们得出对当时课程体系的整体分析和判断。据此,我们对课程方案进行了调整。此次课程方案比较大的改动有:

①增加师德教育必修课,加强立德树人教育。

②增加人文、科学、艺术素养课程,拓宽学生视野,提升综合素养。

③增加信息技术课程,改动的理由是师范生应把握信息化发展趋势,提升自身利用信息技术开展教育教学的能力。

④加强实践教学环节,尤其是实训和班主任工作,改动的理由是提升师范生的基本技能以及在真实情景中进行教育教学的能力。

⑤增加双语课程,改动的理由是提升学生国际化视野。

⑥调整兼教方向课程,改动的理由是提升学生跨学科教学知识及技能。

⑦加强案例教学、探究教学,形成最终课程体系,改动的理由是注重以学生为中心,提升学生学习自主性。

⑧增加在线课程的数量,改动的理由是在信息化时代的当下需要运用信息技术手段,拓宽课程教学时空。

⑨主教方向学科基础课程的学分将在以后课程方案的调整过程中适当增加其学分比例。

此后,依据课程方案修订机制,学院又分别于 2019 年、2020 年对小学教育专业人才培养方案进行了针对性调整,以适应基础教育改革与发展对教师素养的新要求。

三、反思对话

在"课程与教学"方面,认证专家组指出了首都师范大学小学教育专业存在的不足:个别教师教学模式相对单一,教学方法偏传统,以讲授知识为主,学生自主学习和研究性学习不够,信息化资源利用率不高,缺乏有效的课堂管理,以学生为中心的课堂教学模式有待推进;毕业论文创新性不强;基于学习产出的教育模式(OBE)的课程评价机制尚未全面建立。

专业认证的根本目的在于"通过对专业培养质量外部审查,帮助专业进行自我的调整与改善,以此提升专业建设水平,保证专业建设质量"[1],即以评促建、以评促改、以评促强。从这个意义上说,我们对于自身的反思显得尤为重要。此外,作为小学教育师范专业认证的打样单位,通过先行的实践为小学教育专业认证从理念到实践操作及广泛开展,提供了可资借鉴的示范,在一定程度上实现了师范专业认证的"实践对理论的反哺",为小学教育专业师范认证的理论建设提供了直接的支撑。我们的反思对于整个小学教育专业认证的发展有不可忽视的价值。

(一)课程设置有待进一步融合利益相关方的需求

整体而言,课程设置较好支撑了毕业要求的实现与培养目标的期望,突出了通识类课程、儿童 + 教育类课程、学科方向课程(主教 + 兼教)、实践类

---

① 路书红、黎芳媛:《专业认证视角下的师范专业发展探析》,《教育发展研究》,2017 年第 22 期。

课程。课程设计思想科学、合理，体现了小学教育专业的特点。各类课程的比例比较恰当。但这一比例主要是基于《小学教师专业标准（试行）》及《教师教育课程标准（试行）》和理论研究而设置的，还需加强从利益相关方的角度进行调研和分析，从而进行一定范围内的调整。

比如，据2018年度对毕业生和用人单位的调研表明，小学教育专业学生在所教学科的专业基础方面遇到了挑战，并影响了他们在学科教学方面后续的持续发展；在班级管理和沟通能力方面，用人单位方面也提出了更高要求；此外，在读懂儿童、教学基本功等方面，用人单位也希望进一步加强。上述基于产出导向的调查，应成为课程设置过程中重要的参照，并体现在课程方案中。

（二）课程结构仍需面对未来挑战做进一步完善和优化

小学教育专业的课程结构，凸显儿童本位，形成了专业特色。但现行课程结构仍有待进一步完善和优化。当今社会学科和行业分工越发精细，同时学科交叉、知识融合、技术集成、文化多元化发展，凸显了当下和未来社会对于复合型人才的迫切需求。卓越小学教师培养计划提出，要培养"热爱小学教育事业、知识广博、能力全面，能够胜任小学多学科教育教学需要的卓越小学教师"。那么，在扎实做好"主教＋兼教"小学教师培养的基础上，如何在课程结构中进一步体现跨学科融合课程？设置什么样的跨学科融合课程？这些课程与其他课程之间的逻辑关系怎样？在课程体系中占有多大的比例是合适的？

此外，首都师范大学地处首善之区，在"四个中心"的城市战略布局和发展过程中，致力于为首都培养小学教师的小学教育专业，其课程结构如何体现应有的国际视野？如何体现文化理解与教育创新？这些都需要在深入研究的基础上做出回答。

（三）课程内容动态调整机制上仍存在不足

通过 2014 年人才培养方案近 4 年的实践与反思发现，小学教育专业课程体系中在课程内容的动态调整机制上仍存在一些不足，表现在：

其一，个别课程内容边界不清晰，易出现几门课程部分课程内容相近的情形，从而致使学生重复学习某些内容，降低学习的兴趣。所以课程内容动态调整监控机制需要解决的问题之一是：如何及时发现课程内容边界模糊的具体情况，并反馈给相关课程的教师，组织课程教师有效调整。

其二，课程内容存在遗漏的情况。小学教育专业秉承"综合培养、发展专长"的办学理念，这也与卓越小学教师培养计划中"培养热爱小学教育事业、知识广博、能力全面，能够胜任小学多学科教育教学需要的卓越小学教师"的要求相契合，并以此设置了本专业人才培养方案课程体系。但是在实际的教学过程中，相较于知识广博、能力全面，"综合培养、发展专长"的要求，以及国家经济社会等诸多方面的发展趋势，课程体系中一些课程不够完善。例如在各专业方向课程中，专业方向核心课程的内容偏于基础，难度和深度不够；再如专业基础课程中有关传统文化、师德、儿童、美育等相关内容不足。所以课程内容动态调整监控机制需要解决的问题之二是：如何及时查漏补缺。

其三，个别课程关注学科前沿稍显不足，没有及时反映学科研究的新成果，部分课程内容偏旧，因而课程内容动态调整监控机制需要解决的问题之三是：如何及时发现课程内容的滞后，并有效更新。

（四）课程实施存在模式相对单一的个别现象，与信息技术的结合有待提升

在急速变化的全球化时代，教师教育的模式面临着诸多挑战。首都师范大学初等教育学院自建院就注重教学模式的改革与实施，注重提高课堂教学效率、激发学生的学习兴趣、树立正确的价值观和培养学生的综合能

力。但在学院现有的课程教学过程中，还是存在着个别教师教学模式相对单一、信息化资源利用率不高等问题。

单一课堂教学模式主要是指倾向知识型教学和以"刺激-反应"的行为主义理论为指导的单一化教学模式，忽视了对其他教学模式的有效运用，忽视了多种教学方法的运用。此种力图使学生记住一些枯燥理论要素的单一模式，既不利于彰显理论自身的价值与魅力，也不利于学生对知识的全面理解和掌握，不利于学生主体性的培养，不利于学生多种能力的培养和正确价值观的养成，不利于支撑毕业要求的达成。

现代信息技术已经开始改变人类的学习、思维和工作方式。当前教育教学的方式也由单一走向多元，充分利用现代信息技术进行教学，才能真正实现教育教学模式的多元化转变。目前教学中信息化程度有待提高是一个很值得重视的问题。如何利用信息技术发展以学为中心的课堂是今后课程实施中改进的重点。

（五）基于 OBE 的课程评价和修订机制有待健全

课程评价是对过去的评定，也是面向未来进行改进的基础。小学教育专业多年来所做的课程评价，意在全面了解本专业的课程设置和实施状况，力求实现"以评促改、以评促管、评改结合、重在提高"的目标。在评价过程中，本专业邀请各利益相关方参与评价，广谋良策。但现实状况是，由于当下小学紧张的工作节奏，导致在课程评价中各利益相关不能长时间、深入性地全程参与评价和反馈。所以，如何实现与利益相关方以研究的态度、理性而深刻的方式，对毕业生状况、课程方案设置等进行讨论和研讨，是今后应加强的内容。避免仅仅通过问卷和简单访谈的方式所进行的较为浅层的反馈和研究。

此外，我们发现个别课程教学大纲中的考核点对于毕业要求的精准对接还存在不足，评价点和评价方式亦须进一步改进和加强。

四、改进与展望

优质的课程与教学是提高小学教育专业人才培养力度、提高课堂教学质量、提高质量保障力度、加强小学教育专业建设与发展的内在要求。针对上述问题，结合世界范围职前教师教育有效提升由课程和教学主导的内部过程保障的共识，我们将从以下五个方面探索小学教育专业课程与教学的改善与发展。

（一）凸显课程设置的产出导向，实现课程多价值取向的合理共存

学院一直致力于加强儿童类课程研究和设置，规划、建设儿童类课程群，凸显小学教育专业的儿童属性。学院正在加强从利益相关方的角度进行调研和分析，从而对课程进行一定范围的调整，凸显课程设置的产出导向。如，加强实训课程的建设，搭建信息化实训平台，建设实训指导微课程，组织好实训评价、展示等环节；搭建实践指导信息化平台，建设实践指导微课程，做好实践过程中的案例收集、实践研讨等环节；适当加强学科专业基础课程的学分，打好专业发展的底子，增强毕业生后续专业发展的能力；加强"小学班级管理"课程的实训效果，进一步发展学生的班级组织与建设能力；通过课堂教学模式的改变和辐射面更广的社团活动，发展学生的沟通与交流能力。

总之，加强产出导向的课程设置理论研究与实践落地，让课程设置为达成毕业要求服务，为学生今后的教学发展服务。

（二）加强课程结构的灵活性，满足未来小学教师专业发展需要

把握时代发展的脉搏，基于现实而又放眼未来，分析课程方案如何与人才培养类型相适应，理性面对目前课程建设中亟待解决的问题。为此，学院将进一步采取以下策略加强课程结构的灵活性，满足未来小学教师专业发

展需要:

①结合国家政策导向,充分分析现代信息化社会需求,设置和研发相关课程,加强网络课程和信息化教学资源的开发和建设。

②注重多学科课程交叉,设置和研发课程,完善小学教育专业综合培养与发展专长相结合的课程体系。

③充分利用北京市及我院师资等优势,整合社会资源与学校师资资源,设置和研发相关课程,进一步凝练打造本专业优势课程群和特色课程群。

④把握时代特征,分析社会环境的变迁和师范生及未来小学生特点,设置和研发新课程,构建培养我校小学教育专业师范生与时俱进的能力的课程群。

(三)完善课程动态调整机制

为了彻底改善课程边界不清、课程有遗漏、内容偏旧的情形,完善课程动态调整机制,学院将从以下多个角度努力:

①适当整合重复性课程、减少课程数量,强化课程内容和质量建设,划清边界,有所侧重,指向毕业要求和培养目标。

②鼓励教师进行课程内容和教材的建设与更新,依据当前国内外基础教育改革发展动态,基于首都基础教育现状,把握学生学习特点,合理调整课程内容,使教学内容能够更好体现基础教育、社会发展趋势。

③鼓励教师组建教师课程研究团队,开展课程群建设。

④组建小学教育专业的兼职教师队伍、客座教师队伍,使之与专任教师队伍一起构成小学教育专业更为完整的师资队伍,开设出系列课程。

⑤鼓励专兼职教师构成学习共同体,研究如何基于教育教学实践及时更新课程内容。

⑥加强与学生沟通,及时了解学生对课程内容的反馈。

（四）完善指向毕业要求达成的教学实施体系

学院将进一步修订和完善小学教育专业教学管理制度、课程与教学大纲、考试、评价制度等，把教学实施落得更实，更可控，更易于评价，使之与毕业要求建立最直接的关联。

鼓励教师探索多维教学模式及对新媒体教学手段的有效利用。通过教学模式和新媒体教学手段的运用，进一步改变以教为中心的教学，走向以学为中心的教学。为此，首先要促进教师教学观念的转变，为教师提供更多的交流与培训机会；其次要加强课程教学的信息化建设，如智慧教室、MOOC、SPOC 等课程的建设等，使更多的教师有机会利用新媒体教育手段，利用校内外学习平台，加强教与学的互动，促进学生的学习与发展。

就此，认证专家组建议：宜举全校之力加强网络课程建设与翻转课堂的应用，将教学内容与教学方法、信息技术深度融合。开展全员教研活动，推动广大教师广泛运用案例教学、探究教学和现场教学，不断提升课堂教学质量。就学生毕业论文创新性不强的问题，认证专家组建议全面实施导师制，让学生参与教师的科研项目，全面提升毕业论文的创新性。

此外，学院将继续完善学生实践教学课程体系和管理运行机制。在现有基础上，建设并开设"小学教育实践指导"课程，以教育见习、实习中的常见问题为基本内容，完成教材和网上课程录制，提高教学实践的效率；建设教育实践信息平台，以信息化手段进一步加强"大小协同"、资源共享，更便捷地实现实践指导与互动；从关注学科教学能力提升、班主任能力提升，拓展到活动组织、学校管理等全方面育人能力提升。

（五）深入推进基于 OBE 的课程评价和修订机制的健全

学院将进一步重视利益相关方对小学教育专业课程的评价与建议。如前所述，用人单位、学生是制定专业人才培养目标的重要依据。从用人单位角度来说，他们希望师德优秀、胜任力强、身心健康、专业扎实、有教育情怀的毕业生补充到自己学校的教师队伍中；从学生的角度说，受到良好的教育，获得一份稳定的工作进而能胜任教育教学工作，是他们的期望。所以倾听用人单位与学生的诉求，思考教育发展的当下与未来，是小学教育专业课程评价与改进的基本出发点。

同时，学院正在进一步将利益相关方参与课程体系评价工作常态化、制度化，保证利益相关方参与评价的广度和深度。为此，将尝试设置相关机构或中心，持续进行毕业生追踪、反馈，开展用人单位调研，收集大数据并进行专业分析。

就"个别课程教学大纲中的考核点对于毕业要求的精准对接还存在不足，评价点和评价方式亦须进一步改进和加强"的问题，认证专家组提出的发展建议是：研制各类课程的评价标准，健全课程定期评价与不断改进的机制。这也构成了我们深入推进基于 OBE 的课程评价和修订机制的健全举措的组成部分。

首都师范大学小学教育专业将在倾听各方意见的基础上，协调当前需求与未来趋势，不断改进课程与教学，在这一过程中进一步突出自己小学教育专业的办学特色。

第六章

小学教育专业的合作与实践教学

一、理论背景

（一）协同育人的历史演变和理论基础

《教育部关于实施卓越教师培养计划的意见》中提出，要建立高校与地方政府、中小学"三位一体"的协同培养机制。从教师培养的层面来讲，协同育人机制是一种多方协调、合作的教师培养机制。协同育人机制的建立不仅是国内教师培养的发展方向，也是许多国家在教育改革时所采用的培养模式。协同育人机制不仅能够促进师范生将所学的理论知识应用于实践操作，避免产生理论学习与实践之间割裂的现象。同时，协同育人机制也在一定程度上涵盖了职后教师的发展。这也就给予了学校教师机会，使他们能够获得高校智力的支持和优质的资源，促进小学教师职后的发展，形成职前职后合作的、连续性的发展。

协同育人的实践形式实际上是先于其理论出现的。其实践形式最早出现于 19 世纪的德国，而相关的理念最早出现于 20 世纪中叶的欧洲。协同育人机制的萌芽主要源于当时的一些发达国家，这些国家为培养高技能型人才,先后进行了高等教育制度改革。由此,在 20 世纪中叶的欧洲出现了许多类似"协同育人"的培养模式,如英国的"三明治"培养模式、德国的"双元制"培养模式。① 而我国"协同育人"的理念同样后于实践出现,早在 20 世纪 50 年代,我国的人才培养过程中就出现了类似于"协同育人"的培养模式,而相关的理念则是在 2010 年《国家中长期教育改革和发展规划纲要(2010—2020 年)》、2012 年《教育部关于全面提高高等教育质量的若干意见》和党的十八大报告中提出和不断地强化的。与先于具体理念出现的实践相比,目前所强调的协同育人机制更加注重各个主体在人才培养过程中的紧密融合、步调一致,而不是单纯的参与合作。

协同育人的构建同样需要理论基础,其理论基础主要包括以下两个方面:一是"三螺旋"理论;二是教育生态学的相关理论。

1."三螺旋"理论与协同育人

"三螺旋"理论作为协同育人机制的理论基础,主张高校、政府以及企业之间的资源共享、相互协作、角色转换与渗透,共同提升育人的质量。"三螺旋"最初是生物学上的概念,20 世纪 90 年代美国社会学家亨瑞·埃茨科威兹和罗伊特·雷德斯多夫将这一概念从生物学的研究领域迁移到社会科学的研究领域。他们认为:"在知识经济背景下,'高校—产业界—政府'的共同利益是给他们所处的社会创造价值,三方应该互相协调,以推动知识的生产、转化、应用、产业化以及升级,促进系统在三者相互作用的动态过程中不断提升。"②而对于教师培养来说,"三螺旋"合作模式就是构建"高校—中小学—政府"之间的合作,形成三者之间的合力,共同搭建一个相互作用、紧密合作的交流平台。

"三螺旋"合作模式中的各方都承担着独特的责任,充分发挥着各自的优势与功能。政府在这一过程中,主要是提供了制度与政策上的支持与保

---

① 张桂华、姚冠新、陈桂香:《三螺旋理论视阈下地方新建本科高校协同育人探析》,《江苏高教》,2015 年第 6 期。

② 王成军:《大学—产业—政府三重螺旋研究》,《中国科技论坛》,2005 年第 1 期。

障；而高校具有深厚的学术背景，能够提供坚实的理论支持；学校作为教育事业的第一线，具备良好的操作环境、实践环境。三方在协同育人的过程中各自提供了优势资源，同时也在相互影响。例如在小学实践的过程中，不仅可以总结出大量的实践经验，同时在实践过程中产生的问题、事件又可能生成新的研究课题，实现教学经验反哺理论知识的增长，促进高校研究发展的，更是为了更好地培养人才。

"三螺旋"理论最重要的特点就是打破了高校、中小学、政府之间的壁垒与边界，使三方出现了一定的交叉与融合，搭建起一个较为自由的交流平台，实现人才的流动。从学校人才培养的角度来讲，这一平台的构建有助于学生将在校学习的理论知识应用于实践之中，用实践检验学习的成果，促进学生理解知识的同时也帮助他们逐渐适应未来的工作生活。

在这一理论模式之上建立起协同育人机制，充分发挥各主体的积极作用，加强各个主体之间的交流与合作，有效化解教师培养供给侧与需求侧之间的矛盾。

2. 教育生态学的理论支持

在 20 世纪 60 年代美国社会的剧烈变动之下，克雷明提出了教育生态学理论。在《公共教育》一书中写道："如果我们关心的是与教育有关的事，我们就不能把我们的注意力局限于学校，因为教育不是学校教育的同义语。儿童以及成人不仅在学校里，而且也许更多地在校外学习。"[①]根据这一理论，我们可以认识到教育不仅仅是学校的事物，同时也涉及学校之外生态环境的影响。

一名教师的成长不仅依赖于高校理论知识的滋养，还受到政府、小学等多个方面的影响。各个主体又处于不同的生态圈之中，不同生态圈的差异体现在对于教师的期待和培养之上。各个生态圈之间如果长期缺乏交流合作的机制，就会导致人才培养上的割裂。高校与小学处于两个差异性较大

---

① ［美］劳伦斯・A. 克雷明：《公共教育》，宇文利译，中国人民大学出版社，2016 年，第 9 页。

的生态圈之中,高校需要按照小学的相关需求,及时调整人才培养方案,避免高校培养的教师难以适应小学的需求。

基于此建立起协同育人的机制,将生态环境中各方的影响因素纳入人才培养过程的考量之中,其意义不仅仅在于发挥各方的优势,更在于避免封闭式地培养教师。政府教育部门在宏观上,为教师培养提供政策上的支持与宏观上的分析建议;小学作为教师人才最主要的需求方,其对于小学教师的期待反馈给高校,有助于优化教师培养模式。考量到生态环境之中各方的需求,及时调整教师培养的模式,同时也输出高校的理论优势到社区、学校,又影响了其他生态圈。

协同育人的机制正是基于"三螺旋"合作模式和教育生态学的相关理论建立起来的,它有效避免了在教育人才培养上的闭门造车。充分发挥各方资源优势,促进各方的交流、融合,合作推进人才向卓越发展。

(二)教育实践的历史沿革和理论基础

教育实践是协同育人的具体表达方式。世界各国的实践教学都有其历史发展脉络。

17世纪末,法国"基督教教士会"举办的"教育修道院"是最早出现的培养初等教育教师的机构,其创设的目的在于为本教会控制下的学校培养小学教师。1990年,法国国民教育部开始建立师资培训大学级学院(简称IU-FM)。师资培训大学级学院取代与整合了原有的各省设置的师范学院、地区教学培训中心、学徒师范学校,以及职业与技术教师培训中心,成为学区内培养幼儿园和中小学教师的专门机构。美国正式的师范教育产生于19世纪初,大致经历了师范学校、师范学院和综合性大学教育学院三个阶段。目前,美国准教师的培养主要在教师专业发展学校(PDS)进行。英国职前教师培养的雏形可以追溯到19世纪初的"导生制"。英国当前的职前教师教育教学实习模式是伙伴关系模式。这是一种集教育教学观摩与实践教育教学活动为一体的准教师教育教学能力培养方式,是一种在政府倡导与支持下的实践导向的职前教师培养方式。德国最早的师资培训机构大多具有私立性质，随着国民学校的国有化，政府逐渐开设国民学校师资训练所。目前，德国中小学教师的培养主要由综合性大学、专科大学和高等师范学校承担，教师职前培养经历修业和见习两个阶段。日本开始正式师范教育的标志是东京师范学校的成立。目前，日本教师职前培养采用"开放式"与"封闭式"相结合的模式进行，无论是开放式还是封闭式，教师想要获得教职，都需要获得教师资格证书。

我国一直以来都十分重视教育实践的作用，从正规师范教育产生之日起，教育实践课程就成为课程体系的重要组成部分。1902 年制定的《钦定学堂章程》中，对附设于大学堂的师范馆和附设于高等学堂的师范学堂有教育实习的规定。《京师大学堂师范馆章程》中规定，师范生"第一年学教育宗旨，第二年学教育原理，第三年学教育原理和学校管理法，第四年实习"[1]，这标志着教育实习制度正式成立。1904 年，《优级师范学堂章程》中规定优级师范学堂需设置附属的中学和小学供师范生进行研究教育、教法以及实习之所。[2] 直到抗日战争时期，教育实习依旧是师范院校课程体系中的重要内容。新中国成立后，教育部颁布了一系列法规对师范院校的实习工作进行了规定，进一步体现了教育实习的重要性。近年来，教育部颁发了一系列行政指令与法规，对教育实习的时间和内容提出了具体要求。

2012 年 1 月 10 日，教育部等部门发布的《关于进一步加强高校实践育人工作的若干意见》中提道：统筹推进实践育人各项工作，其中要强化实践教学环节，专业学位硕士研究生实习时间不少于半年。2016 年 2 月，教育部关于印发《教育部 2016 年工作要点》的通知中强调了各高校要优化高校人才培养机制，建设大学生校外实习实践教育基地，引导高校进一步完善实践教学体系。2016 年 3 月 21 日，教育部印发了《关于加强师范生教育实践的

---

[1]　《中国高等师范教育文献选编》，北京师范大学出版社，1984 年，第 1～5 页。

[2]　舒新城：《中国近代教育史资料（中册）》，人民教育出版社，1981 年，第 685～691 页。

意见》,提出了九点要求:一是要明确教育实践的目标任务,即培育"四有"好教师,促进形成良好的师德修养和职业认同。二是要构建全方位的教育实践内容体系,将社会主义核心价值观融入教育实践全过程;以教育见习、实习和研习为主要模块,构建包括师德体验、教学实践、班级管理实践和教研实践等全方位的实践内容体系。三是要丰富创新教育实践的形式,可采取观摩见习、模拟教学、专项技能训练、集中实习、积极遴选师范生到海外开展教育实习等多种形式。四是要组织开展规范化的教育实习,教育实习应包括教学实习、班主任实习、教研实习等多项内容;保证课堂教学授课时数;建立教育实习档案袋制度。五是要全面推行教育实践"双导师制"。六是要完善多方参与的教育实践考核评价体系,实现评价主体和评价方式多样化。七是要协同建设长期、稳定以及多样化的教育实践基地。八是要建立健全指导教师激励机制,将指导师范生教育实践纳入教师业绩考核范围。九是要切实保障教育实践经费投入,对实践基地予以优先支持。

2018年9月,教育部《关于实施卓越教师培养计划2.0的意见》中提到,着力提高实践教学质量就要推进师范专业教学实验室、师范生教育教学技能实训教室和师范生自主研训与考核数字化平台建设,遴选建设一批优质教育实践和企业实践基地。2018年10月,教育部《关于加快建设高水平本科教育全面提高人才培养能力的意见》指出,要加强实践育人平台建设,建设实验实习实训平台。2019年7月,教育部《关于加强和规范普通本科高校实习管理工作的意见》指出,要规范实习教学安排,包括加强实习教学体系建设,推动多专业知识能力交叉融合;合理安排实习组织形式——集中实习与分散实习;科学制订实习方案,比如错峰灵活安排实习时间,合理确定实习流程;选好配强实习指导教师,一定要选派安全防范意识高的教师,全程管理指导学生实习。也要加强实习的组织实施:抓好实习的组织实施,高校应当会同实习单位共同制订实习计划等;明晰各方的权利与义务;加强跟岗、顶岗实习管理,如严格遵守工作时间和休息休假的规定,保障学生获得合理报酬。还要强化实习组织保障:加强实习基地建设——建设满足多专业实习需求的综合性、开发共享型实习基地,对实习基地进行动态调整;推进实习信息化建设;加大实习经费投入,确保实习基本需求(之前是确保完成实习任务的需求),加强实习工作监管。2019 年 10 月,教育部《关于深化本科教育教学改革全面提高人才培养质量的意见》中又进一步改进了实习运行机制,要求各高校为学生投保全过程责任保险;深化产教融合、校企合作。

在当代高校教学实践工作中,发展生态学理论是重要的理论基础。20世纪 70 年代末,美国心理学家布朗芬布伦纳(Bronfenbrener,U.)《人类发展生态学》(1979)的出版,标志着发展生态学理论的形成。该理论思想主要源于心理学家勒温(Lewin,K.)的场论(Field Theory)思想。

该理论将勒温场论公式 B = F(E,P)修改为:D = f(E,P),其中 B 代表人类社会行为,E 代表各种环境因素,P 代表个人因素,D 则代表人类的发展,即人类的发展是个体与环境的函数。将"行为"(B)改为"发展"(D)的意义在于,"发展"包含了勒温公式里没有的参数,即时间维度,并将"发展"定义为:"发展是个体和环境特性之间的相互作用的一系列过程,通过这一系列过程,产生了生命历程中人的恒定性和变化性。"[1]布朗芬布伦纳从个体发展的角度分析了环境参数,他将环境结构系统分为由近及远的、四级层次的子系统。这些环境子系统包括:小环境系统(microsystem)、中环境系统(meso-system)、外环境系统(exosystem)和大环境系统(macrosystem)。[2] 小环境系统是指个体亲身经历的一些活动、角色及人际关系模式,该环境还包括某种物质和物理特性,如家庭、学校、同伴等;中环境系统包括发展中个体在内的两个或多个环境之间作用的过程与联系,是小环境系统的系统,如家庭与学校的关系、学校与工作单位的关系等;外环境系统是指两个或多个环境之间的作用过程与联系。布朗芬布伦纳强调个体的社会化是一个不断变化、动

---

① 转引自项亚光:《教师社会化研究》,上海师范大学硕士研究生学位论文,2000 年。
② 项亚光:《教师社会化研究》,上海师范大学硕士研究生学位论文,2000 年。

态的发展过程。

发展生态学理论关照下的教育实践课程主体(实习教师)与教育实践环境是一个辩证交互作用的过程(如图6-1所示)。辩证互动的教育实践模式,既注重了教育实践环境因素,也关注到了教育实践主体的个人因素,既看到了实践主体在教育实践过程中主动与被动的并存,又兼顾教育实践课程的目的与过程两个层面,这种观点辩证、动态、客观地看待个体与环境的关系,能较好地解释教育实践课程动态化过程。①

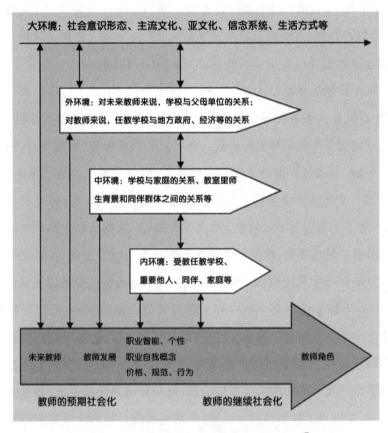

图6-1　教育实践主体辩证互动模式②

①②　欧璐莎:《实习教师社会化过程研究》,东北师范大学博士研究生学位论文,2012年。

二、实践呈现

（一）标准解读

1.如何理解协同育人

协同育人是什么？我们认为首先应该回到词的本义来进行理解，将协同育人拆分为"协同"和"育人"来进行理解。《辞海》中对于"协同"一词的解释为：同心合力，互相配合。"育人"是教育人、培养人的活动，因此对于协同育人可以简单理解为：同心合力、互相配合地培养人、教育人。可以看到，"协同育人"的"同心"强调了人才培养过程中的同步性，它涉及多个主体的教育活动，需要各个方面通过协调，使各主体之间的力作用在同一点上，达成合力，保证各个主体在人才培养上齐头并进。

而这一机制最后的重点是"培养人才"，各方努力的落脚点都在于人的培养。人生活在各种社会关系之中，本身就带有来自不同生态圈之中的痕迹。对于人的教育不能仅仅关注人当前所处的生态圈中呈现的样态，更要去考量其他生态圈带来的直接或间接的影响。因此不能割裂人的社会关系来培养人，"协同育人"机制的建立，使人才培养的过程在一个健全的生态环境之中进行，推动人才更加全面地发展。

从意义上来讲，"协同育人"机制在人才培养、高校发展、国家发展上都具有重要的战略意义。首先，"协同育人"机制有助于培养应用型人才。应用型人才的培养需要大量的实践操作经验的积累，以及动手能力的培养，而仅仅依靠高校校内的教育资源，难以满足实践的需求。高校主动与地方教育行政部门、地方的小学建立交流合作机制，满足了人才培养上的实践需求。其次，从高校角度来讲，协同育人机制有助于提升高校的核心竞争力。最后，就国家层面来讲，人才培养输出后，能够顺利输入行业领域之内，保证人才顺利传递，使行业的新陈代谢平稳运行，保持教育行业的活力，从而稳定推动教育的发展。

那么"协同育人"的培养机制之中，究竟包含哪些方面呢？从"三螺旋"的理论视角来看，"协同育人"的机制要包括政府、高校、产业三个方面。那么在小学教师的培养过程中，"协同育人"机制就包括地方教育行政部门、师范院校、小学三个方面。这也是《小学教育专业认证标准（第二级）》中具体指出的"协同育人"机制之中，应当包括的三方的主体。在国际化的背景之下，我们在建立"协同育人"的机制时，也要考虑与国外加强合作连接，加强对于国际资源的利用，培养国际化的人才。

2.《小学教育专业认证标准（第二级）》中"合作实践"部分"协同育人"的具体内容

《小学教育专业认证标准（第二级）》中对于协同育人提出了如下的要求：与地方教育行政部门和小学建立权责明晰、稳定协调、合作共赢的"三位一体"协同培养机制，基本形成教师培养、培训、研究和服务一体化的合作共同体。

《小学教育专业认证标准（第三级）》中对协同育人提出了如下的要求：与地方教育行政部门和小学建立权责明晰、稳定协调、合作共赢的"三位一体"协同培养机制，协同制定培养目标、设计课程体系、建设课程资源、组织教学团队、建设实践基地、开展教学研究、评价培养质量，形成教师培养、培训、研究和服务一体化的合作共同体。

（1）认证标准之间的差异性

从差异点来说，可以很明显地看到相对于第二级的要求，第三级的要求中更加强调地方教育行政部门、小学与高校之间的融合交叉。第二级的要求中对于协同育人的要求仅仅在于建立起"三位一体"的育人机制，而在第三级的认证标准中又加深了对各主体之间交流合作程度的要求。这一深化体现出，由单向的高校使用地方教育部门和小学的优质资源，转化为地方教育行政部门、小学与高校之间的双向交流，强调了这两者在教师培养过程中的地位与作用。

（2）不同级别认证标准之间的一致性

从共同点来讲，在认证标准中首先可以看到对于"协同育人"机制中主体的要求，相对于过去小学为高校提供见习、实习场所，或是高校的专家到小学举办讲座产生简单的知识流动，"协同育人"机制强调了地方教育行政部门在培养过程中作用和角色。与高校、小学所肩负的培养、培训的责任相比，地方教育行政部门更多是承担宏观调控、政策层面支持与保护的责任。如第三级认证标准中，在培养目标的制定、培养质量的评价方面，地方教育行政部门通过大数据统计分析，可以将结果反馈给高校。在客观的数据资料基础之上，高校对人才培养方案进行调整。

其次，认证标准中强调了各主体之间的权责明晰。权责明晰意味着地方教育行政部门、小学、高校对教育人才培养过程中各自应具有的权力和承担的责任，有清晰的认知。高校承担着培养准教师的主要责任，在合力规划和调配"协同育人"机制中可利用的各种教育资源，保证各方提供的资源充分发挥作用。小学作为教育事业的第一线，既具有一定培养教师的责任，同时也具有提供实践基地、指导师范生的权力。只有当各方清晰地认识到各自的权责所在，才能够和谐地推动人才的发展。

再次，从稳定协调来讲，"协同育人"需要各主体之间进行紧密地、长期地、和谐地沟通和协调。各主体之间缺乏交流，割裂式地培养人才，最终会导致培养出的人才不符合小学的需求，造成就业难的现象。加强高校与小学之间的沟通能够促进了教育人才供给侧的改革，更好地满足需求侧提出的各种要求，有助于解决教育人才的出口问题。同时，小学得到的人才都是成熟的教师，大大缩短了新教师适应的时间。

最后，从构建合作共同体来说，教师职前职后的培养、培训是打通的。在人才培养方面，高校与小学之间的沟通保证了小学教师培养上的一致性，有助于教师的长期发展。而高校与地方教育行政部门之间的沟通，使教育人才在地方生态圈中流动了起来，加大了人才培养的流动性，促使师范生在校期间能够获得更多、更优质的教育资源，也使他们获得了展示、实践自身所学知识的各种各样的平台。因此高校应该主动积极地与教育行政部门和小学之间保持联系，积极输出学校的优质人才到社会服务，在小学建立实践基地。

3."协同育人"机制的实现路径

基于以上对于"协同育人"的理解，高校在建立"协同育人"机制的过程中，主要可以从两条路进行构建，一条是人才的输出，另一条是知识的输出。人才输出体现在高校的毕业生到中小学就职，而知识的输出既可以通过就业实现，又可以通过高校的专家教授到小学指导工作，帮助小学建立起适应本校文化的发展目标而实现。在促进小学专业化发展的过程中，提升大学在地方小学中的影响力，与小学之间建立起长期稳定的合作机制，从而给予"协同育人"机制建立强有力的保障。

对于高校来说，要主动与地方教育行政部门和小学联系，积极主动向小学输出理论知识资源，主动承担地方教育上的各种任务，提升院校在地方的影响力。首先要为"协同育人"平台的架构打下良好的基础。同时要汲取各方的意见与建议，从实践中获得研究的课题和培养的目标，调整人才培养的方向与计划。首都师范大学初等教育学院一直以来十分重视师范生培养工作中的"协同育人"环节，对实践基地的多方寻定、合作共建、制度建设、体系形成等具体工作环节常抓不懈。

4.如何理解教育实践

"教育实践是师范教育贯彻理论联系实际、实现培养目标不可缺少的教学环节。"[1]教育实践课程与教育理论课程相比，重要特征在于其对实践指向的直接性。教师教育课程设计、实施与评价的实效性，最终体现在受教育者——师范生的教育教学行为能力的生成与提升，以及个人教育教学理论的生成。理论课程侧重于通过提升师范生对教育教学的理性认识的高度，

---

① 张文明、王平：《高师教育实践课程体系构建的实践与思考》，《苏州教育学院学报》，2009 年第 3 期。

促进其专业能力的形成与发展。而实践课程则是依托具体的教学活动,通过对教学活动的感知、实践与体悟,丰富师范生对教育教学的感性认识,促使师范生将感性认识上升为理性认识,主动调整与整合自身关于教育教学的观念、理念,将零散的理念体系化成为个人教育教学理论。教育实践课程依托于教学活动,但并不拘囿于小学具体的课堂时空范围,不拘囿于师范生个人的教育教学活动,对他人的教育教学活动,尤其专业水平较高的教师的教学活动的观摩与反思是教育实践课程重要的组织形式。教育实践课程以教师从事教学工作所必需的教学基本功和基本技能训练为主要内容,教育实践课程绝不是教学技能的操练,而是师范生个人教育教学理论与教学设计、实施以及反思与矫正活动的有机融合。通过实践课程,师范生可以消化与加工以系统的理论体系方式呈现的教育理论课程的内容,建构个人的教育教学理论,并在个人教育教学理论的影响与指导下对教学进程设计与筹划,并实际将设计付诸实践。[①]

教育实践能够将理论知识应用于实践中去,既能指导教学实践,又能检验理论的正确性。实践内容既涉及师德体验、教育教学实践,也涉及教育研究实践等,能够帮助师范生感知真正的教育教学情境,形成良好的职业认知,完善专业知识,提升专业能力。

5. 认证标准中"合作实践"部分"实践课程"具体内容

(1)不同级别认证标准之间的差异性

《小学教育专业认证标准(第一级)》中提道:师范院校的教育实践时间≥18周;实习生数与教育实践基地数比例≤20∶1。也就是说,在实施教育实践的课程时,必须保障师范生有18周及以上的教育实践时间,并且为师范生配置足够数量的实践基地。

《小学教育专业认证标准(第二级)》中的"合作与实践"部分提道:教育实践时间累计不少于一学期。学校集中组织教育实习,保证师范生实习期

---

① 杨爱君:《高师教育实践课程研究》,陕西师范大学博士研究生学位论文,2012年。

间的上课时数。

《小学教育专业认证标准（第三级）》对师范院校的实践教学方面提出了以下要求：教育实践时间累计不少于一学期。学校集中组织教育实习，保证师范生实习期间的上课时数和上课类型。

《小学教育专业认证标准（第二级）》要求保证师范生实习期间的上课时数，而《小学教育专业认证标准（第三级）》中，除了要求保证师范生实习期间的上课时数之外，还提出要保证师范生实习期间的上课类型。师范生既在实习学校任教所学方向的课程，又可以担任其他学科的教师；既从事文化课的教学，又要担任活动课程的教学。这样既可以增强师范生的专业素养，又可以全方面、多角度地丰富师范生的教学经验，增强师范生的教学技能，培养师范生的职业素养。

（2）不同级别认证标准之间的一致性

虽然不同级别的认证标准之间存在一定的差异性，但是也存在一致性。第一，这三级认证标准都要求师范院校必须保障师范生的实习时间，实习的时间不能低于规定的时间。充足的实习时间是师范生获得教学经验的保障。第二，第二级和第三级认证标准都要求师范院校要集中组织教育实习，并且保证师范生实习期间的上课时数。教育实习实行集中组织和管理，有专业老师带队指导，能够保证学生将学到的知识尽可能地运用到实践中去，从而提高实习效果。第三，这三级认证标准的最终目的都是保障师范生有一个完整的、有意义的教学实践体验。

（二）实践操作

1. 确立"协同育人"教育机制

为了建立起"协同育人"的教育机制，小学教育专业首先确立了"整合、多元、开放"的指导思想。"整合"要求在各方的资源优势基础之上，对各方资源进行调整、协调，构建形成一个整体，形成高校、政府、小学之间的合力。"多元"意味着多样。小学教育专业在人才培养的过程中，始终秉持着"多元"的指导思想,采用多样的培养形式,如:校内实训、校外实践、暑期支教、通识课程与专业课程相结合等形式,全面培养未来的教育人才。"开放"要求大学走出"象牙塔",积极将大学的学术优势输出到教育一线,同时吸取教育一线的各种实践性知识,促进高校与小学之间的交流与合作。小学教育专业积极输出专业影响力,指导小学根据各自的差异性确立起独特的发展目标,提升小学办学特色。

"服务本科生发展,满足小学需求"是首都师范大学初等教育学院建立"协同育人"机制的出发点。政府、高校、小学之间协同机制的建立,是立足在人才培养的重点上,通过对各方教育资源的整合,将教育实践条件、讲座、会议等各方的优势资源整合进人才培养的过程之中,确保人才的全面发展。同时,高校与小学之间保持良好的交流渠道,了解小学一线对于教师的需求状况,调整人才培养,解决就业难、求才难的种种困境。首都师范大学初等教育学院的领导、教师经常到小学一线,与小学校长、教师之间保持长期的、稳定的交流与沟通,及时了解小学需要什么样的教师。

首都师范大学小学教育专业,正是根据《国家中长期教育改革和发展规划纲要(2010—2020年)》的总体部署,深入落实教育部《关于实施卓越教师培养计划的意见》精神和北京市关于"高等院校参与北京市中小学发展"的工作要求,以"整合、多元、开放"为指导思想,以服务本科生发展、满足小学需求为两个出发原点,通过实践教学与社会服务两条路径,推进建立高校、政府、小学之间多种形式的"三位一体"协同育人模式与活动。

2.建立实践基地,搭建协同育人平台

教育实践基地是协同育人的主阵地,对于小学教育专业的发展而言,教育实践基地发挥着重要的、不可或缺的作用。在实践基地的搭建上,学院依据"优质学校"优先、政府推荐、合作共同体联盟校优先、特色遴选、一线学校诉求等遴选条件,在小学之间进行一定的筛选,不断发展出126所签约学校。在过去5年间,小学教育实践基地的数量实现快速增长。在合作签约的学校中,既包括北京城区学校,同时包括远郊小学,从多角度支持国家"教育均衡"的理念，同时也使师范生更加全面地了解了小学的生态。

从学院的常规工作来看，学院每年召开多次带队工作研讨会。根据实习地点的差异，分别总结各个区域实习情况。探索实习工作的价值，不断明确学生实习的根本任务，将班主任工作、教学、研究等工作同时进行。

在高校的社会服务方面，学院每学期都向小学输出大量的、针对性的专业支持。专业老师与教育实践基地学校间形成良好的合作关系，并经常下校进行课堂教学指导、课题及项目指导、校园各类活动和文化建设的指导等。另一方面，小学教育实践基地的优质教师会被聘为学院专业建设的团队成员，参与学院教师的课题、项目研究，参与本科生和研究生培养，定期以讲座或微课程形式在学院开展授课活动。

同时，在校内人才培养方面，学院基于北京市基础教育改革与发展的需要，在人才培养过程中建立起了一套全过程教育教学能力的培养体系。强调本科生1—4年要经历全程实践过程，培养学生的教师专业精神、专业知识和专业能力。促进形成了理论学习与实践检验之间的良性循环，促进形成以专业指导实践、以实践反哺专业的良性格局。

3. 建立"双导师"制度，共同促进推动师范生发展

在保障人才培养的协同关系上，较为关键的一点就是建立"双导师"制度，保证在实践教学过程中，对于人才培养的一致性、同步性与协调性。

无论是以本科生见习、实习形式开展的教学实践，还是以首都师范大学专业输出为主要形式开展的社会服务，均采取点面结合的教师间合作的形式。在见习、实习活动中，学院有专门的指导教师带队下校，全程陪伴实习生，与实践基地学校的指导教师结对子，进行点对点对接与合作。在服务社会的合作活动中，首都师范大学专家以专题开发校本教材、联手开展课题研究、高校最新理论研究成果优先在小学实验转化等方式，促进小学在岗教师学科教学水平的提升，形成了小学教师培养、培训、研究和服务一体化的局面。

4.“大小协同·全程实践”课程体系

教育实践课程是培养合格的小学教师的重要途径,是提高师范生专业技能、促进教师专业发展的重要环节。通过教育实践,学生能够将理论知识与实践体验结合起来,从而检验理论知识,丰富实践知识,提高实践技能。

为培养适应小学教育教学需要的高素质专业化的“四有”好教师,基于小学教育专业的培养目标与毕业要求,首都师范大学小学教育专业设计了贯穿大一到大四年级的“大小协同·全程实践”课程体系,共计18周,包括下列四个阶段:

Ⅰ.教育感知,2周(大一年级下 + 夏季小学期);

Ⅱ.教育见习,2周(小学) + 1周(见习前、后的指导和反思);

Ⅲ.教育实习,4周(小学) + 1周(实习前、后的指导和反思);

Ⅳ.教育研习,6周(小学) + 2周(研习前、后的指导和反思)。

上述四个阶段的实践课程循序渐进,并与不同阶段的专业理论课程相互支撑,知行并进、关联融合,并辅之以“学科课程实践”“科研创新实践”“艺术美育实践”“教学技能实训”“国内外研学课程”“社团活动与社会实践”等,构成首都师范大学小学教师教育实践课程体系。见下图:

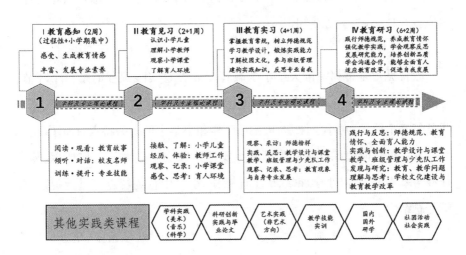

图6-2　小学教育专业全程实践课程体系

（1）教育感知

教育感知是首都师范大学小学教育专业教育实践课程的第一个环节，时间为2周。这一阶段主要是促进学生对教师这个职业，对教育教学工作的感知与理解。

这一阶段的具体内容是通过教师教育类书籍的阅读、教育类电影的观赏、专业方向优秀课程视频的观赏、师范生基本技能的实训，形成小学教育专业师范生对教师这一职业的基本认知和身份认同，感受教育情怀，达成对专业方向的理解。

师范生通过阅读《小学教师专业发展概论》《教师角色与教师发展新探》《小学教师专业发展中国案例研究》等教育类书籍，观赏《热血教师》《老师好》《卡特教练》等具有教育意义的电影，明确自身的角色定位，增强职业认同感。学生通过倾听校友和名师的讲座并与他们进行对话交流，感知他们的教育情怀，生成教育情感。与此同时，各个方向的学生也会通过参加一系列的专业方向学习活动，完成各项学习内容来加深自身对本专业方向的理解，了解专业的特点。在此基础上，学校会对学生进行教师基本功训练，帮助师范生提升专业技能。学生对教育感知阶段自己各方面的表现进行自评，以便日后查漏补缺，逐渐完善。在此过程中，师范生能够感知教育情怀，生成教育情感，丰富专业知识。

（2）教育见习

教育见习是首都师范大学小学教育专业教育实践课程的第二个环节，时间为3周。这一阶段主要是让师范生实地体验小学教育的工作环境、基本任务与基本要求，对小学课堂、班主任工作和小学生的行为特点有所了解。

教育见习阶段课程目标为师范生实地体验小学教育的工作环境、基本任务与基本要求，对小学课堂、班主任工作、小学生行为特点等进行观察、分析与总结。

在教育见习阶段，师范生将进入真实的教育场域，多角度、全方位地感知小学教师的工作状况。师范生通过观察学校文化与办学理念进一步了解学校的教育信仰与价值追求,体会文化育人以及教师职业的社会定位;通过观摩听课,增加对小学教育现状的感性认识;通过初步接触教材、分析教材、备课、教学设计等环节,增强自身的角色意识,学会从教师的角度观察课堂;通过观察了解小学课堂的基本环节与教学特点,了解小学生的学习特点,理解小学课堂的基本要求;通过多听一些优秀教师的教学,提高见习效率,在听课中,既能够了解小学课堂的特点,也能够学习优秀教师的班级管理方式,体会班级管理过程,理解班主任岗位的素质要求。当然院校的教师在学生见习前、后会给予指导,教会学生学习反思。

在见习过程中,师范生可以体会到作为一名教师的辛苦与奉献,也可以体会到作为一名教师的幸福和快乐。

(3)教育实习

教育实习是各所师范院校教育实践的重要组成部分,首都师范大学小学教育专业十分重视这一阶段,并积累了丰富的工作经验。教育实习作为教育实践课程的第三个环节,时间共5周。这一阶段主要目标是让学生进一步实地体验小学教育教学的工作环境、基本任务与基本要求、课堂教学与班主任工作,在此基础上,掌握一定的课堂教学、班级管理和教育研究的能力。主要内容包括教学实习、班主任工作实习和教育研究实习。

实习生在实习之前应该通过各种途径了解实习学校的基本情况,做好实习前的各项准备。来到实习学校后,实习学校相关领导会通过各种方式对实习学校进行介绍,实习生应该在实习初期快速熟悉实习学校。实习生刚到实习学校,会有许多的不适应和不习惯,指导教师就要针对学生的困惑与不适应想出一些好点子和好办法,与实习学校的指导教师一起帮助师范生尽快适应新的环境、新的工作、新的身份和角色,帮助他们走过这段过渡期,早日以正确的、积极的态度投入到日常的教学工作中。

之后,实习生就要投入到小学课堂教学工作中。课堂教学是学校教育的核心,一个合格的教师应了解和掌握课堂教学的一般规律和方法,具备备课、授课、听课、评课等基本的教育教学技能。因此实习生在这一阶段的任务主要有四项:一是完成听课记录表,二是完成教学方案设计表,三是完成说课表,四是完成课例分析表。其间产生的问题可以及时与指导教师交流,虚心请教。听课前要对上课教师讲的内容有充分的了解,认真体会本节课的重难点,初步建立一个教学设计的框架,带着准备听课才更有效果。评课要求实习生能够从课标的规定、对课标的理解、对教材和学生的了解等多方面进行互评;备课时要在课标的指导下,根据教材内容和学生的实际情况,来确定恰当的教学目标,选择合适的教学内容和教学方法,教学活动的设计要体现学生的主体地位,调动学生的参与性和积极性。

实习后期,会组织实习生上公开课,请优秀的骨干教师进行评价。实习生也会根据公开课的实际情况进行进一步探讨,反思自己在实习过程中的教学表现和教学行为。

在教育实习环节中,师范生会第一次以教师的身份真正地走上讲台,为孩子们讲课;会以班主任的身份参与班级的管理;会以朋友的身份,近距离地接触学生,了解学生。从备课到上课,在一次次的修改与实践过程中,体会到教师职业的辛苦,讲课远远不是简单地教给学生一些知识,真正体会到"台上一分钟,台下十年功"的深刻含义。

(4)教育研习

新一轮基础教育课程改革倡导教师要成为教学过程的研究者。教育研习环节的设置就是为了适应这一要求。

周跃良和杨光伟认为,教育科研实习(研习)是师范生教育科研的入门训练。师范生通过课堂教学研究,培养自己的教育科研意识,提高教育科研的能力,进一步认识教育教学的规律。谢国忠认为,教育研习是指师范生在教师指导下,运用所学的教育理论对教师职业专业化过程中出现的有关问题等进行分析、探讨和研究,在理论与实践的互动中提高反思能力和研究能力,进而提升自己的职业技能水平,以便更好地适应将来的教师工作。叶纪林的观点是,教育研习是指师范生在教育实习后,针对教育实习中的不足和缺陷进行补缺、补差、再提高,不断完善自身的知识结构、能力结构、技能结构,提高心理素质;对教育实习中遇到的问题做进一步的探讨和研究,提高对职业道德的理性认识,进一步体现现代教育观念在教育、教学过程中的特殊地位和作用。

教育研习是教育实践中具有一定难度的环节,但首都师范大学初等教育学院十分重视这一环节,教育研习的时间共8周。这一阶段目标是通过教学设计研讨、实习经验交流、主题班会研究以及撰写教育调查报告等形式,更加熟悉和了解小学教育教学工作,对小学教学工作有一个更加全面和深入的认识,丰富理论知识和实践知识,增强知识储备。通过与朋辈、导师探讨如何改进自己的教育教学工作,进而提升教育教学实践能力,从而增强教育科学研究意识,初步培养教育科学研究能力。

教育研习的内容主要包括教学工作、践行师德规范、教育调查与研究、研习反思与评价四个方面。一个合格的教师,除了必须具备良好的教学工作能力以外,还必须具有教学研究的能力,因此实习生要学会对自己的教学环节进行设计与反思,课后能够对自己的实践教学进行评价与反思。在此基础上,按照"是什么—为什么—怎么做"的模式进行课堂教学研究,撰写课堂教学研究报告。教师素质,师德为要。教师良好的思想政治素质和职业道德水平直接关系到学校德育工作的成败以及学生的健康成长。实习生通过设计主题活动、评价活动的设计与组织、实施说服教育,做好教育实习、访谈师德标兵等活动践行师德规范实践。教育调查也是实习生在实习期间应该重点完成的任务之一。教育调查既是有效开展其他工作的保证,也是了解初等教育现状,为高师院校教师教育的改革提供第一手资料的方法。实习生经过设计与实施调查研究方案之后撰写调查研究报告,从而掌握教育调查研究的过程与方法,培养自身教育调查研究的能力。最后,实习生要全面、客观、实事求是地评价自己在研习中的表现,分析自己的收获以及存在的问题,日后逐步查漏补缺。

总之,教育研习的目的主要有三方面:首先,提高教师的教育研究意识,培养教师的教育研究能力。师范生通过交流探讨教育实习中遇到的问题,提高自己的研究意识,初步掌握一些研究方法,在不断地研究中,提高自己的研究能力。其次,完善教师的专业知识结构。师范生在研究中会反思自己的教学行为,反思自己专业知识结构的合理性,进行查漏补缺,进而完善自己的知识结构。最后,提高教师教学实践能力。通过教育研习,师范生能够对自己的教学过程和教学行为进行反思,思考教学过程中的缺点与不足,进而不断地探讨更好的策略与教学方法,提高教学效果。

上述实践课程体系,系统设计,指向小学教育专业人才培养目标与毕业要求。大学、小学、社会在实践中深度融合,加之有效组织和指导,将促进师范生深入体验教育教学工作,逐步形成良好的师德素养和职业认同,更好地理解教育教学专业知识,掌握必要的教育教学设计与实施、班级管理与学生指导等能力,为从事小学教育教学工作和持续的专业发展奠定扎实基础。

三、反思对话

(一)优势与问题

在专家组现场考察报告中,在"合作与实践"方面,专家组认为:首都师范大学的小学教育专业十分重视实践教学,在国内较早探索了"高校、政府、小学"协同育人的模式,实践教学体系完整,专业实践和教育实践有机结合,建立和完善双导师制度,较好地保证了实践教学质量。专业实践管理规范并形成了自身特色,制定了明确的实践教学评价标准,对重点实践教学环节实施质量监控,实行教育实践评价与改进制度。

同时,认证专家组也指出了存在的问题和不足。如,学生与实践基地反映,班主任实习环节的指导尚须加强;学生在实习期间的教育教学反思质量不高,往往就事论事,停留在表面问题的思考上,未能反思到现象背后的本质问题;对教育实践重点环节的质量监控还需加强。

（二）进一步的思考

首先，基于首都师范大学小学教育专业认证工作，我们对协同育人和教育实践课程体系进行了深入反思，并基于问题初步找到了对教育实践课程体系进一步优化的方向。比如，进一步加强与地方教育行政部门的沟通协作，共同推动教育实践基地的内涵建设和科学管理；进一步完善实习基地校的遴选工作，促进大学与小学从课程建设到教学研究等方面的深度融合；升级教育实践手册，加强班主任工作实习，增加学生实习返校后以反思为核心的研习课程，提升反思质量等。

其次，在师范专业认证工作中，首都师范大学小学教育专业在"协同育人"领域也发现了一些需要改进的问题。如如何更加规范化建立、管理实践教学与社会服务；如何协调好政府、高校、小学各方之间的优质资源，保证教育教学资源得到最大化的利用；以及在"协同育人"的过程中，我们更多的是汲取各方资源，还缺少输出高校教师教育资源的主动意识和持续行动。未来高校不仅仅要从"象牙塔"之中走出去，同时也应该"走远一点"，充分使高校学术资源、人才资源辐射、惠及更广大的社会群体。

最后，教育实践是实习教师逐步走向合格教师的过程。如何使实习教师成为合格教师？这个问题看似简单，实际上却很复杂。一位合格的教师，拥有相关专业的知识和宽广的知识视野是不言而喻的事情，这是有资格担任教师的基础性条件。在拥有知识的基础上，合格教师必不可少的素质是对所从事的职业的情感、对学生的理解和对教育的技能技巧、教育机智、教育艺术的最基本的领悟、训练和把握。正是这一点，使教师职业与其他职业区别开来；也正是这一点，体现出了教育实践课程中实习教师专业发展的核心所在。教育实践有如职前教师培养画龙点睛的一笔。没有这一笔，纵使是内容再多、再好的教师教育课程也无法成为一条腾飞而去的龙。

四、改进与展望

（一）进一步加强协同育人机制建设

以首都师范大学小学教育专业认证为例，放眼未来，在高校协同育人方面，可以着重关注以下五个方面的具体路径：

第一，在未来"协同育人"的培养机制中，应当将国际的影响考虑其中，积极与国际的优质高校建立联系，汲取国外优质教育资源，推动培养国际化、创新性的人才。目前对于"协同育人"的关注点在于国内的联合，未来应对国际化的变化与发展，教师应当具备国际化、全球化的视野。同时，从环境影响的角度来说，人的发展同样受到国际的影响。

第二，未来协同育人机制的建设，需要提升研究意识。协同育人的研究不仅是顺应教学实践的工作，其发展必须坚持理论与实践相结合，深化育人研究意识，使研究从经验走向科学。以社会对人才培养的现实需要为依据，有效地融合、创新当前学院的育人模式，使育人工作既有研究理论的阐释，又能立足于实践工作中的实践检验。加强高校协同育人理论基础和理论依据方面的研究，为协同育人的实践提供理论支撑。

第三，进一步调动社会育人资源。通过专业认知、课程见习和实训、毕业实习、毕业论文、社会调查实践等课程设置，以及教学实践等环节的实施，实现对接育人的社会服务功能，统筹、整合、协同社会需要和学院未来特色领域的发展方向，协同培养既具有良好专业理念又有较强技能、理论基础且体现学院教育特色的复合型人才，也促进学院的专业发展和教师的实践能力提升。

第四，建立互助双赢长效机制。高校和实践学校可互相利用优势资源，建立双赢的长效机制，提供专业教师为实践基地学校培训技术人员和高技能人才，开展岗位技能培训。不断加强基地建设的专业性。用基地认证提升合作的专业性。逐渐形成实践基地的认证制度后,进一步优化和高效学院与基地的合作,从单一方面或偏单一方面转向更均等更均质的专业合作。

第五,引进多样化人才。导师人才引进工作不仅要与师资队伍建设需求相吻合,还要与多学科建设统筹的要求一致,利用多地缘高素质人才的多样教育素质,建设起多样化导师队伍,积极营造主动服务、密切配合、鼎力支持的良好氛围。同时,制定符合"双导师"管理方案。管理方案应对于高校与小学的导师之间的合作,进行更加明确的规定,建设起来更加规范化的"双导师"机制,保障两者之间的合作。为协同育人机制的平稳运行,提供稳固的实践平台,把教学知识与教学实践充分联系起来,培养适应未来事业发展的高质量教育人才。

(二)设置更加合理的实践课程系统目标

教育实践课程目标是课程设置的主要依据,是课程实施最终效果的重要衡量指标。小学教育专业的目标是培养合格的小学教师,所以在设置课程目标时要兼顾师范性和职业性两点。设置更加明确合理的教育实践总目标和符合客观情况的四个阶段的阶段目标,且每个阶段目标明确,四个阶段目标层层递进叠加呼应教育实践总目标。

此外,教育实践课程目标制定时除依据国家的政策法规,比如《小学教师专业标准》《小学教育师范专业认证标准》以及教师教育标准等之外,也要考虑各校师范生的发展状况和学校特点等具体因素。

(三)结合新形势丰富教育实践课程内容

1.利用新技术促进教育实践课程形式多样化

21世纪科学技术的不断发展,为我们的生活和学习提供了很多便利。教师可以从互联网搜索小学生活和学习的素材,从而获取真实的教学日常资源,然后根据教学内容制作所需要的道具,提升模拟教学的真实性。在后疫情时代,线上学习成为大多数学生的学习途径。学校可以充分利用网络,开设网络实践课程,让学生通过网络学习理论知识,增强实践技能;充分利用智慧教室等先进设计,实现指导教师同步远程观看及指导,使异地远程教学指导变得切实可行,从而丰富校内实践形式。"推进师范专业教学实验室、师范生教育教学技能实训教室和师范生自主研训与考核数字化平台建设,加强实践育人平台建设,建设实验实习实训平台。"①

2.借鉴教师学习理论,加强教育实践课程内容内涵化

(1)学习共同体

教育实践课程的重新设计与组织,强调要形成大学与中小学校之间的学习共同体。学习共同体的建立,需要通过发挥中小学校教师在师范生培养中的作用,而重建大学与中小学校的关系,需要以大学与中小学校的合作关系为根本特征,变革传统的教师文化。学习共同体的建立,不仅能使师范生以真实的方式持续地获得对课堂和中小学校生活的具体的、第一手的经验,而且有利于师范生、大学教育学院以及中小学校的指导教师共同分享对教学工作的规划与评价。在很多情况下,大学教师和中小学校教师共同规划教育实践课程,中小学校教师成为大学学程的合作教学者,而某些学程则由大学教师和中小学校教师共同在中小学校进行教学。② "大学—中小学校"学习共同体一旦形成,不但可以由大学教师与中小学校教师共同组成教育实践课程的教学团队,而且可以通过指导教师与师范生之间平等、信任、互动关系的建立,使师范生与指导教师共同成为建设共同体文化的成员。

(2)反思性实践

教育实践课程的重新设计与组织应当突显对师范生"反思性实践"的重视。师范生的实习不能仅仅被视为一种获得知识、技能与养成态度的经验性学习过程,而且应该是一种行动与反思的交替过程,是一个"行动—回顾

---

① 《教育部关于实施卓越教师培养计划2.0的意见》,2018年9月。

② Linda Darling - Hammond(2006),*Powerful Teacher Education*,SanFrancisco:Jossey - Bass,pp. 152－153.

行动—意识到主要问题—创造其他行动方案—尝试"的螺旋上升的过程。在这个过程中,师范生的专业水准得到了提升。① 如果从反思的层次来讲,实习中艺徒式的模仿属于技术性反思的阶段,但这只是教师专业发展第一阶段的学习,只是师范生走向独立实践的"跳板",最终必须进入包含实践性反思的第二阶段,实现从技术性反思向实践性反思的跨越。② 反思是提升教育实践课程质量的关键,而在师范生的反思性实践过程中,不仅教师的指导具有重要的促进作用,③而且需要有理论的参考。④

(四)完善教育实践课程的评价机制

教育实践课程评价的目的是为了引导师范生积极参与到教学实践中,在此过程中提升自身的教育实践能力。然而我国目前多数院校的教育实践课程评价仍注重其鉴定功能,在意的是师范生的表现优劣,以及师范生是否能够达到要求等。因此应更新教育实践课程的评价理念,全面评价师范生的表现,充分发挥评价的引导功能。

同时,应倡导评价方式和评价主体的多元化。当前的实践课程评价以量化评价方式为主,评价结果带有一定的主观性,只重视师范生的实践结果,忽略了实践过程中的其他收获和表现,也以他人评价为主,尤其是以指导教师评价为主。而教师的实践性知识是教师在一定的教学实践活动中生

---

① Fred A. J. Korthagen. Jos Kessels, Bob Koster. Bram Lagerwerf & Theo Wubbels (2001), Linking Practice and Theory, *The Pedagogy of Realistic Teacher Education*, Mahwah, New Jersey: Lawrence ErlbaumAssociates. Inc. , Publishers, pp. 35 – 44.

② Neville Bennett (1996), Learning to Teach: The Development of Pedagogy Reasoning, In Rob McBride, *Teacher Education Policy: SomelssuesArising from Research and Practice*, London andWashington. D. C. : The Falmer Press, pp. 76 – 85.

③ Jan Broeckmans(2005), Supervision Conferences and Student Teachers' Thinking and Behaviour, In PamM, Denicolo and Michael Kompf, *Teacher Thingking and Professional Action*, Londonand New York: Routledge, pp. 201 – 210.

④ Keith Swanwich(1990), The Necessity of Teacher Education, In Norman Graves, *Initial Teacher Education, Policies and Progress*, London: Kogan Page Ltd., pp. 95 – 98.

成积累的,具有缄默性和个体性的特点。因此在评价方式上,要采用量化评价与质性评价相结合、自评与他评相结合的办法,完善多方参与的教育实践考核评价体系,实现评价主体和评价方式多样化。

第七章

小学教育专业的师资建设

在小学教育师范专业认证的标准体系中,"师资队伍"作为师范专业办学质量保障的人力资源基础被赋予了重要的地位。其中,教师教育者的数量结构、素质能力、实践经历以及持续发展是衡量小学教育师范专业师资队伍建设成效的四大指标。本章基于《小学教育专业认证标准(第二级)》,结合首都师范大学初等教育学院参与认证工作的经验及其后续改进,反思小学教育专业师资建设的方向。

一、理论背景

教育大计,教师为本;有好的教师,才有好的教育。而要培养好的教师,则离不开高质量的教师教育者。目前,我国的教师教育者主要包括高校教师教育者、中小学教师教育者以及教研员三大主力。小学教育专业认证中的"师资建设"主要指向高校教师教育者。

高等师范院校作为我国重要的教师教育单位,其师资队伍是专业建设的人力资源保障,是实现培养目标、加强学科建设、维持课程教学运行和保证人才产出的重要因素,对小学教育专业学生的毕业要求具有重要的支撑作用。师范类专业认证通过培养目标、毕业要求、课程体系三者之间的传递与支撑关系，完成了从顶层设计到实施方案的"逆向设计"；而教师是其中的重要参与者。①

21世纪以来，"从师范教育到教师教育"的话语转型，督促着"教师教育者"这一专业概念内涵发展历程的建构。在教育理论研究界，有关教师教育者的研究成果表明，教师教育者的身份认同、专业知识结构、能力素质、发展路径以及质量评估等方面是当前实践领域的关注重点。②

全球规模最大、实力最强的教师培养机构——美国哥伦比亚大学教师学院（Teachers College，Columbia University）——通过多项实证研究发现，教师教育者的专业实践工作具有以下特征：一是教师教育者是行走在理论与实践断裂处的跨界工作者，他们不仅需要弥合教育理论与教学实践，而且要与教师教育利益相关者进行广泛的交流与合作，并要做好随时应对复杂和冲突事务的准备。二是教师教育者要坚持自我导向的专业发展，成为终身学习者，方能面对基础教育教师质量保障的要求。③简言之，国际前沿的理论研究揭示了教师教育者理论与实践相结合的工作特点，以及具备终身学习的职业属性。

在具体的职业标准上，美国教师教育者协会（The Association of Teacher Educators）颁布了九条教师教育者标准，每项都包含细化指标以及教师教育者为证明自己符合该项标准所需提供的个人实践证据。④标准1：教学——示范教学，以呈现内容和专业知识、技能、反思研究的倾向、熟悉技术和评价，以及教师教育中可接受的最佳实践。标准2：文化胜任力——应用文化胜任力，促进教师教育中的社会公正。标准3：学术——致力于探询并对学术做

① 戴立益：《教师教育创新与师范专业认证》，华东师范大学出版社，2020年，第158页。

② Koster，B.，Brekelmans，M.，Korthagen，F，& Wubbels，T. Quality requirements for teacher educators，*Teaching and Teacher Education*，2005（21）：157 – 176.

③ 崔藏金、王鉴：《美国教师教育者的素养结构与课程框架——以美国哥伦比亚大学教师教育专业博士生培养项目为例》，《比较教育研究》，2020年第4期。

④ The Teacher Educator Standards From the Associaton of Teacher Educatiors［EB/OL］. http://www. ate1. org/pubs/Standards. cfm.

出贡献,这可以扩展与教师教育相关的知识基础。标准4:专业发展——系统地探究、反思和提高他们自己的实践,并不断地进行专业发展。标准5:项目开发——领导开发、实施和评估教师教育项目,这些项目应该是严密的,具有相关性,以理论、研究和最好的经验为基础。标准6:合作——以有效的方式与相关组织定期合作,以促进教学、研究和学生学习。标准7:公众参与——为所有学生的高质量教育提出明智且有建设性的主张。标准8:教师教育专业——有助于改进教师教育专业。标准9:愿景——对构建教学、学习和教师教育的愿景做出贡献,这些愿景应考虑到诸如技术、系统思考和世界观的问题。

当前很多国际组织和各国教师专业组织都已经对师范教育领域的重要构成因素——教师教育者——展开了深入的专题研究,尤其美国、荷兰等国家对于教师教育者专业标准的制定、实施,引发了对于教师教育者专业素养要求的全面分析,凸显了教师教育者的专业性。国外教师教育标准的研究成果既为教师教育者的专业发展指明了方向,更为教师教育者专业质量的监测与认证提供了相对明确的操作指南。同很多国家一样,我国教师教育正处于专业建设过程中,对于教师教育者还没有特别引起专门的关注,相关研究也并不多。[①] 但是随着教师教育研究的深入与细化,尤其随着我国教育部《教师教育课程标准(试行)》《小学教师专业标准(试行)》等一系列与教师教育直接相关的政策的出台,教师教育的标准体系研究成为教师教育研究中的一个重要命题。教师教育者作为承担教师教育的专业人员,研究与之相对应的教师教育者专业标准正是体现和强化了这一群体的专业性。

我国教育部制定的《小学教育专业认证标准》之"师资建设"部分,主要从数量结构、素质能力、实践经历、持续发展四个指标来进行监测。其中,"数量结构"指向开设小学教育专业的单位的整体师资数量和比例等硬性标准,"素质能力""实践经历""持续发展"则指向教师教育者自身的专业能

---

① 朱旭东:《试论建立教师教育认可和质量评估制度》,《高等师范教育研究》,2002年第3期。

力、专业实践与发展,这正契合于上文述及的教师教育者实践工作的职业与专业属性。因此,深入探究教师教育者的专业属性,及其专业发展过程中存在的问题与解决策略,并对《小学教育专业认证标准》进行专业解读,是建立健全教师教育质量保障体系、加强小学教育专业师资队伍建设的重要前提。

二、实践呈现

为规范引导小学教育专业建设,不断提高未来小学教师的培养质量,教育部特别制定了《小学教育专业认证标准(第一、二、三级)》。这份权威文本体现了国家对小学教育专业办学的基本、合格与卓越三种要求。首都师范大学初等教育学院小学教育专业作为教育部师范专业认证"打样"单位之一,于2018年底接受了认证专家的进校考察,并通过了第二级认证(有条件通过)。本章主要以《小学教育专业认证标准(第二级)》为案例,对其中的"师资队伍"部分进行恰当且细致的解读,并分享首都师范大学初等教育学院接受认证工作的实践经验。

(一)标准解读

《小学教育专业认证标准(第二级)》是国家对小学教育专业教学质量的合格要求,主要依据国家教育法规和小学教师专业标准、教师教育课程标准、专业教学相关标准制定。包括培养目标、毕业要求、课程与教学、合作与实践、师资队伍、支持条件、质量保障和学生发展8个一级指标,38个指标点。

其中,师资队伍部分测评重点关注三个方面:一是专业师资队伍的基本情况;二是专业师资队伍的素质能力要求;三是师资队伍的培训、评价和专业发展情况。具体包括数量结构、素质能力、实践经历、持续发展4个二级指标。

1. 数量结构

《小学教育专业认证标准(第二级)》指出,专任教师数量结构能够适应本专业教学和发展的需要,生师比不高于18∶1,硕士、博士学位教师占比本科一般不低于60%、专科一般不低于30%,高级职称教师比例不低于学校平均水平,且为师范生上课。配足建强教师教育课程教师,学科专业课程教师能够满足专业教学需要。基础教育一线兼职教师素质良好、队伍稳定,占教师教育课程教师比例不低于20%。

专业教师队伍的数量结构直接影响着课程教学的实施。本指标要求专业专任教师的数量结构能够满足课程教学和人才培养的需要,生师比、学历、职称、年龄等结构合理,做到学源多样,学科全面,达到专业认证标准规定要求;教师教育课程和学科专业课程教师队伍数量充足、素质较高,能够满足相关课程的教学需要;形成专兼结合的专业教师队伍,积极聘请小学教育一线的专家、优秀教师充实专业教师队伍,兼职教师素质良好、队伍稳定,数量符合要求。

该指标之下的考查要点主要包括:

①学校依据专业建设和课程教学需要,制定本专业师资队伍建设规划和专业教师选聘标准等文件。

②师资队伍建设规划落实到位,按照专业教师选聘规定和程序选聘教师,师资队伍数量充足,学科齐全,结构合理,并聘请一定数量的小学优秀教师或教研员为兼职教师。

③学校注意加强对专业教师的使用与管理,鼓励高学历、高职称教师为师范生上课,明确规定兼职教师在师范生培养中承担的责任、权利与义务,将兼职教师能力建设纳入专业师资队伍建设规划,进行绩效考评。

为此,认证院校应提供的相应佐证材料,主要包括:

①本专业专任教师、兼职教师情况一览表(姓名、性别、年龄、学历、职称、任课科目、周课时、其他工作、主要工作部门等)。

②本专业当年在校学生的名册(按不同年级顺序列出)等档案资料。

③生师比、师资结构分析等相关材料。

④教师教育课程和学科专业课程教师队伍的数量结构、担任课程、工作量和满足专业教学需要情况分析的相关材料。

⑤兼职教师的聘书、聘任合同、工作安排、履职情况等相关材料。

⑥专业教师队伍建设规划、专兼职教师选聘标准和师资队伍管理等相关材料。

2. 素质能力

《小学教育专业认证标准（第二级）》指出，教师需遵守高校教师职业道德规范，为人师表，言传身教；以生为本、以学定教，具有较强的课堂教学、信息技术应用和学习指导等教育教学能力；勤于思考，严谨治学，具有一定的学术水平和研究能力。具有职前养成和职后发展一体化的指导能力，能够有效指导师范生发展与职业规划。师范生对本专业专任教师、兼职教师师德和教学具有较高的满意度。

专业教师队伍的素质能力直接决定课程教学和人才培养质量。本指标加强专业教师的师德和素质能力建设，要求专兼职教师熟知并能严格遵守《高等学校教师职业道德规范》，做到为人师表，立德树人；要树立以生为本、以学定教的理念，具有较强的教育教学和课程开发能力，能熟练掌握信息技术并应用于教学；要勤于思考，严谨治学，积极进行教学改革研究和教育科学研究，具有一定的学术水平和研究能力；要有一定的小学实践经验，能指导师范生教学基本功训练，见习、实习和研习；要认真负责地对待课程教学工作，能对师范生课程学习、自主发展与职业规划进行有效指导，获得较高的满意度。

该指标之下的考查要点主要包括：

①制定教师师德建设规划、教育教学质量标准和实践教学质量管理制度等，促进教师素质能力的全面提升。

②加强教师教学能力建设，以"三课"（汇报课、研究课、示范课）为抓手，开展各种年龄层面教师的课堂教学优秀奖评选活动、微课展示、课件比赛等

提高教师教学技能的活动,不断提高教师应用信息技术的意识和能力,为深化课程教学改革、实现教师自主发展奠定坚实的基础。

③重视教师教学研究和教育科学研究,不断提高教师的科研能力和学术水平,积极支持立足于基础教育改革实践的科学研究,鼓励将科研成果融入课程教学和指导基础教育改革。

④建立并完善教师教学能力考核和认定机制,有完备的学生评教和教师评学系统,加强评教后的教学督导和监控,促进教师素质和能力的迅速提升。

为此,认证院校应提供的相应佐证材料,主要包括:

①专业教师职业道德建设规划、教育教学能力提升实施计划、师资队伍建设工作总结和成果等相关材料。

②专业教师进行课程建设、承担教学工作、参加教学竞赛、加强学习指导等情况及取得的成果等相关材料。

③教师评学、学生评教方案及数据分析报告等相关材料。

④专业专任教师近三年教科研项目、论文、著作与教材、获奖等成果材料。

⑤专业专任教师指导学生发展与进行职业规划的相关材料。

3.实践经历

《小学教育专业认证标准(第二级)》指出,教师教育课程教师要熟悉小学教师专业标准、教师教育课程标准和小学教育教学工作,至少有一年小学教育服务经历。其中学科课程与教学论教师具有指导、分析、解决小学教育教学实际问题的能力,并有一定的基础教育研究成果。

教师教育课程教师对于师范生教育教学能力培养起着关键作用。本指标要求教师教育课程教师要熟悉小学教师专业标准、教师教育课程标准等文件,了解我国小学教师教育改革与发展的趋势,了解我国小学教育课程改革现状和《义务教育课程标准》,并至少有一年小学服务经历,以熟悉小学教育教学的各个环节。小学学科课程与教学论的教师要经常性地到小学参加和指导教育教学研究工作，具有指导、分析、解决小学教育教学实际问题的能力，并有一定的基础教育改革研究成果。承担学科专业课程的教师也要了解、关注基础教育和教师教育的发展动态，并能将其与学科课程教学相联系。

该指标之下的考查要点主要包括：

①专业教师认识到教师教育课程教师的特殊地位和重要作用，能够制定教师教育课程教师培养计划，建立相应的制度和管理措施，注意加强这支队伍的建设。

②专业教师能有计划、有要求、有考核地全面加强教师教育课程教师的培训和能力提升，制定基层挂职和高层次研修奖励办法，完善青年教师深入小学一线的选派机制，并有步骤有计划的分批组织实施。

③专业教师主动参与小学、地方教育行政部门课程资源共建、课堂教学改革等方面的工作，促进教师主动了解小学课程标准和教育改革动态，并将小学教改经验和成果融入自己的课程教学之中。

④学校要制定科学有效的教师基层挂职管理办法和跟踪调研机制，完善评价与激励机制，定期评估专任教师对小学教育的了解程度，把熟悉小学教育教学纳入教师教育教学能力考核范畴。

为此，认证院校应提供的相应佐证材料，主要包括：

①专业专任教师深入基础教育的规划、制度、工作计划和总结等相关材料。

②承担教师教育课程的教师"至少有一年小学工作经历"的证明材料，以及到小学教学工作（包括课堂教学、挂职研修、兼职教学、参与教学研究活动）的相关材料。

③小学学科课程与教学论的教师赴小学工作和指导教育教学研究的相关材料。

④近三年专任教师赴小学、市县教育部门工作实践的过程性档案资料以及有关成果、典型案例的资料。

4. 持续发展

《小学教育专业认证标准(第二级)》指出,院校应制定并实施教师队伍建设规划;建立教师培训和实践研修制度;建立专业教研组织,定期开展教研活动;建立教师分类评价制度,评价结果与绩效分配、职称评聘挂钩。探索高校和小学"协同教研""双向互聘""岗位互换"等共同发展机制。

持续发展是教师队伍建设的必然要求,也是课程教学顺利进行和毕业要求达成的可靠保障。本指标要求依据专任教师实际情况,按照教师专业发展的要求,制定出科学合理的教师队伍建设规划,并能有效实施;要建立和健全专任教师培养、培训和实践研修制度,依托专业教研组织定期开展教研活动,关心和支持青年教师健康成长,促进教师队伍的可持续发展;建立并实行教师分类评价制度,以及常态化的学生评教制度,并能将评价结果与绩效分配、职称评聘等挂钩;采取高校和小学"协同教研""双向互聘""岗位互换"等各种方式,探索并建立双方教师的共同发展机制,拓展专业专任教师深入基础教育的途径。

该指标之下的考查要点主要包括:

①制定中长期教师专业发展规划,明确教师专业发展的目标和任务,形成有效的管理举措和激励机制,支持教师的持续专业发展。

②建立教师培训与实践研修制度、专业教研制度和青年教师专业成长制度等,并能够有效实施。

③实施教师分类评价制度和评价标准,对于专任教师的持续发展定期进行自我评价,促进各类教师的专业发展。

④依托"三位一体"协同育人机制,在地方政府的支持下,与基地小学建立双方教师的共同发展机制,推动专业专任教师深入基础教育第一线。

为此,认证院校应提供的相应佐证材料,主要包括:

①学校中长期教师队伍建设规划、院系或专业教师队伍建设规划及实施成效等相关材料。

②教师培养、培训和实践研修制度、青年教师专业成长制度的建立与实

施,专业教师继续教育等相关资料。

③建立专业教研制度,教师开展各种教研活动、参加各类教学竞赛和教育教学能力提升活动等相关材料。

④教师分类评价制度的建立与实施,专兼职教师教学满意度调查及数据分析、改进措施等相关材料。

⑤专任教师赴小学、教育管理机构挂职研修、指导各类活动的相关材料。

(二)实践操作

基于以上对《小学教育专业认证标准(第二级)》的专业解读、小学教育专业师资队伍建设自身的专业需求,立足首都师范大学初等教育学院小学教育专业的发展状况,我们紧密结合认证标准的要求,从如下四个方面为迎接认证工作做好准备。

1. 数量结构

对专任教师数量结构的分析,需要结合学院人事办公室、教务办公室、科研办公室、对外合作与交流办公室、培训办公室近三年的记录,进行统计分析,用数据说话。

我们首先根据学院人事办公室提供的数据,对专任教师的数量、结构、师生比进行量化分析。从职称结构、年龄结构、学历结构等方面统计发现,基本达到了二级认证的标准。

我们结合学院教务办公室提供的数据,统计了近三年专任教师为本科生上课的情况,除特殊情况外,专任教师全部都走进本科生课堂,上课率为92.6%。

结合学院科研办公室统计教师继续教育情况,近五年我院有10位教师先后攻读博士学位,教师整体学历层次稳步提高。

结合学院对外交流与合作办公室的数据,具有半年以上境外研修经历的教师共计15人次,占专任教师比例的14%,访学院校包括美国、澳大利亚、法国、芬兰、日本等国家的知名大学。与此同时,我院教师与国际顶尖院校保持了长期稳定的合作关系,在科学研究、人才培养方面推进了深度合作。

结合学院培训办公室的数据,统计兼职教师的发展,以课程讲授或系列讲座的形式授课。近三年来,兼职教师的数量达到18人,承担了本科生和研究生的课程教学工作,为学生开展系列讲座达到百余次。

2. 素质能力

根据认证指标点的要求,教师的素质能力包括师德师风、教学能力、研究能力等几个方面。

在师德师风建设方面,我们首先与学院党委共同梳理有关师德师风建设的制度文件,既包括学校出台的一系列加强师德师风建设的制度和措施,包括《首都师范大学师德规范(试行)》《首都师范大学关于建立健全师德建设长效机制的实施办法(试行)》《首都师范大学师德"一票否决"实施细则(试行)》等文件,还包括学院出台的《初等教育学院师德规范》文件。这些制度和措施均在学院"教代会"一致表决通过,落实了学校对师德建设的要求,使得专任教师将"师德师风"放在心上、严于律己,起到了很好的教育和督促作用。学院始终要求促进专业教师重视职业道德规范,强调以学生为本、为人师表,不断优化提升综合素质,师范生对学院专任教师和兼职教师的满意度均达到95%以上。

在教学能力建设方面,学校为新入职教师举办入职培训、岗前培训,入职以后举办教师教学基本功大赛,还专门成立了教师发展中心,定期组织教学发展沙龙。同时,贯彻落实学评教制度,采用形成性评价与总结性评价相结合的方法。一方面,在学期中组织学生座谈会,了解专任教师的授课情况,学院派专人组织座谈,并翔实记录学生的反馈,及时形成报告;另一方面,在每学期末组织开展学生评教,主要通过教务系统开展网络学评教。据统计,近年本科师范生对本专业教师教学情况的整体满意度达到93.9%。

在教师的研究能力方面,据我们统计,2001年至今,学院共承担社科项目128项,科技项目38项。其中,涉及基础教育改革的项目99项。项目研究内容包括基础理论研究、实践研究等,从理论上引起思考和探索,从实践上提供标准或指导,有的课题直接作用于一线工作,有效地促进了教育教学改革。这些数据和文件的支持,能够充分说明学院在教师素质能力建设方面所做的工作。

3.实践经历

《小学教育专业认证标准(第二级)》中要求小学教师专业教师教育师资要有深入小学一线服务的经历,包括指导小学教师的教学工作、指导实习生的实习、与小学开展合作研究等。

首都师范大学作为北京市培养基础教育师资的重镇,在学校层面有诸多相关制度文件。我们梳理了相关的制度文本发现,首都师范大学鼓励教师教育课程教师深入一线,在具体的制度文本中,明确要求新任教师带队实习、见习,包括北京城区和郊区的数十所合作学校。同时,要求教师进校服务,将"请进来"与"走出去"相结合。最后,鼓励以课题研究为依托,实现大学与小学的合作,并积极将研究成果转化为基础教育教学的改革实践。

我们还梳理了学院层面的相关制度文本。学院自创院之初就确立了"面向小学、研究小学、服务小学"的宗旨。学院80%的教师都至少有一年小学教育服务经历,并且在日常教学工作中以各种形式扎根一线,掌握小学教育动态。其中学科课程与教学论教师具有指导、分析解决小学教育教学实际问题的能力,有一定的基础教育研究成果。学院鼓励教师深入小学一线,参与教研教改活动,并在教师绩效考评制度中有明确的表述。例如,学院对教师的考评文件中,明确指出将"参与基地校、优质校、附小建设,到小学参加指导实习生教学活动(听课、评课等)"等活动,记做专门的工作业绩点,从管理制度层面鼓励教师参与小学实践活动。

另外,我们还统计了近五年来教师承担的有关基础教育方面的课题研究。通过科研办公室提供的数据,我院教师获批的纵向课题共32项,横向课题共25项,项目到账总经费944万。其中,基于实践的教学研究成果占到总课题数目的 43.8%，体现出学院将研究与实践相结合的特色。这些制度文件、数据等能够成为支撑学院开展相关工作的证据，这也是专业认证中"举证"的重要措施。

4.持续发展

教师队伍的持续发展，主要考察教师教研组织的建设、教师的考核与评聘等。

我们收集整理了各教研室资料。专业教研组是学院开展教学工作的基层组织，是开展教学研究工作的基本单位，承担着教学、科研、学科方向人才培养、教材研发等工作。初等教育学院现有中文、数学、计算机、综合理科、外语、教育、心理、音乐、美术 9 个教研组，每个教研组规模在 9—17 人。每个教研组不定期开展教研活动，包括集体讨论、外出交流等形式开展专业建设、课程建设、教材建设、教学技能提高、教学方法改进等教研活动情况。

在制度建设上，在"十三五"开局之年，我院通过教代会讨论决定，对新时期专业师资队伍建设做出明确规划。我们树立了学校层面"资深教授""特聘教授""燕京学者""青年燕京学者"和"青年燕京学者培育对象"五个层次的教师队伍建设体系。为了促进教师队伍国际化程度不断提升，学校对海外高层次人才引进力度逐步增强，教师赴境外高水平高校或研究机构交流访问的人数不断增多。在学院层面，每年 8 月为新入职教师提供入职培训、岗前培训，并要求所有新教师完成北京市高等学校师资培训中心长达 3 个月的培训课程，且通过考核后方可上岗。另外，初教院以教研室为单位，定期召开研讨活动，学习党和国家最新的教育政策文件，提高教师的思想意识和觉悟。此外，我院通过不断完善教师的评聘制度，对不同专业方向的教师采取灵活的考核方法，不断调动教师的工作积极性。

通过学院合作办公室提供的数据，我院教师参与国内外访学进修人数逐渐增多、范围逐渐扩大。同时，参与小学一线实践锻炼与教学教法相关培训的层次也在不断加深。

我们从合作小学、附属小学获取了数据支持。发现，我院教师深度参与小学一线实践,并在多所学校挂职锻炼,从人员的流动上形成了大学与小学的良性互动机制。首都师范大学初等教育学院自建院之初,就与北京市多所小学建立了合作关系,20 年的发展历程不断丰富了我们与一线小学的联系。在学院全面参与北京市的高等学校支持小学特色发展项目中,与海淀区首都师范大学附属小学、二里沟中心小学,西城区展览路第一小学、白云路小学,丰台区长辛店中心小学、民族小学等 6 所小学的学校特色发展建设,召集音乐、美术、书法、教师教育、初等教育等学科专家组成核心团队,选派 6 位具有博士学位或副教授以上职称的教师作为核心专家进驻小学挂职副校长,健全管理制度,搭建了权责清晰的管理构架。项目聘请 1 位项目总负责人、6 位子项目负责人,6 位项目秘书。同时聘请多位专家参与 6 校的特色发展建设。支持 6 所学校形成富有特色的学校文化建设;研制开发并实施学校独特的艺术(体育)校本课程 1—2 门;开展 6 所学校书法、音乐教师专业发展培训。挂职副校长坚持每周深入小学进行指导,并通过微信群随时与小学教师、学生家长交流;我院还与小学签约成立首都师范大学艺术教育基地,构建"艺术教育联盟",每月召集挂职副校长召开项目工作推进会,集中讨论、分享经验,形成"大小联动"的项目进展模式。

三、反思对话

作为全国最早一批设置的本科小学教育专业,首都师范大学初等教育学院"小学教育专业"传承首师百年师范传承,依托首师一流的学科基础,遵循"高水平学科建设支撑高水平教师教育发展"的办学思路,不断开拓创新,秉承"师德为先、学生为本、能力为重、终身学习"的原则,探索设置"小学教育" 7 个主教方向(语文、数学、科学、英语、信息技术等)和 13 个兼教方向(综合实践、小学书法、心理咨询、小学德育与少先队教育、国学经典教育、生命教育与班主任工作等),在长期的实践过程中形成了"综合培养、发展专长、注重研究、全程实践"的小学教师培养模式,人才培养取得了令人瞩目的成绩,获得了国家教学成果奖等一系列标志性成果,产生了广泛的社会影响。

当然,与认证标准对标发现,认证专家组指出了首都师范大学初等教育学院在"师资建设"方面的不足:①常态化的学生评教制度未能有效促进教师教学能力的提升。②教师的教学能力有待进一步提升。部分教师对培养目标、毕业要求把握不准,在课程教学大纲撰写中表现出课程对毕业要求的支撑上不够精准,从而影响课程教学目标的指向性和针对性。③学院和小学"协同教研""双向互聘""岗位互换"等共同发展机制有待完善。

基于此,我们也对自身的工作进行了反思,而这样的反思对其他兄弟院校不断优化教师教育师资建设具有启示意义。

(一)专业师资队伍结构有待进一步优化

小学教育专业在师资队伍的建设上出台了系列的政策与举措,本专业的教学、科研以及社会服务的水平和能力不断提升,教师团队形成了"立德树人"的良好氛围,但距建设一流专业要求的师资队伍仍有差距。

首先,专任教师队伍的学历层次仍有待提高。截至目前,我院拥有博士学位教师的比例不足半数,在一定程度上制约了教师专业发展的潜力,也限制了教师捕捉学术发展前沿的能力。

其次,专任教师的职称结构有待优化。由于初等学院教师人数多、规模大,教师的职称晋升成为长久以来存在的问题。目前学院拥有正高级职称的教师仅占10%,积压了大量的副教授和讲师,制约了教师梯队的建设和合理流动。

最后,专任教师的年龄结构也不尽合理。目前学院45岁以上的中年教师占据一半以上,制约了青年教师入职的名额,不利于学院多元化年龄结构教师队伍的发展。

（二）专业师资拔尖人才资源亟待加强

虽然我院专任教师团队学科齐全、学源多样，然而教师队伍中具有拔尖带头作用的名师仍然极为匮乏，拔尖人才资源较弱、亟待加强。

从国家的人才标准来看，我院专任教师中尚未有人入选千人计划、长江学者、国家杰出青年科学基金资助者、青年"千人计划"、百千万人才工程、万人计划；也尚未有教师入选国家级、省级的教学名师；也未培养出国家级创新团队。

从学校的人才标准来看，我院教师承担国家重大项目（如：国家社会科学基金、国家自然科学基金）的数量仍然较少。具有国际影响力的重要研究和突出成果依然罕见，教师的科学研究能力有待提升。教师发表在影响因子高的期刊上的论文数不够多，在2016—2017年度尚未获得国家级教学成果奖，没有获得重点教学改革立项项目，获得国家级三等奖的教师获奖人数仅1人。因此，学院对小学教育研究的学术贡献力有待提升。

（三）专任教师的国际化水平有待开拓和提升

首都师范大学在2017年成为国家"双一流"建设院校，为学校和学院的发展提供了新的历史契机。在"双一流"建设背景下，大学教师的国际化水平是重要的评价指标，其中包括教师的国际流动状况、课程内容的国际化、教师国际合作的情况等。虽然我院近年来积极推进国际化进程，但是在教师队伍的国际视野与对外能力建设上依然有待开拓和提升。

我院由于历史原因，大部分教师鲜有长期海外学习的经历。近三年学院有三个月以上海外访学经历的教师数量不足，与海外知名学者的互动合作也不够频繁，限制了教师的国际视野，同时也局限了我们的国际影响力。因此，有待从教师的人员流动、英文课程的开设、涉外活动的深化等角度不断改善我院的国际化情况。

（四）兼职教师队伍持续发展有待加强

目前,我院在兼职教师的聘任工作上还有待加强。小学教育专业对师范生的培养注重实践取向,在国内兼职教师的聘用工作中现已形成了"小学校长、小学特级教师、小学优秀教师、优秀毕业生"四级体系,然而相关引进力度依然不够。在国外知名学者的聘用工作上也有所欠缺,目前尚未有固定的外籍教授定期授课。

四、改进与展望

精良的师资队伍是小学教育专业建设与发展的重要保障,针对以上问题,结合师资队伍建设自身的专业需求,我们将从以下五个方面探索小学教育专业师资队伍的改善与发展。

（一）优化专业教师队伍结构,提高教师工作的效能感

在目前初等教育学院教师学历、职称与年龄结构表现的突出问题之上,我们将在坚持学院办学基本定位的前提下,进一步完善教师考评体制,尝试探索"分段分类"的教师评聘机制,对教师在教学、科研、服务三个方面实现各有侧重的发展,鼓励教师发挥专长,提供专任教师更加适合自己的发展空间。

同时,加大对人才的引进力度。一方面,在学校的人才制度下,积极引进具有高级职称的专业领军人才;另一方面,加大青年教师的入职数量,更新教师队伍的血液。此外,学院还需要向学校申请更多的正高级职称教师名额,基于初等教育学院规模大、人数多的现实,尽快增加正高级专任教师的人数。

为了完善教师队伍的梯队建设,学院将进一步建立正向的教师奖励机制,对优秀的青年教师建立"绿色通道",实现顺畅的教师流动机制,提高教

师工作的满意度和积极性。

认证专家组建议:建立高端项目结项后转化为研究性学习课程的长效机制,调动教授为本科生授课的积极性,增进学生与教授的学术互动,从而提升师范生反思能力和创新能力的培养质量。研究性学习课程的实施不需固定的时间和地点,既方便教授的教,又促进师生的学术互动,使双方受益。

(二)推进以项目主导的教师团队建设,提升教师整体科研能力

初等教育学院专任教师由于教学工作量多、社会服务工作任务重,在一定程度上压缩了教师从事科研活动的时间和精力,导致专任教师缺少重大项目支撑,难出有代表性的学术成果。

为了扭转上述局面,学院提出"以项目主导的教师团队建设"的新思路,是对传统以教研室为单位的教师团队建设工作的补充和提升。学院将从经费、制度上给予保障,对不同专业方向的研究队伍和跨学科交叉团队提供支持,鼓励教师基于项目研究的形式开展教学和社会服务工作,并积极将研究成果反哺现实中的教学与社会服务。

此外,学院还将积极引进海内外优秀拔尖人才,建立教师科研团队,形成具有小学教育专业特色的研究队伍和研究方向,力求在未来5年推出更多具有创新性学术价值的成果。

(三)加强教师国际交流的频次与深度,开拓教师的国际视野

借鉴欧美发达国家的历史经验,促进高等教育国际交流与合作一直是中国近30年来在教育层面坚持的目标和方向。初等教育学院由于办学传统的问题,长期以来忽视了教师在国际化水平上的发展。然而一所大学的国际交流与合作能力的高低,最终还将取决于这所大学是否具有一批活跃在国际学术舞台上的学者。

在促进高校教师合作与交流的过程中,初等教育学院将首先从国家"双一流"建设的角度出发,求真务实,通过高等教育尤其是高校教师国际交流

的平台,展示和传播我国的优秀传统文化,树立更加有魅力的国际形象,提高我国的国际地位。

为提升学院教师的国际交流与对话能力,学院将为教师提供高水平的交流环境。一方面为初教院教师出国学习深造提供有力的政策和资金支持;另一方面,积极鼓励中青年教师到高水平的大学交流和深造,使他们与国际上的高水平学者进行学术接轨。再者,对国内知名的综合性大学和研究型大学,学院将加强支持力度,引进国外知名学者、教授、专家参与授课、讲座和学术交流活动,营造浓厚的高校教师国际交流与合作的氛围。

(四)注重教师队伍建设的可持续发展,形成专兼职教师良性互动

在拓展师资队伍建设的工作上,应该进一步关注教师的持续发展能力以及相关制度保障措施的建设。首都师范大学出台了"海外高层次人才引进制度",为初等教育学院引入国外知名学者提供了经费与制度保障。在对国内优秀在职小学教师和校长的聘用工作中,也将从学院层面提供更大的支持力度。

总而言之,在面对教师队伍建设的认证指标点之下,作为小学教师专业应该特别注意的有:第一,完善与平衡教师教育教师的数量、结构,完善教师评聘制度,使之达到教育部的基本要求。第二,完善学评教制度,以此推动以学生为中心的教学变革。第三,加强教师培训,使每一位教师对培养目标、毕业要求充分理解与领悟,并落实于课程实施中。第四,探索建立并完善学院和小学"协同教研""双向互聘""岗位互换"等共同发展的机制。

第八章

小学教育专业的支持条件建设

"支持条件"是小学教育师范专业发展的重要物质保障。具体而言,它是实现培养目标、加强专业建设、维持课程教学运行和保证人才培养质量的重要影响因素。在小学教育师范专业认证的标准体系中,"支持条件"包括经费保障、设施保障、资源保证三个二级指标。本章基于《小学教育专业认证标准(第二级)》,结合首都师范大学初等教育学院参与认证工作的经验及其后续改进,优化小学教育专业发展的支持性条件。

一、理论背景

师范类专业认证目的在于大力振兴教师教育,全面夯实新时代高素质教师培养的基石。小学教育专业认证中的"支持条件"为教师教育提供切实可靠的物质保障,反映了学校能够为师范生提供相关资源的支持。

近些年来,随着"以师范院校为主体,其他高等学校积极参与"的教师教育新体系的不断完善,各院校都在积极加快推进师范生培养的建设与投入。教师是复合型人才,师范生培养具有很强的实践性,信息时代又对教师的能力素质提出了新的要求,满足这些特殊要求对确保师范生培养质量至关重要。因此,支持条件的建设将关乎小学教育专业教学水平的提升及人才培养质量的提高。教师教育需要相应的投入保障机制,以师范类专业认证为抓手,不断优化教育专业发展的支持条件势在必行。

《小学教育专业认证标准》之"支持条件"体现国家对专业人才培养硬件的质量要求,是从办学条件管理的角度对小学教育专业建设经费和教学设施的规范。主要关注三个方面:一是专业教育经费保障情况;二是专业教育教学设施保障情况;三是各类教育教学资源保障情况。具体包括经费保障、设施保障、资源保证三个二级指标。

二、实践呈现

为规范引导小学教育专业建设,不断提高未来小学教师的培养质量,教育部特制定了《小学教育专业认证标准(第一、二、三级)》。这份权威文本体现了国家对小学教育专业办学的基本、合格与卓越三种要求。首都师范大学初等教育学院小学教育专业作为教育部"打样"认证单位之一,于2018年底接受了认证专家的进校考察,并通过了第二级认证(有条件通过)。本章主要以《小学教育专业认证标准(第二级)》为案例,对其中的"支持条件"部分进行恰当且准确的解读,并分享首都师范大学初等教育学院接受认证工作的实践经验。

(一)标准解读

《小学教育专业认证标准(第二级)》是国家对小学教育专业教学质量的合格要求,主要依据国家教育法规和小学教师专业标准、教师教育课程标准、专业教学相关标准制定。包括培养目标、毕业要求、课程与教学、合作与实践、师资队伍、支持条件、质量保障和学生发展8个一级指标,38个指标点。

其中,支持条件部分测评重点关注三个方面:一是专业教育经费保障情况;二是专业教育教学设施保障情况;三是各类教育教学资源保障情况。具体包括经费保障、设施保障、资源保证三个二级指标。

1. 经费保障

专业建设经费满足师范生培养需求,教学日常运行支出占生均拨款总额与学费收入之和的比例不低于13%,生均教学日常运行支出不低于学校平均水平,生均教育实践经费支出不低于学校平均水平。教学设施设备和图书资料等更新经费有标准和预决算。

经费保障是人才培养顺利进行和毕业要求达成的必备条件。本指标要求按照小学教育专业人才培养特点和满足师范生培养实际需要配备经费;教学日常运行支出、生均教学日常运行支出、生均教育实践经费支出、教学设施设备和图书资料等更新经费必须符合规定标准,必须遵守经费管理和使用的相关规定。

该指标之下的考查要点主要包括:

①学校各类经费投入达到相关规定要求,并能按照财务管理相关规定使用。

②学校具有专业建设经费保障计划和方案,能够满足小学教育专业人才培养实际需要,并能根据人才培养模式和课程教学改革的发展适时进行调整。

为此,认证院校应提供的相应佐证材料,主要包括:

①近三年学校年度经费预算、决算报表等相关材料。

②近三年小学教育专业生均教学日常运行支出和生均教育实践经费支出预决算表和相关分析材料。

③教学设施设备、图书资料等资源更新经费标准及执行情况相关材料。

2. 设施保障

教育教学设施满足师范生培养要求。建有小学教育专业教师职业技能实训平台,满足"三字一话"、微格教学、实验教学、艺术教育等实践教学需要。信息化教育设施能够适应师范生信息素养培养要求。建有教育教学设施管理、维护、更新和共享机制,方便师范生使用。

设施保障是人才培养顺利进行和毕业要求达成的物质条件。本指标要求学校必须具有实现人才培养目标和达成毕业要求所必备的物质条件,特别是具有满足小学教育教学能力培养和教师基本技能训练的设施设备;能以小学教师职业能力养成为目标,设计并建设小学教师职业技能实训平台,包括"三字一话"职业技能实训实验室、微格教学实验室、科学教育系列实验室、艺术教育实践平台、现代教育技术实训室和相关信息化教育设施等;教育教学设施建设有规划设计,有场地设备,有教学实训计划方案,有管理、维护和更新制度,能够面向全体学生,方便学生使用,具有较高的使用率。

该指标之下的考查要点主要包括:

①能够以小学教师职业能力养成为目标,按照毕业要求达成的需要,研讨和制定小学教师职业技能实训平台和信息化教育教学设施建设规划和方案。

②小学教师职业技能实训平台和信息化教育教学设施的建设情况,包括各类实验室和信息化教育教学设施的场地布局、设备配备更新等情况。

③小学教师职业技能实训平台和信息化教育教学设施的日常管理、设备维护、实训内容与课程方案的对接、设备更新与共享、学生使用情况等。

④建立小学教师职业技能实训平台与信息化教育教学设施对小学教育专业人才培养支持与保障效能的评价机制。

为此,认证院校应提供的相应佐证材料,主要包括:

①小学教育专业毕业要求及毕业生达成情况的证明材料。

②小学教育专业人才培养方案中对教师从教技能的要求。

③实训平台各模块实验室(活动室)配置情况一览表(含面积、设备、功能)。

④信息化教育教学设施和数字化教学资源等相关材料。

⑤各类实验实训课程教学大纲及课程开设情况。

⑥实训平台和信息化教育教学设施的管理制度、维修更新记录和学生使用情况一览表。

⑦实训平台和信息化教育教学设施建设与使用分析报告。

3. 资源保障

专业教学资源满足师范生培养需要,数字化教学资源较为丰富,使用率较高。生均教育类纸质图书不少于30册。建有小学教材资源库和优秀小学教育教学案例库,其中现行小学课程标准和教材每6名实习生不少于1套。

资源保障是对人才培养顺利进行和毕业要求达成的资源要求。该指标要求学校具有满足小学教师培养需要的必备教学资源,包括较丰富的课程资源、数字化教学资源、小学教育教学课例案例资源和纸质图书资源等,特别是小学课程标准和教材资源应能满足学生学习和教育实践的需要;能够对各类教学资源实行有效管理,方便师生使用,师范生对各类资源的使用率较高。

该指标之下的考查要点主要包括:

①能够根据师范生培养需要制定各类教学资源保障规划和实施方案。

②各类教学资源建设和达标情况,特别是小学教材资源库、优秀小学教育教学案例库和数字化教学资源的建设情况。

③各类教学资源的管理和使用情况,包括管理制度与执行、师生使用记录、使用率等。

④对各类教学资源建设和使用定期进行评价,并能运用评价结果不断改进资源配置,促进毕业要求的达成。

为此,认证院校应提供的相应佐证材料,主要包括:

①现有各类教学资源和数字化资源情况和管理制度等相关材料。

②现有生均图书、教育类纸质图书、小学各科课程标准和教材统计表和使用情况等相关材料。

③小学教材资源库和优秀小学教育教学案例库的设备设施、资源配置与管理使用情况等相关材料。

④小学教育专业学生必读书目和选读书目及阅读指导、考核相关材料。

（二）实践操作

基于以上对《小学教育专业认证标准（第二级）》的专业解读、小学教育专业支持条件建设自身的专业需求，立足首都师范大学初等教育学院小学教育专业的发展状况，紧密结合认证标准的要求，从以下三个方面为迎接认证工作做好准备：

1. 经费保障

（1）保证专业教学经费足额投入并逐年增长

学校依北京市相关财务制度和政策、《首都师范大学专项经费管理办法》和教务处《关于提高教学经费的管理办法（暂行）》等，实施对教学经费的管理。学校教学经费的预算按照"上下结合、分级编制、逐级汇总"的编制原则进行。每年学校根据财政生均定额并结合全校的资金总量，依据《首都师范大学预算管理办法》，确定划拨教务处统筹的本科教学经费总量。教务处负责将教学经费分配给各院（系）使用。年度教学经费预算汇入学校年度预算，经校财经资产管理委员会研究制定，报校长办公会议和学校党委常委会议审议通过。学校《关于全面提高教学质量的若干意见》和《关于全面提高本科人才培养质量的意见》均明确规定："确保教学工作经费投入。学校各项教学经费要达到教育部制定的本科教学工作水平评估 A 级标准。"财务处本着"以教学为中心、优先满足教学需要、统筹兼顾其他发展需要"的指导思想，优先保障每年教学经费的预算安排。

（2）加大专属专项资金支持专业教学需要

除了全校各专业方向师范生经费外，对于小学教育专业，学校还给予专属专项资金支持，总计 30 多项/年。近三年北京市、教育部专属教学研究项目等专项资金支持 30 余项，以及其他教科研项目共计 106 项，经费达26023.07 万元。投入大量资金更新教学设备，课程建设经费倍增，加强小学教育新课程及精品课程的建设，完善具有小学教育特色的课程体系。在小学教育专业实验技能培养方面，经费支持不断加大，在 2017 年倍增，以加强小学教师的科技素养与实践能力培养。在学生实习方面,秉持我院的实习特色,本科四年每年都有实习,突出理论教学与小学教学实践相结合,提升学生的师范技能与素养;在教学日常运行支出方面,逐年上涨,学校比例不低于15%,我院小学教育专业的比例更是高于学校的比率。

2. 设施保障

(1)完善教学设备满足实践教学需求

学校共有各类教室356间,数量比较充足,设施比较完善,全部公共教室均配备信息化教学设备。同时学校对于师范生培养建设有新型公共微格教室,智慧教室,微课录播型、研讨型、创新型专用空间及多用途机房。2015—2017年,学校投入了1550万元用于更新教室设备。目前,全校公共教室配备的各类设施资产总值8500万元,全校整合资源建设智慧校园,可以与实践学校、各校区之间、兄弟院校之间实现同课异构,实时监测同步评课等。

(2)创建小学教育实验教学示范中心,服务专业教学

实验中心专用于为小学教育专业服务,经过多年建设,拥有实验室85间,约3500平方米,实验器材2500余件,价值3100余万元,专兼职教师47

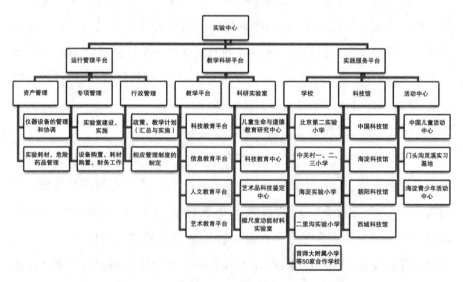

图8-1 首都师范大学小学教育实验教学示范中心

人,为学生提供科技、人文、艺术及各学科方向的专业知识,施行综合培养,发展专长的培养模式。在"三字一话"职业技能实训方面,有专业的书法教室、数字化书法实训考试系统、粉笔字训练室、艺术展厅,共计400平方米;在现代教育技术、微格及信息化方面,设有人工智能实验室、教育装备实验室、全媒体演播实验室、教育摄影与摄像实验室、编辑室、网络安全教育实验室,共计375平方米;在科技教育方面,设置小学基础物理探究实验室、智能电子技术实验室、化学探究实验室、科技与制作实验室、机器人实验室、生物实验室等12个实验室,共计810平方米;在艺术教育方面,舞蹈排练厅、电钢琴教室、画室、美术作品展览室、美术设计实验室等14个专业教室及40余个专业琴房;在人文教育方面,设有中文实验室、教育实验室、少先大队模拟实验室、礼仪实验室、心理实验室等8个实验室。

(3)现代信息技术与专业教学融合促进教学改革

在教育信息化方面,学校自主开发建设了课程资源网站,也建成了以BB学堂和师星学堂(均含移动端)等在线教学平台为主,以数字资源云平台、WFS教学云盘等系统多样化为辅的校内教学平台,另外还引进了"爱课程"中国大学MOOC平台。与此同时,由教务处直接管理并面向全校师生开放使用的网络机房12个、触控一体机交互式教学教室11个。全校建有现代化课程录播室1间、微格教室12间、远程视频直播教室3间。全校所有公共教室均能支持基础性的在线教学。此外还有院系管理的一些信息化教室。

(4)科学管理提升使用效果

为进一步加强实验中心的管理,提高教学和科研实验水平,使实验中心工作逐步走向规范化、制度化、科学化,在遵守《首都师范大学实验中心工作规章制度汇编》中的各项规章制度外,更细化了学校的各项制度,作为中心的相关规定。如制定了相应的仪器设备管理制度、低值易耗品管理制度、设备维修管理办法等,对仪器设备设专人分三级管理,即学院、实验中心和各实验室管理,设备台账及耗材均实现计算机和账本两套管理体系,定期对实验室仪器设备进行检查,保持账、卡、物相符。

3. 资源保障

(1)数字化教学资源非常丰富

学校图书馆有海量的数字资源供学生使用。购买和自建中外文数据库127个,其中专业相关数据库59个;可供学生免费阅读的电子图书950.46万册;可供学生免费阅读的电子期刊9.06万种;学校图书馆自建的教学参考资源网以学科、专业为主线,为教师和学生提供全方位的、实用的教学信息和教学参考资源服务。

(2)教育类图书资源完全满足学生专业需要

学校图书馆在拥有丰富的教育类图书资源的情况下,还极其重视全校文献资源的共建与共享,图书馆与我院合作,建成了"教育学资料中心"学科分馆;自建中小学教材教参全文数据库,收录自1950年起至今的国内外中小学教材、补充教材及教学参考资料(包括学生参考书、学生手册、各科教学法、教学计划、教学大纲、教师手册等)。重点收藏北京市各中小学使用的教材教参,有选择性收藏其他省市的教材教参。

(3)学院建有中外小学教材资料中心

中外小学教材中心藏有西文教材12870册,范围涵盖英、美、新加坡、澳大利亚、日本等国家小学教学所用教材,为我院师生的学习和科研提供了极大的帮助。藏有现行小学课程标准80套,现行教版1—6年级小学语文、数学、英语教材194套,完全能够满足我院小教专业400多名学生实习需要,同时电子资源库中购有中国近代教材库,便于学生了解小学多学科教学内容。

三、反思对话

(一)优势分析

经过认证,专家组认为首都师范大学小学教育专业(第二级)达标,该专业办学经费充足,实验设施和图书资料齐全,办学条件优异,并对"支持条件"达标情况做出肯定。主要体现在：

1. 专业建设经费较充足，教育实践经费有保障，生均教育实践经费高达3000元/生。生均教学日常运行支出高于学校平均水平，生均教育实践经费支出高于学校平均水平。

2. 专业教学实训平台有特色，设有教师职业技能实训平台、在线教学观摩指导平台。能有效保障"三字一话"、微格教学、实验教学、远程见习等实践教学需要。图书资源、数字化教学资源丰富，中外小学教材资料中心藏有多个国家小学教学所用教材，特色鲜明，为师生的教与学以及教学研究提供了便利的条件。

3. 建有教师职业技能实训平台，满足"三字一话"、实验教学、艺术教育等实践教学需要。同时，建有小学教育专业科技实验中心，开展小学科学课程理论与实践研究，服务于基础教育的改革发展，满足学院师生教学科研、学科竞赛、科研立项等多种需求。

4. 数字化教学资源非常丰富。建有中外小学教材资料中心。生均教育类纸质图书和小学教材均超过教育部的规定，完全满足师范生培养需要。

同时，专家组提出实验中心的建设相较于北京市小学的需求与发展还相对滞后，建议进一步加大经费投入，加强实验中心的建设，尽快与北京市小学的需求与发展相一致。

（二）问题与不足

基于此，总结认证过程中"支持条件"指标达成情况的一些经验，反思存在的问题和不足，以期对其他兄弟院校不断优化支持条件建设具有启示意义。

首先，经费结构有待进一步调整优化。经费结构不够合理，在教改、学生实习、学生实验、毕业论文等方面需加强，经费主要用于科研、仪器购置，缺少软环境经费，例如对于仪器维护与维修方面欠缺资金投入，从而影响实验课程教学，并延缓新课程开发建设。同时，基础实验设备更新慢，也使得新的实验教学与方法难以开展，教师重心走向科研，实验室环境配套相对滞后，影响开放度、使用度。

其次，教学设施的更新速度、使用效益有待提升。教学设施有待加强，尤其是小学教育专业，它具有多学科的特点，不能把它看成一个纯文科的教育专业，所以要加强实验技能的训练及实验室建设。小学教育实验教学中心2014年初步成立，相对于别的学科实验室起步比较晚，加上新的科学技术和信息技术更新快，新时代的教育理念不断发展，STEM等新型多学科、综合性教育方式的冲击，以及小学各种科技活动、艺术活动、社团活动多样且不断深入，实验中心建设相较于北京市小学的需求与发展还相对滞后，实验设备较为陈旧，实验环境配套设备有待加强，这些也直接影响小学教育实验课程创新与探究。

最后，电子资源的投入力度亟待加强。学院现存图书多为纸质图书，在当下的信息化时期，图书与文献资源阅览形式发生变化，而我院对这些纸质图书的电子化投入不足，电子类的小学教育图书资料库相对薄弱，小学教育教学电子案例库的建设相对欠缺，对学生在借阅图书方式的创新方面也亟待加强。

四、改进与展望

在各高校积极筹备小学教育专业认证的大背景下，参照认证标准，对支持条件建设进行研究和探索，已支撑我校小学教育专业认证。下面将提出面向小学教育专业认证的支持条件建设途径以供参考借鉴，共同改进谋求发展。

（一）加大经费投入，优化经费结构

支持条件作为教育投入的一部分，具有生产性特征，服务于生产的资本积累。生产取决于投入，投入不足或短缺势必带来"生产"的萎缩。根据培养目标,调整经费结构,数量足额,结构合理的经费投入能充分保障专业发展对资金的需求。

通过校委会及相关部门制定相应政策,加强小学教育专业的经费投入比例,调整经费投入结构,提高在教学改革、学生实验技能培养、学生实习与实践、毕业论文等方面比例,提升教师教学方法的研究与改进,提高学生的综合素养培养,提升学生对教学、科研问题的研究兴趣,促进学院师范教育及师范生软实力的不断提升。

(二)动态规划教学设备更新,完善实验中心建设

认证标准规定,设施保障必须满足小学教育教学的需要。随着教育理念的变革,教学方法和学习方式都在不断变化,对教学设施的需要也随之产生相应的影响。只有动态规划设备保障建设,才能适应教育变革的大方向,满足新需求。

加强实验室环境配套提升,建设信息化智慧管理系统,加大开放力度,部分实验室实现 24 小时开放。加强基础实验设备的维护与更新,鼓励实验方法和实验教学创新,鼓励教师开展小学教育方面实验课程研究,加强实验课程建设。实验教学委员会深入探究小学教育实验教学与研究发展方向,为实验室建设提供更为合理的理论依据与指导方向。

(三)优化文献资源结构,加大电子资源的投入力度

随着我国科学技术与网络技术、通信技术的快速发展,电子资源在高校科研教学活动中,发挥着难以替代的文献保障作用。当前,越来越多的教师和学生渴望使用移动互联网进行教学或学习,所以应当做好电子资源建设管理工作,切实提高资源的使用效率。

与校图书馆加强沟通、合作,促进纸质类小学教育图书资料的电子化,建立小学教育图书数据库;增加经费投入,建立小学教育教学电子案例数据库;通过课堂教学、研讨会等传统形式及自媒体应用、微博微信等新型传播

方式,增强图书开放度,引导学生提高文献资源的借阅周转,提升学生的阅读、资料搜集与整理及问题研究能力。

　　总之,支持条件要求学校的教学设施、管理、经费和资源必须提供有力的支撑,保证"以学生为中心"的培养计划有效地达成,是认证中的必要条件。在认证过程中,应注重整体设计,提升支持条件与认证标准各要素之间的关联性,不断推进支持条件与培养目标、毕业要求、课程设置等各要素的有机结合,才能为教师教育提供优质的物质保障,确保认证标准的达成。

第九章

小学教育专业人才培养的质量保障

一、理论背景

小学教育专业人才培养质量既具有高等教育人才培养质量的一般共性，又具有独特性。我国小学教师教育经过多年的规模扩张和转型升级，正面临新的机遇与挑战，提升人才培养质量已迫在眉睫。若要实现提升人才培养质量的目标，需要把握高等教育质量及其质量保障体系的基本理论，结合教师教育特点，以师范专业认证为抓手，着力于小学教育专业人才培养质量的提升。

（一）高等教育质量的内涵

高等教育质量作为教育领域的重要课题，与高等教育一并受到政治、经济、社会等因素的复合影响，呈现出多元复杂的特性。1998 年，联合国教科文组织在巴黎召开的世界高等教育大会上发布的《21 世纪的高等教育：展望和行动世界宣言》报告指出："高等教育的质量是一个多层面的概念，应包括高等教育的所有功能和活动、各种教学和学术计划、研究和学术成就、教学人员、学生、校舍、设施、设备、社区服务和学术环境······"①

针对如此多元、多维度、多层次的高等教育质量内涵,学者们从不同的角度出发,形成了各具特色的高等教育质量理论,下文展示两种较具代表性的质量分类。

1.哈维和格林的高等教育质量观分类

哈维和格林将质量的定义划分为"质量作为卓越""质量是与产品的说明和标准相一致""质量是目标达成/适于目的""质量就是值得花钱、具有投资价值""质量是促进教育增值和转变"五个方面②,具体见表9-1。

表9-1　哈维和格林的质量观框架

质量观	要点
卓越	卓越性、高水准 优秀的代名词 以学校的声誉和大学排名来体现
与产品说明和标准一致	源于工业生产的质量概念 工艺或过程符合标准与规范 没有缺陷
目标达成	与高等教育目的及目标一致 符合学生的个体成长目标 符合学校制定的学生学习成果目标 符合学校的发展使命
投资与回报	业绩指标 以投资成本与回报做比较来衡量质量 一种政府投资与收益的问责形式
增值转变	通过某种教育方法使学生得到成长和提高 教育对学生带来的"增值" 学生个人能力、自主性和批判性思维等的成长

(笔者参考秦琴:《大学管理者的质量观及其进行教育质量保障的方法》,《比较教育研究》,2018年第3期绘制)

---

① 潘懋元、陈春梅:《高等教育质量建设的理论设计》,《教育文化论坛》,2016年第3期。
② 秦琴:《大学管理者的质量观及其进行教育质量保障的方法》,《比较教育研究》,2018年第3期。

通过对比分析可以发现,哈维和格林是基于横向比较,从不同的教育目的、教育使命具有不同的高等教育质量这一维度出发,制定了上述 5 种高等教育质量观。各质量观之间是互斥的,例如某一高校将高等教育质量视为"卓越"并依此构筑人才培养体系,那么将很难接纳"目标达成"的质量观点。因此,哈维和格林的质量观框架是对已有各高等教育机构所采取质量观的分类。

2. 摩尔根的高等教育质量流程

摩尔根将高等教育质量细分为设计质量、一致性质量和绩效质量三个基本要素。[①]

①设计质量主要指投入和产出固定的高等教育产品、服务、流程的质量特性。

②一致性质量指的是在具体的教育活动实施过程中,设计的要求是如何被满足的,满意度质量控制技术在这里运用得比较广泛。

③绩效质量指的是教育产出在使用中的效用,通过消费者或终端使用者的使用价值进行表征。绩效质量的测量包括顾客满意度、销售量分析和成本比较(包括质量管理成本)。

摩尔根的质量分析框架与哈维和格林不同,是从纵向的维度,对于某一质量观以时间维度进行剖析,构筑了包含设计质量—过程质量—结果质量三个阶段的质量框架,见图 9 – 1。

---

① 赵春鱼:《高校教学质量保障:一个新的分析框架及其检验》,《高校教育管理》,2018 年第 3 期。

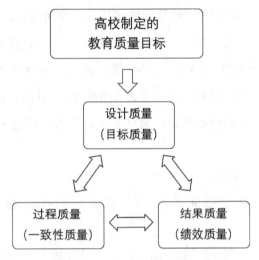

图 9-1　摩尔根的质量分析框架

(笔者根据赵春鱼:《高校教学质量保障:一个新的分析框架及其检验》,《高校教育管理》,2018 年第 3 期绘制)

(二)高等教育质量保障的内涵

高等教育质量保障是指政府、社会和高校等相关主体运用质量监测、质量管理、质量控制、质量审计、质量认证和质量评估等手段持续改进高等教育质量的活动,①关于质量保障的相关理论基础主要包括以下几个层面:

1. 比格斯的质量保障分类模型

比格斯将质量保障分为回溯性的质量保障和前摄性的质量保障两类,见图 9-2。

①回溯性质量保障所采纳的质量观,若以哈维和格林的质量分类框架为依据,是将质量作为"值得花钱、具有投资价值",是一种政府投资与收益的问责形式。主要关注院校做了些什么,根据外部的标准对院校的教育质

---

① 余小波:《我国高等教育质量保障的发展与评析》,《高等教育研究》,2020 年第 2 期。

量进行终结性的评判,其议程是管理的而非学术的,程序是自上而下的。①

②前摄性质量保障所采纳的质量观,若以哈维和格林的质量分类框架为依据,是将质量作为"质量是目标达成/适于目的""质量是促进教育增值和转变"。前摄性质量保障是院校开展的具有前瞻性和发展性的质量保障活动,前摄性质量保障并不专注于已经完成的事情,而是保证目前以及未来的教学质量符合院校预先设定的质量目标。②

简言之,回溯性质量保障是由政府主导的,人才培养的终点对以往的人才培养各环节进行终结性的审视;前摄性质量保障是由高校主导的,从人才培养的起点出发对未来的人才培养各环节进行发展性的审视。

不过近年来也有研究者指出,比格斯关于质量保障的分类模型可能过于简单,现实中的情况要复杂得多③,更多的是回溯性与前摄性两者之间不同程度的结合,而非单一的质量保障模式。

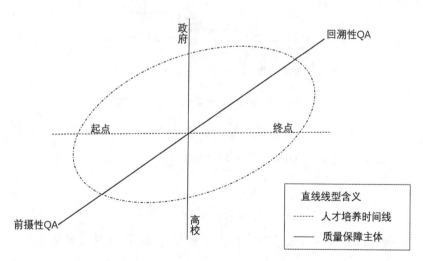

图9-2　比格斯的质量保障分类模型

(笔者根据苏永建:《试论高等教育质量议程中的质量保障与质量提高》,《中国高教研究》,2016年第5期绘制)

———————

①②③　苏永建:《试论高等教育质量议程中的质量保障与质量提高》,《中国高教研究》,2016年第5期。

2.目前常用的质量保障方法

目前在大学中被管理者所广泛使用的 3 种质量保障方法——维护质量、证明质量和提高质量。

维护质量——保护或维持已有的学术品质或荣誉、口碑;

证明质量——以系统化的管理程序确保教育质量、接受质量认证以回应外部审查和问责等;

提高质量——对质量持续关注,提高、改进或发展质量。①

3.执行质量保障的策略

根据高校管理者参与质量保障工作的程度、对于教学改进的重视程度以及学生的参与程度,可以构筑以下三层次的模型来呈现这些不同策略,见图 9-3。

图 9-3 质量保障策略三层次模型

(笔者根据秦琴:《大学管理者的质量观及其进行教育质量保障的方法》,《比较教育研究》,2018 年第 3 期绘制)

(1)第一层次:分权管理,注重外部问责

高校管理者通过分权管理执行高校质量保障,管理者负责制定及监督校内质量保障体系的运行,各个教学单位或教师来承担具体的工作。在此过程中几乎没有学生的参与。②

---

①② 秦琴:《大学管理者的质量观及其进行教育质量保障的方法》,《比较教育研究》,2018 年第 3 期。

（2）第二层次：支持参与，对学生负责

高校管理者通过集权化管理，集中分配人力物力资源，保证合适的人为质量保障工作提供实质性的支持和帮助。与教师紧密合作，无论是对教师自身的学习发展还是执行所制定的质量保障制度，都给予支持和帮助。致力于确保质量保障框架、流程的实施和执行，强调对于学生的责任信念。[①]

（3）第三层次：统筹协调，注重反馈改进

高校管理者的管理视野更加开放和宽广，甚至将在校内的管理措施延伸到了校外，注重利益相关者的广泛参与。在校内设计开发内部质量保障体系，将各个部门、单位的资源集中起来。在管理过程中获得全校的教学信息，并根据学生的学习体验和反馈作下一步的教学改进。[②]

（三）师范专业认证引领下的教师教育质量保障

教师教育质量保障体系通常是指为确保职前教师培养达到一定的质量标准，在生源、认证、评估、投入等方面采取的系统性的教师教育政策措施。从对象来看，主要指向教师教育机构，同时也指向个体乐教、适教、善教的素质能力；从主体来看，可分为由教师教育机构开展的机构设置、专业评估等组成的内部质量保障体系，以及由政府或者专业组织开展的标准发布、专业认证、资格认证等组成的外部质量保障体系。[③]

师范类专业认证是专门性教育评估认证机构依照认证标准对师范类专业人才培养质量状况实施的一种外部评价，旨在证明当前和可预见的一段时间内，专业能否达到既定的人才培养质量标准。[④]

2014 年 12 月起，教育部在江苏、广西开展师范类专业认证试点工作，明确试点任务、试点内容和工作要求。2016 年 12 月，试点工作如期完成，在完

---

①②　秦琴：《大学管理者的质量观及其进行教育质量保障的方法》，《比较教育研究》，2018 年第 3 期。

③　王薇：《国际教师教育质量保障体系的构建及其启示》，《教师教育研究》，2017 年第 9 期。

④　周晓静：《我国师范类专业认证：从理念到实践》，《江苏高教》，2020 年第 2 期。

善师范类专业认证标准、探索师范类专业认证模式等方面积累了有益经验。① 2017 年 11 月,教育部印发《普通高等学校师范类专业认证实施办法(暂行)》,出台相关标准,开启了师范教育的专业认证时代。以建立师范类专业认证制度、健全教师教育质量保障体系为突破口和着力点,大力振兴教师教育,全面夯实新时代高素质教师培养的基石。②

师范类专业认证的使命是全面贯彻党的教育方针,落实立德树人根本任务,构建中国特色、世界水平的教师教育质量监测认证体系,分级分类开展师范类专业认证,以评促建,以评促改,以评促强,全面保障和提升师范类专业人才培养质量。认证以"学生中心、产出导向、持续改进"为基本理念。学生中心,强调遵循师范生成长成才规律,以师范生为中心配置教育资源、组织课程和实施教学;产出导向,强调以师范生的学习效果为导向,对照师范毕业生核心能力素质要求,评价师范类专业人才培养质量;持续改进,强调对师范类专业教学进行全方位、全过程评价,并将评价结果应用于教学改进,推动师范类专业人才培养质量的持续提升。③

我国师范类专业认证坚持内部监控与外部评价相结合。通过对毕业要求的达成评价、课程评价、管理评价、保障体系、内部监控、学业监测,构建内部评价体系;通过目标评价、外部评价、社会声誉,构建外部评价体系,由此建立内外贯通的教学质量监控机制。专业认证质量保障体系紧紧扣住"产出、支撑、保障"三条主线。产出线,即检验专业制定的培养目标和毕业要求能否达成;支撑线,即检验专业的课程教学和资源条件能否支撑毕业要求达成;保障线,即检验专业的质量监控机制能否保障专业人才培养质量。这三

---

① 教育部启动普通高校师范类专业认证工作师范类专业将实行三级监测认证,教育部网站[EB/OL]. http://www.moe.gov.cn/jyb_xwfb/s5147/201711/t20171109_318736.html(2017 – 11 – 09)[2020 – 7 – 17]。

② 王定华:《培养好老师从师范类专业认证开始》,《光明日报》[EB/OL]. http://epaper.gmw.cn/gmrb/html/2018 – 01/06/nw. D110000gmrb_20180106_2 – 06. htm(2018 – 01 – 06)[2020 – 7 – 17]。

③ 普通高等学校师范类专业认证实施办法(暂行)[EB/OL] http://www.moe.gov.cn/srcsite/A10/s7011/201711/t20171106_318535.html (2017 – 10 – 26)[2020 – 7 – 17]。

条主线将专业认证标准(二、三级)包含的 8 个一级指标全程融入质量保障监测体系,从而确保专业人才培养质量。①

二、实践呈现

(一)标准解读

质量保障是实现人才培养目标,保证培养质量,达成毕业要求的重要管理环节。师范类专业认证关于本部分的测评重点关注以下三个方面:教学质量保障体系的建设情况;教学质量监控与评价机制的建立情况;对评价结果的有效使用。普通高等学校师范类专业认证标准(小学二、三级)中均将一级监测指标"质量保障"分解为"保障体系""内部监控""外部评价""持续改进"4 个二级指标点,但表述略有区别,具体见下表。

表9-2　师范类专业认证标准(小学二、三级)中关于"质量保障"的表述

指标点	二级	三级
保障体系	建立教学质量保障体系,各主要教学环节有明确的质量要求。质量保障目标清晰,任务明确,机构健全,责任到人,能够有效支持毕业要求达成	建立完善的教学质量保障体系,各主要教学环节有清晰明确、科学合理的质量要求。质量保障目标清晰,任务明确,机构健全,责任到人,能够有效支持毕业要求达成
内部监控	建立教学过程质量常态化监控机制,定期对各主要教学环节质量实施监控与评价,保障毕业要求达成	建立教学质量监控与评价机制并有效执行,运用信息技术对各主要教学环节质量实施全程监控与常态化评价,保障毕业要求达成
外部评价	建立毕业生跟踪反馈机制以及基础教育机构、教育行政部门等利益相关方参与的社会评价机制,对培养目标的达成度进行定期评价	建立毕业生持续跟踪反馈机制以及基础教育机构、教育行政部门等利益相关方参与的多元社会评价机制,对培养目标的达成度进行定期评价

---

① 周晓静:《我国师范类专业认证:从理念到实践》,《江苏高教》,2020 年第 2 期。

续表

指标点	二级	三级
持续改进	定期对校内外的评价结果进行综合分析，能够有效使用分析结果，推动师范生培养质量持续改进和提高	定期对校内外的评价结果进行综合分析，能够有效使用分析结果，推动师范生培养质量的持续改进和提高，形成追求卓越的质量文化

1. 保障体系

保障体系是质量保障的重要组成部分，是实现培养目标、达成毕业要求的管理保障。本指标要求专业重视教学质量保障体系的建设，能够建立覆盖各主要教学环节的教学质量保障体系；教学质量保障体系能够从管理目标、管理任务、管理机构、管理责任等方面，有效保证人才培养教学任务的完成。

2. 内部监控

内部监控是教学质量保障体系的重要组成部分，能有效支撑培养目标的实现和毕业要求的达成。本指标要求专业围绕课程建设、课堂教学、教育实践等主要教学环节，建立覆盖教学设计、实施和评价全过程的教学质量常态化监控机制；教学质量监控与评价机制运行有序，采取自主教学检查、评价与反馈、结果分析与自觉改进等方式，并运用信息技术对各主要教学环节质量实施全程监控与常态化评价，不断提高教学质量。

3. 外部评价

外部评价是教学质量保障体系的必要环节，对培养目标实现和毕业要求达成会产生重要影响。本指标要求专业重视人才培养质量的社会评价，建立毕业生持续跟踪反馈机制，全面、深入、准确地了解毕业生履职情况；定期邀请小学、教育行政部门等利益相关方对毕业生质量进行多元社会评价，根据评价结果及时调整人才培养方案，有效改进课程教学工作，使专业人才培养与小学教育发展形成良好的契合度。

4.持续改进

持续改进是质量保障的目的所在。本指标要求专业在定期进行内部监控与外部评价的基础上,对校内外评价结果进行综合分析,并根据分析结果制定改进措施;要以追求卓越为目标,形成质量监控与持续改进的质量文化,不断提高人才培养质量。

(二)实践操作

由于师范类专业认证的使命在于构建中国特色、世界水平的教师教育质量监测认证体系,提高专业教育质量。[①] 因此在对师范类专业认证标准中"质量保障"一级监测指标进行探讨时,应当具有更为开阔的视角。首先,需要重新审视已有的质量保障体系;其次,应依据"质量保障"及其指标点梳理、建构、完善专业质量保障体系;最后,应将师范认证作为质量保障的一环,推动未来专业发展。后文将以首都师范大学初等教育学院小学教育专业为例进行分析。

我们以师范类专业认证为契机,对首都师大小学教育专业质量保障体系进行了梳理分析,发现校院两级均已基本建构形成了质量保障体系。从学校层面而言,首都师范大学始终把本科教学工作放在中心位置,把人才培养作为立校之本。经过多年的改革与探索,形成了任务明确、责权清晰、相互协调、相互促进的教学质量保障体系(见图9-4)。并根据校"十三五"规划、《关于全面提高本科人才培养质量的意见》等文件和各专业本科人才培养方案,确定了总体教学质量标准。再以总体标准为依托,制定了专业建设标准、德育教育标准、教师教学标准、课程教学质量标准和教学实践标准。

---

① 周晓静:《我国师范类专业认证:从理念到实践》,《江苏高教》,2020年第2期。

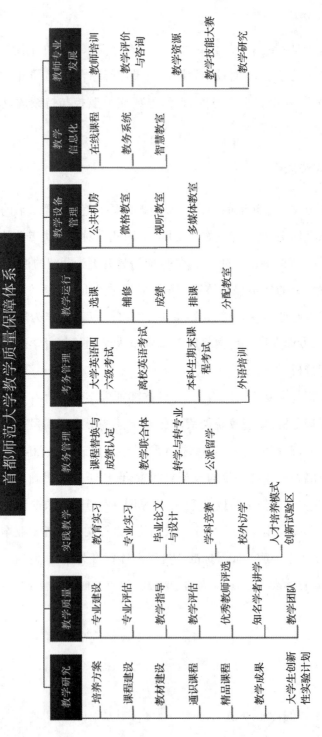

图9-4　认证工作流程与认证后的整改工作

从学院及专业层面而言,小学教育专业在学校本科教学质量保障体系下,传承百年师范教育传统,探索出本科层次小学教师培养的有效质量保障体系。在该体系中,首先由院长、教学副院长、教指委进行教学决策监管,然后由教学办和实践办进行推进,进行教学过程各环节的监督与调控,最后由各教研室和室务会成员进行教学实施与课程评价。

在上述校院两级质量保障体系的基础上,结合师范类专业认证标准一级监测指标"质量保障"的具体要求,梳理、建构、完善后的小学教育专业质量保障体系如下:

1. 保障体系

(1)根据专业培养目标和毕业要求达成度要求,制定完整的教学质量保障体系建设方案,各主要教学环节要求有清晰明确、科学合理质量要求

质量保障体系应当做到全过程、全方位覆盖(见图9-5、9-6)。所谓全过程,包含以下两个方面的考量:一是应当建立针对每位学生的全程监控体系,对于每位学生从入学到毕业后的全阶段各节点进行监控;二是建立针对每个教学环节的全程监控体系,以课堂教学为例,应当包含课程申请开设,课程大纲及授课计划的制定,课程所需各项教育设施设备的准备情况,师资情况,教师备课、上课、课后情况,考核与评价等全过程。全方位是指监测内容应该涵盖学生在校所有环节,学生活动、第二课堂、学生的课后学习情况、各项竞赛、校内外及境内外的各种访学交流等都应被统摄在质量标准体系内。这些方面同课堂教学共同完成人才培养任务,亦应作为质量保障体系监控的一部分。

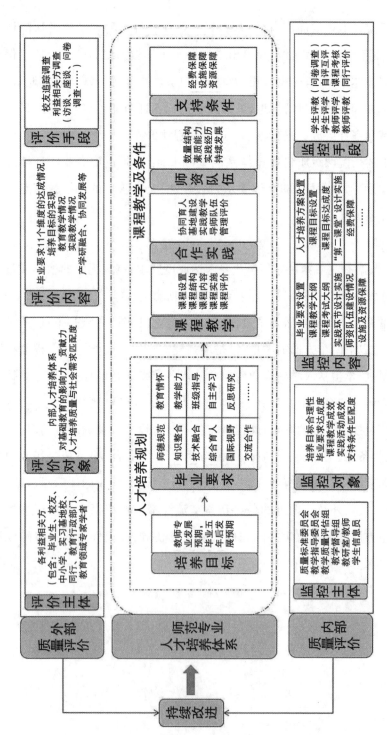

图9—5　OEB理念下师范专业质量保障体系

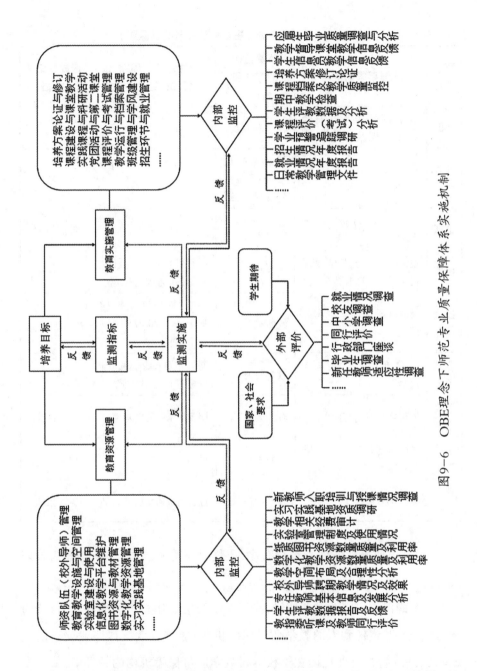

图9-6 OBE理念下师范专业质量保障体系实施机制

我们认为教学环节主要包括开课、备课、授课、批改作业、考试考核、毕业论文、学术讲座、教育实践,并为每个环节制定了质量要求和评价方式。

表9-3　小学教育专业主要教学环节的质量要求

环节名称	质量要求的要点	质量监控的方法和责任人	质量评价的周期、依据、结果反馈方式	形成的记录文档
开课	新开课程内容是否符合要求,任课教师资质	教学副院长		
各教研室	先期评审,中期审查,结课评价	新开课程记录及授课计划、课程大纲		
备课	匹配课程目标,教学大纲	教研室	先期审核	备课教案
授课	授课内容、方式与课程目标、毕业要求契合度	教学督导	过程性审核,以授课内容、方式为评价依据	听课记录
批改作业	及时准确反馈学生作业情况	教研室	期中、期末两次审核。基于作业批改情况进行审核	作业
考试考核	评卷准确,考评方式得当	教学督导	期末审核,基于试卷评分标准及考试方式	试卷
毕业论文	体现学生科研能力	教指委	期末审核,后期审查	毕业论文
学术讲座	匹配人才培养目标及毕业要求	教研室	过程性评价	相关报告
教育实践	契合毕业要求	教学副院长	过程性评价,后期审查	实践报告

（2）教学质量保障体系运行有序,质量要求落实到位,各项管理措施切实可行

为了确保本科人才培养质量,我们在学校层面建立了机构健全、目标明确、分工合理、责任到人的教学质量保障机构,能够有效支撑毕业要求的达成(见表9-4)。专业层面在学校本科教学质量保障机构的领导下,依据专业自身特点,建立了具体执行的教学质量保障机构(见表9-5)。

表9-4 首都师范大学本科教学质量保障机构

教学质量保障机构	目标	任务	职责分工	责任人	对毕业要求支撑作用
教学指导委员会	提升本科教学质量	全面指导本科教学质量	审议、指导毕业要求的达成	校党政一把手	总体指导毕业要求达成
教务处	确保本科教学质量稳步提升	具体管理教学质量	确保教育教学平稳运行,确保毕业要求的达成	教务处处长	通过多途径监控、确保毕业要求达成
本科教学督导组	监控指导提升教学质量	指导提升教学质量	反馈教学情况,指导教育教学水平如何高水平支撑毕业要求	督导组组长	提升教学质量,促进毕业要求的达成
学生信息员	监控反馈教学质量	反馈教学质量	反馈教育教学对毕业要求的达成情况	教务处质量科	从学生角度确保毕业要求达成

表9-5 小学教育专业教学质量保障机构

教学质量保障机构	目标	任务	职责分工	责任人	对毕业要求支撑作用
院教学指导委员会	提升本专业教学质量	全面指导本专业教学	修订培养方案、毕业要求,指导具体教学活动	主任委员	总体指导毕业要求达成
教学管理办公室	规划理论教学各个环节	监控和管理理论教学全过程	制定专业教学的执行方案	主任	非实践环节的支撑作用
实践教学办公室	规划教育实践实习环节	监控和管理教育实践全过程	制定专业实习与见习的实践方案	主任	实践环节的支撑作用
教学研究办公室	提升各学科教学质量	开展各学科教学	执行各方向人才培养方案和课程方案	主任	实践推进各学科毕业要求的有效达成
教学室务委员会	提升各学科教学质量	研究和解决各学科教学中的具体问题	研究和解决各方向人才培养方案和课程方案中的问题	主任委员	促进各学科毕业要求达成

续表

教学质量保障机构	目标	任务	职责分工	责任人	对毕业要求支撑作用
学生信息员	从学生角度反馈教学质量	收集学生信息,反馈教学质量	实时、全面的反馈课程教学情况		从学生角度确保有效达成毕业要求

2.内部监控

(1)我们围绕毕业要求达成的质量要求,将其分解为每个主要教学环节、每门课程的质量要求,论证和设计专业教学质量标准,建立质量管理制度,形成内部常态化教学质量监控与评价机制

学校学院两级定期展开专业教学质量评价,围绕毕业要求及人才培养质量要求,建立质量管理制度,形成贯穿教学全过程的教学质量监控与评价机制。在教学运行过程中,学院运用教学管理、教学督导和学生反馈机制等措施对教学质量进行有效监控。

每学期进行开学、期中和期末"三段式"教学检查。学校层面,由校领导、教务处、本科教学督导组开学初进行课程教学情况审查、期中教学质量监测、期末考试情况检查等,并进行教学大纲、日历教学常规档案材料审核及试卷出卷、评分等情况检查。学院层面,根据学校"三段式"教学检查,学院领导班子全部成员、各教研室、教学管理人员同步进行内部检测。

随机教学检查与走访。学校和学院两级教学管理部门领导组、教学督导组根据小学教育专业工作情况,不定期到课堂进行听课检查、学生走访、教师访谈,及时发现教学中出现的问题,精准研究和及时解决。

课程教学质量评估。教学效果考核主要有以下评价标准:一是教师、学生对教师课程教学质量的评价成绩;二是教师承担的教学工作量;三是教师在教学研究和教学改革中的投入;四是教师在教学改革中所获得的奖励。

考试、命题、成绩监控。校院两级注重考试、命题、试卷评阅和考试结果分析的各项环节,通过监察、抽样等方式进行监控,并依托本科教务系统对

成绩等进行科学合理的数据分析。如在命题环节重视试卷编制,根据培养目标、毕业要求进行命题,强调对试卷难易度进行分析把控,进行命题三审制度。

实习实践环节监控。建立了基于小学教育专业特点的专业实习实践制度,通过前期把控、中期检查、后期评估的方式对实习实践环节进行考核。具体形式包括领导视察、教师听评课、实习通讯、中期返校,举办实习学校座谈会,进行指导教师评价、实习生小组评价等。

(2)在教学运行过程中,各主要教学环节的质量监控管理制度得到有效落实,所采取的常规教学管理、教学督导和评教评学等管理监控措施运行有序,能够对教学质量进行有效监控

为保证小学教育专业教学质量,校院两级依据教学管理制度规定,建立了教学质量监控与评价机制(见图9-7)。通过学生评教、教师评学、校内教学评估等手段,产生"教学评价"结果;通过日常教学检查、"三段式"教学检查、教学督导监控、学生信息员反馈等,产生"教学反馈"信息。两者一起进入教学决策分析系统,通过党政联席会议、教指委会议、教学工作会议等形成教学改进建议,对人才培养方案、教学主要环节质量标准和教学管理制度

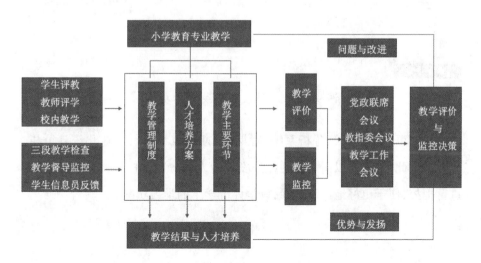

图9-7　小学教育专业教学质量监控与评价机制

进行改进调整。

(3)学校能够围绕教学质量监控机制运行和毕业生质量达标的情况进行自我评估,包括课程评估、学生学习评估和专业建设评估等,保证内部质量监控与评价机制正常有效运转并得到持续改进

我们充分利用现代信息技术的支持,在校院两级建立基于人才培养关键环节,利用信息平台的收集、归档、分析功能,多视角、多节点的监控和评价,形成诊断结论、改进方案。以下简要示例:

本科教务系统包含教学日历、教学大纲在内的教学基本材料上传,新开课申请及审批,课程调整及审批等功能。我们可以利用教务系统,分析本科教学状况,发挥状态数据在教学评估工作中的重要作用。为展开本科课程教学质量评估,收集相关质量评价数据,提升教学质量起到促进和技术保障作用。

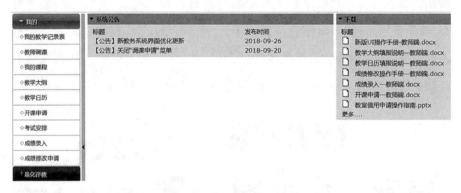

图9-8 本科教务系统各项功能

我们可以依托成绩分析系统,对期终、期评成绩进行专业化统计分析。教师通过此分析,可以清楚看到各分段学生人数分布,进而对试卷难易程度进行把控,便于更好地命制试题,科学评价学生的学习状况。

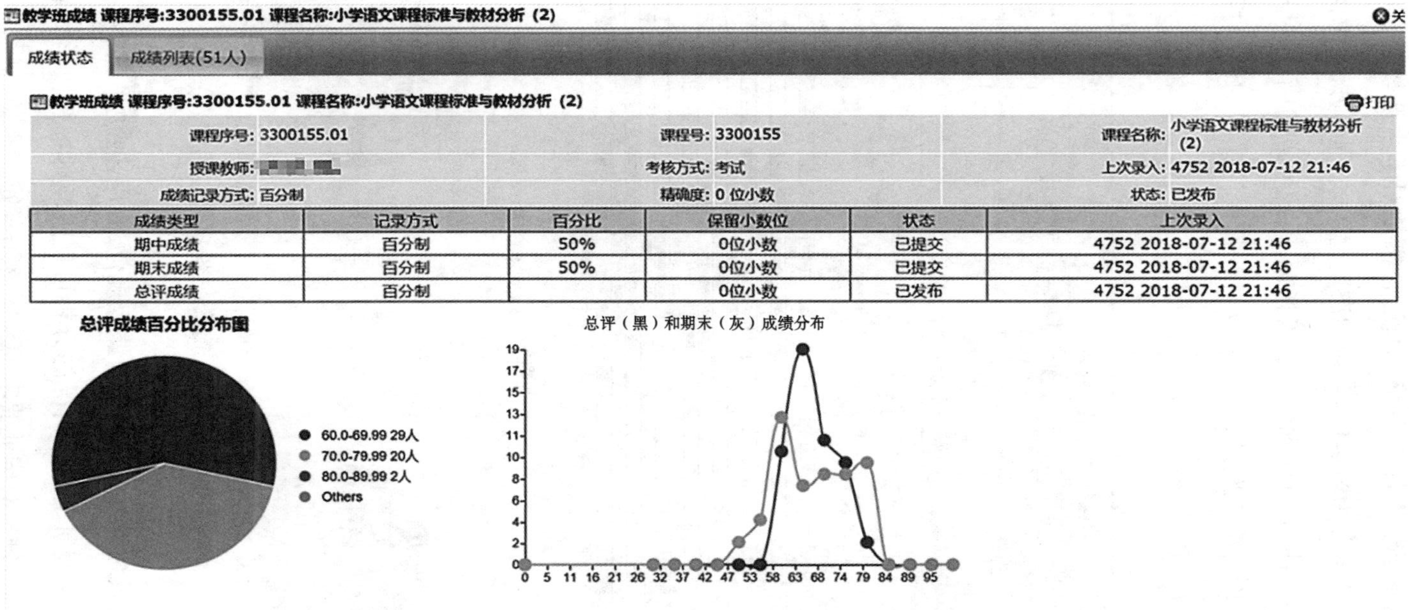
教学班成绩 课程序号:3300155.01 课程名称:小学语文课程标准与教材分析（2）
关
成绩状态
成绩列表(51人)
教学班成绩 课程序号:3300155.01 课程名称:小学语文课程标准与教材分析（2）
打印
课程序号: 3300155.01
课程号: 3300155
课程名称: 小学语文课程标准与教材分析 (2)
授课教师:
考核方式: 考试
上次录入: 4752 2018-07-12 21:46
成绩记录方式: 百分制
精确度: 0 位小数
状态: 已发布
成绩类型 记录方式 百分比 保留小数位 状态 上次录入
期中成绩 百分制 50% 0位小数 已提交 4752 2018-07-12 21:46
期末成绩 百分制 50% 0位小数 已提交 4752 2018-07-12 21:46
总评成绩 百分制 0位小数 已发布 4752 2018-07-12 21:46
总评成绩百分比分布图
60.0-69.99 29人
70.0-79.99 20人
80.0-89.99 2人
Others
总评（黑）和期末（灰）成绩分布
19 17 15 13 11 10 8 6 4 2 0
0 5 11 16 21 26 32 37 42 47 53 58 63 68 74 79 84 89 95

图9-9　成绩分析系统各项功能

　　我们可以基于学生评教系统,简便、清晰地对学生评教进行统计分析。该系统将学生评教分为教学内容、教学态度、教学过程与方法、总体印象 4 个一级指标,每一指标下有两到 3 个二级指标,系统可以清晰反映学生对每个二级指标的评价情况。此外,学生可以对教师该门课程的教学提出若干建议,便于教师改进教学。

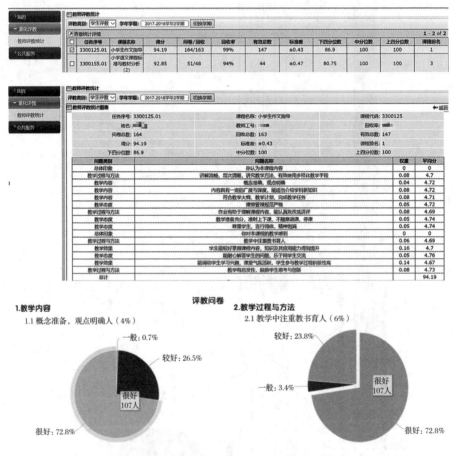

图 9-10　学生评教系统各项功能(部分)

　　以上评估系统平台保障了各门课程规范、有序,避免了教学内容和评价的随意性。对课程质量达成情况的分析可促进教师进行教学内容、过程与评价机制的改进,确保对毕业要求的支撑落到实处。

3.外部评价

（1）专业围绕师范生毕业要求达成和毕业5年后专业发展成就，设计并形成人才培养质量的多元社会评价机制

我们针对毕业生（含应届毕业生和校友）与用人单位（含各小学与教育行政部门）等建立了多方位的跟踪调查反馈体系（见表9-6、9-7）。综合分析评价结果，为专业的培养目标、课程设置、课程考试与考核提供改进意见。

表9-6　小学教育专业毕业生持续跟踪反馈形式

形式	评价目标与方式
应届毕业生座谈	通过定期座谈、访谈等方式，全方位追踪学生对学业的满意度、对小学教育专业人才培养的意见
校友回母校座谈	每学年邀请10名左右的校友回校座谈和作职业发展等报告，与学生充分交流，加强学校与毕业生的感情联系，并全面掌握毕业生的就业动态
毕业生问卷调查	每5年一次进行纸质与网络调查，征求毕业生对专业培养目标和毕业要求的认同度与达成度的评价，并请专业教师进行系统分析，掌握毕业生中长期职业发展情况
用人单位调查	举办小学和教育行政部门座谈会和专题研讨，了解用人单位对小学教育专业人才培养的质量评价与用人需求

表9-7　"学科素养"调查中认知度相关题目设计（节选）

序号	题目	非常认同	认同	没感觉	不认同	完全不认同
1	我具有较为广博的自然科学素养					
2	我的人文科学素养还有较大欠缺					
3	我具有较好的艺术素养					
4	我熟悉主教学科的基础知识及学科体系					
5	我掌握了儿童学、教育学、心理学等教育学科知识					
6	小学生跨学科学习，需要教师重视学科之间的联系，重在促进小学生学习和小学生健康成长					

（2）专业人才培养质量多元社会评价机制运行正常，能够定期邀请小学、教育行政部门等利益相关方对毕业生质量进行评价，并根据评价结果优化人才培养方案，改进人才培养工作。小学教育专业、各小学、教育行政部门组成了利益相关体，相互促进、推动本专业的发展（见图9－11）

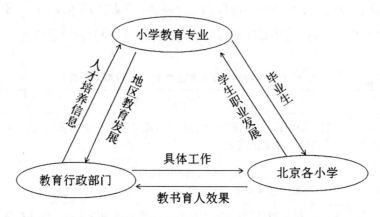

图9－11　小学教育专业多元社会评价机制

基于此，我们建立了以用人单位、教育行政部门等为主要评价主体的社会评价机制：①毕业生跟踪反馈，通过问卷调查、访谈、座谈等方式全面、深入、准确地了解毕业生履职情况及后续发展情况；②定期邀请小学负责人、教育行政部门相关人员等利益相关方对毕业生质量进行综合性社会评价；③利用专业实习见习，向各小学征集人才培养工作的反馈信息。根据上述评价结果，本专业动态调整人才培养方案，修订培养目标及毕业要求，指导课程教学改革。

4. 持续改进

（1）专业能够对校内质量监控和校外质量评价的结果进行综合分析，所提出的改进措施真正提高了教学质量，有效地帮助了学生学习和发展，促进了培养目标的实现和毕业要求的达成

我们秉承"学生中心""产出导向""持续改进"的原则，综合分析内外质量监控结果，提出多项举措，推动师范生培养质量持续改进和稳步提高，均

取得比较良好的效果。

表9－8　小学教育专业近三年典型持续改进举措

举措	背景	具体措施
课程教学大纲	内部学生评价显示,学生对本专业课程设置不明,学习方法盲目,课程内容有重叠等	重新修订《小学教育专业课程教学大纲》,规定每门课程的学习目标、学习内容、参考资料和评价方式,精准达成对毕业要求的支撑
延迟实习	内部调研发现,本专业学生进一步学习欲望不强,考研率不高,备考与实习冲突	加强小学教育硕士的前景与课程介绍,鼓励学生考研;对报名考研学生,可以将第七学期的城区实习,调到第八学期
实习中期返校	内部调研发现,城区实习比较分散,科任教师无法逐一指导,典型教学问题无法解决	大四上学期城区实习期间,确定一天集中返校,汇总典型问题,各教研室科任教师集中指导,解答疑惑,学生之间相互探讨
教研能力培养	外部评价显示,本专业学生工作之后,小学教育教学研究能力有所欠缺	教育教研室建设"教育科研方法课程群",心理教研室建设"学校心理学课程群",学院强化本科生毕业论文评审要求
教育实践双导师制	内外部评价综合显示,本科生教育教学能力需要提高,才能胜任新时代的小学教育工作	聘请一线优秀小学教师和学院教师共同组成实践指导教师,共同指导教育实践;开展小学教育实习指导教师遴选与培训制度,提升指导教师的指导效果

（2）专业能够持续加强质量监控与评价机制建设,形成追求卓越的良好氛围,质量文化取得明显成效

小学教育专业传承百年师范精神,立德树人,面向未来,培养具有卓越小学教师和未来教育家潜质的小学教育人才。历经20年高等教育办学实践,形成了持续改进的质量文化——坚持"国际视野,本土实践,借鉴历史,面向未来"的办学理念,培养具备"爱心、童心,乐学、乐教"的学子精神。

构建新时代"四有"好老师三全育人生态体系;筹建院史馆和建设文化墙,宣传专业发展与学习情况,培养学生的专业认同感和增进学习动力。继续引领全国小学教师教育的发展方向,引领北京市小学教育改革趋势;优化教师教学的评价体系。建立合理的教师评价体系,加强教师教学改进,促进

教师积极参与教学改革与研究。培育高水平教学成果，增加教授、副教授在本科课程中的授课比例；推动国际化办学。加强对外交流，不断提升本专业在学界的学术声誉和影响力。遴选和推荐本专业优秀本科生，到国内外知名院校相关专业访学、交流、游学和深造，加强对外学习与交流。

三、反思对话

师范类专业认证结束后，首都师范大学小学教育专业收到了专家组现场考察报告，报告中指出学校、学院和专业都十分重视质量保障工作，质量保障与持续改进的理念已经深入人心。校院两级形成了任务明确、责权清晰、相互协调、相互促进的教学质量保障体系，期初、期中和期末"三段式"的教学检查在较大程度上保障了教育教学的质量。但是，质量监控机制仍属于传统模式，未体现过程监控对保障专业毕业要求达成的作用。产出导向的评价机制和质量保障机制还没有真正建立。

我们作为师范类专业认证小学教育专业打样单位，较早接触了师范类专业认证的"学生中心""产出导向""持续改进"理念并付诸实践，近年来我们也在不断进行反思，期待这些思考对兄弟院校人才培养质量保障体系的构建与完善具有启示意义。

（一）突破传统质量保障模式

师范类专业认证究其本质，广义而言在于构建教师教育质量监测认证体系，保障和提升师范类专业人才培养质量；若聚焦于专业内部，则旨在通过师范类专业认证帮助各师范专业形成闭环质量保障体系，促进专业内部走上持续改进的良性循环道路。而各师范专业自接受师范类专业认证时起，师范类专业认证本身已经成为专业质量保障体系的一部分。

我们各师范专业首先需要审视以往传统的质量保障模式存在的问题，深入理解师范专业认证理念，构建新型质量保障体系。造成传统教育模式人才培养质量差强人意的原因，一方面在于人才培养出发点存在偏差，作为重心及核心的"学生"因素没有被凸显，而本应作为质量保障体系检视对象的培养方案同时承担着"指挥者"的角色，质量保障的核心成了自证培养的学生是否实现了专业制定的培养方案，而不是证明这种培养模式是否促使培养的学生具备了相应的专业知识能力，是否能够应对毕业后的挑战与机遇（或至少具备应对这种挑战与机遇的基本素质）。另一方面，传统的质量保障体系不健全，没有形成长效的自主开展的质量保障体系运行机制，更多地依靠如教学评估、专业认证、第三方评价等外力驱动，同时呈现出局限于"专业—院系—学校"的闭锁的内部评价方式的倾向，形式单一，主体缺乏。以上原因致使质量保障体系未能充分发挥修正作用，人才培养模式在惯性下持续实施，难以发现问题或发现问题无从着手。

"学生中心""产出导向""持续改进"的理念若能够在专业内部得到有效应用，将有助于缓解上述传统质量保障体系的弊端，推动高等教育质量保障体系范式由传统的外力驱动型向内发多元开放型转变，进而实现高等教育人才培养质量的提升。

（二）评价机制有待进一步完善

包括毕业要求达成度评价、课程评价等在内的评价体系需要转变原有单一评价方式，探讨多主体多维度多方式评价。以毕业要求达成度评价为例，毕业要求在人才培养过程中处于承上启下的重要环节，既是培养目标的具体展现，又统领后续课程、实践等各项教育教学环节。因此对于毕业要求达成度的评价及其结果的运用对人才培养具有重要影响。但是在评价专业毕业要求的达成时，方式与途径仍然较为单一，目前主要采用课程考试/考核评价法，即通过学业成绩分数/成绩等级，来评价毕业要求的达成情况。这种传统的评价方式，侧重的是知识，比较适合评价"教学能力"，并不一定适合毕业要求中的其他指标。

比如，"师德规范"和"教育情怀"关注的是学生的思想、意识形态，它们不应当仅仅通过课程考试或考核来评价。"教学能力""班级指导""综合育人"关注的是学生的技能、能力,它们应当采用哪些更好的方式方法,也需要加以研究。此外,"学会反思"和"沟通合作",关注的是学生的可持续发展,它们更多的是要靠工作之后的持续跟踪来进行。而这些指标不能仅仅依靠测量来判断达成与否。

鉴于此,要深入探索毕业要求的达成评价的机制和方法,探索不仅仅限于学习课程的考核与考试,而是覆盖师范生 4 年在校期间整体发展、体现过程性和成长性的评价方式,以过程性、大数据、多维度评价学生的发展情况,从而建立科学有效的常态化监控机制。

(三)质量保障的运行、反馈及改进需全面落实

虽然目前各师范类专业基本形成了完整的教育质量保障体系、成立了专门的机构、建立了实时监控系统,但是仍存在一些不足。首先,形成的质量保障体系多为外塑型,倚重政府主导的教学评估、质量数据监控等自上而下建构,自发性、自主性不足。自主建立的外部保障体系尚不完善。其次,质量保障体系更多体现了监督、调控功能,虽建立了教学质量信息收集渠道,但内外部质量保障机制所获取的大量数据在信息集成、综合分析,最终形成全方位、系统化的改进意见方面仍显不足。再次,质量标准的研制及科学性有待提高,缺乏对教学问题进行深层次分析研究、寻找症结、总结规律。最后,教学质量持续改进跟踪缺乏,"闭环"特征尚不明显,无法及时了解各教学部门是否及时落实整改意见,教学质量是否持续改进提高。[①]

因此,各师范类专业需要详细梳理现有质量保障体系的薄弱环节,寻求重点突破,充分利用各途径使师生深入理解贯彻"学生中心""产出导向""持续改进"理念,主动运用质量保障体系获取的各项数据改善教育教学各环节,形成追求卓越的质量文化,推动人才培养质量进入持续改进的良性

---

① 范菁:《高校内部教学质量保障体系建设的现状与展望》,《中国大学教学》,2019 年第 3 期。

循环。

四、改进与展望

若要实现小学教育人才培养质量持续提升的目标,需要消除现有专业质量保障体系存在的各项问题,从质量保障体系机制自身及质量文化建设等两方面出发,致力于质量保障体系的不断改进与完善。

(一)加强质量监控与保障的系统性和有效性

加强对教学质量标准的理论研究,提高质量标准的精细化、针对性。进一步明确各个环节质量标准的内涵、责任单位、具体职责等,健全和完善教学质量的考评机制,增加质量评价的可操作性。树立"OBE"理念,深入研究评教指标体系和评教组织工作存在的问题,改进和完善学生评教的指标体系,认真组织评教实施过程,提高评教结果的客观性和可信度。

(二)不断拓展质量保障工作的广度和深度

全面构建全方位、全过程的教学质量保障体系。利益相关方均应是质量保障工作的主体,教学工作的各环节和影响教学质量的各要素均应在质量监控范围之内。完善内部教学质量保障体系的组织管理体系,形成"多元主体"的质量保障格局。完善教育主管部门、学生家长、用人单位等利益相关方参与人才培养方案制定与教育评价的长效机制。加强质量信息的分析、研究和应用,构建和完善毕业生和用人单位跟踪调查机制。深入了解毕业生质量和用人单位需求,纳入人才培养方案和质量标准的修订。

(三)实现质量标准动态化

质量标准作为质量保障体系的中心环节,标准的确定及检测直接关系人才培养质量的成败。因此质量标准的设置应当准确有效,同时可以动态调整。

各专业内部应当形成本专业的质量标准。该质量标准应当内化各外部质量监控的内容,如师范类专业应内化《师范类专业认证标准》《教师教育课程标准》,同时参照各项本科教学评估、高校质量保障数据监测平台相关指标,参考各利益相关方的人才需求,形成具有本专业特色,各责任主体可评估、可测量的质量标准。该质量标准应作为专业开展内部评价的主要依据。

同时,质量标准应动态调整并具有可修正性。专业内部应当形成"专业质量标准委员会",定期结合国家各项质量标准要求、各责任主体的反馈意见,以及国内外相同相近专业的发展动态,对本专业内部的质量标准进行修订。[①]

(四)确保监测方式灵活多样

目前,各师范专业内部实施的内部质量监测更多地通过以下三种途径进行:以学生为责任主体的学生评教方式,该方式主要以学生填写调查问卷为主;以教师为责任主体的教师评学方式,该方式主要以教师对学生学业进行评价为主;以督导为责任主体的督导评教方式,该方式主要以督导听课评课为主。

但是随着责任主体的增多以及原有主体的参与度的增加,监测方式应当更加灵活多样。例如,传统主体方面,以学生为责任主体的监测方式,至少应当包括学生评教、学生评学(学生评学中应包含学生自评及学生互评),以教师为主体的评价方式除去常规的教师评学外,应该包含教师对同行的评价和教师对于人才培养体系的评价。新增主体方面,应当灵活采用座谈、问卷、访谈等多种途径对人才培养各环节进行监测。[②]

---

①②　方敏编:《教育创新:深化改革 提质增效——首都师范大学教学质量与教学改革研究论文集(十二)》,首都师范大学出版社,2020 年,第 68 页。

（五）信息反馈简洁高效可利用

多元责任主体通过各种途径对人才培养全过程、全方位进行的监测数据等结果应当尽可能简洁地传至各专业建设的"专业质量标准委员会"，尽量减少中间环节，确保数据的准确高效。同时"专业质量标准委员会"不应将反馈数据仅视为质量监测的结果，而应视为下一轮人才培养的起点，充分利用质量监测结果，完善下一轮的人才培养模式，实现人才培养质量的持续改进。[①]

（六）树立持续改进质量文化

坚持"学生中心，产出导向，持续改进"的质量理念，通过建立激励机制引导教师投入教学工作、提升教学质量的责任感和荣誉感，进而树立以生为本、以教为本的教学观。建立问题对策研究机制和研究队伍，立足从根本上解决问题，对于长期存在、反复发生的问题，要提出长效解决方案，加强整改督查，限期解决。最终形成能够持续改进提高的教学质量保障闭环系统，促进质量自觉和质量自律。[②]

---

①　方敏编：《教育创新：深化改革　提质增效——首都师范大学教学质量与教学改革研究论文集（十二）》，首都师范大学出版社，2020 年，第 69 页。

②　范菁：《高校内部教学质量保障体系建设的现状与展望》，《中国大学教学》，2019 年第 3 期。

第十章

小学教育专业学生发展与人才质量

在小学教育师范专业认证的标准体系中,"学生发展"是专业教学的出发点和最终目标,体现了以学生为中心,强调遵循师范生成长成才规律,关注学生需求,加强成长指导,切实达成毕业要求。"学生发展"在《小学教育专业认证标准(第二级)》《小学教育专业认证标准(第三级)》中作为一级指标,重点关注三个方面:一是小学教育专业的生源质量的保障制度;二是学生专业发展的需求与成长;三是毕业生就业质量与社会评价情况。具体包括生源质量、学生需求、成长指导、学业监测、就业质量、社会声誉、持续支持7个二级指标。本章基于《小学教育专业认证标准(第二级)》,结合首都师范大学初等教育学院参与认证工作的经验及其后续改进,反思小学教育专业学生发展的方向。

一、理论背景

2017年教育部印发的《普通高等学校师范类专业认证实施办法(暂行)》和2018年推出的《普通高等学校师范类专业认证工作指南》,同以往的教学评估相比,特征更加鲜明,与众不同,显示出我国教育评估体系的进步和完善。我们能够清晰地看到高校师范类专业认证中的逻辑设计,"学生中心、产出导向、持续改进"三个理念传达了专业认证的价值观,而认证标准是价值观的具体化,在认证过程中认同这种价值取向并进行对标的专业是合格的。学生中心理念是上位概念,贯穿认证全过程;产出导向是认证标准最显著特征,可以说整个认证标准体系是基于产出导向理念构建的;持续改进理念是实现产出的手段,也是认证工作期望培育的制度成果。①

"学生发展"作为上位概念贯穿认证全过程,首先要建立在对这一指标点的深度理解上,这种理解不能局限在某项工作如何落实的操作层面,而是应该站在如何办学、如何办好师范教育、如何发挥立德树人实效性的高度去理解"学生发展";这种理解不能就标准本身谈标准,而要用历史的和发展的视角,从高校评估的变化中去理解"学生发展"的时代意涵。基于《小学教育专业认证标准(第二级)》的文本分析,我们尝试从"三个转变"阐释"学生发展"标准的内涵:一是从关注高校资源配置转向关注学生德才兼备的培养,二是从单纯关注培养结果转向关注人才培养的全过程,三是从单向度评估转向分级分类、多维度多视角的认证整合。

(一)从关注高校资源配置转向关注学生德才兼备的培养

以往的高校专业评估更多注重高校自身拥有的资源以及资源的合理配置。本次评估将"以学生为中心"思想贯穿于认证全过程,从践行师德、学会教学、学会育人、学会发展四个方面凝练教师核心能力素质,推动高校师范类专业构建以学生为中心的人才培养模式。②

1.重视对师范生师德和思想政治素质的培养

高度重视学生的价值认同,师范类专业认证旗帜鲜明地将践行社会主义核心价值观,增进对中国特色社会主义的思想认同和情感认同,放在师范毕业生要求的首要位置。在"学生发展"维度认证标准中,要求把好生源质量

---

① 胡典顺、于文字:《面向师范专业认证的认证标准解析》,《教师教育论坛》,2019 年第 3 期。
② 刘莉莉、陆超:《高校师范类专业认证的历史必然与制度优化》,《教师教育研究》,2019 年第 5 期。

关,使新生具有"乐教、适教"的基本潜质,包括明确的从教意愿,适合小学教师职业需要的品德素养、知识水平、表达能力和心理素质等综合素养。在成长指导环节,首要加强思想政治教育。这一系列认证要求明确、具体落实了习近平总书记在全国高校思想政治会上提出的"把立德树人作为中心环节,将思想政治工作贯穿教育教学全过程"的总体要求,是高等师范院校回答好"培养什么样的人、如何培养人以及为谁培养人"这个根本问题的重要举措。

2.重视兼顾师范生的全面发展和个性发展

随着"00后"大学生进入校园,大学生群体的自身特点也开始发生变化,传统的思想政治教育模式产生了工作模式思维固化、缺乏弹性难以适应学生五育并举、个性化发展需要的现象。[①] 在"学生发展"维度认证标准中,要求坚持以学生发展为本,切实了解师范生发展的内在需求,将专业培养的共性要求与学生发展的个性需求相结合,为师范生的专业发展提供空间;以促进师范生发展为目标,认真进行学情分析,以此为基础设计人才培养方案,不断优化课程设置与教学内容,兼顾师范生的全面发展和个性发展;完善评价机制和教学管理制度,尊重学生的选择,为师范生自主发展提供足够的空间。这一系列认证要求,要求高校深入挖掘学生的成长成才规律、高校育人规律,用心倾听学生的声音,感受他们的需求,改进工作方式方法,用心评价学生的表现。对思想政治工作而言,过去关注"举办什么活动""怎么举办""举办的怎么样",而如今学生为中心的思想政治工作就要关注"学生需要什么活动""学生如何参加活动""学生活动获得了哪些实效",不仅追求活动规模,更关注活动效能,以此处理好共性与个性、普遍性与独特性、群体与个体之间的关系,增强立德树人实效性。

3.重视为师范生终生发展提供持续支持

关注学生的核心能力素质,需要建立完善的师范生指导与服务体系,注

---

① 周举坤:《"以学生为中心"的高校学生工作适应性思考》,《学校党建与思想教育》,2020年第15期。

重社会对人才培养质量的评价,并为毕业生职后发展提供持续的支持。在"学生发展"维度认证标准中,要求形成从学生需求出发,覆盖学习、生活、实践全方位的服务体系,跟踪师范生学习全过程的评价机制,包含政府、社会、学校"三位一体"的反馈机制,以及职前-职后培养一体化的终身学习支持机制。这一系列指标是对习近平总书记在与北京大学师生座谈会中强调的"把立德树人成效作为检验学校一切工作的根本标准"的具体落实。

(二)从单纯关注培养结果转向关注人才培养的全过程

"学生发展"维度认证标准的7个二级指标,要求高校师范类专业形成全员、全过程、全方位的育人生态,能够从教育主体上包含了"高校、政府、基础教育、家长"等全员育人系统;从时间上贯穿"招生—培养—就业—终生发展"的全过程;从内容上覆盖"思想政治教育,生活指导、学习指导、职业生涯指导、就业创业指导、心理健康指导"等学生成长全方位指导;从工作机制上形成"评价—反馈—改进"的工作闭环。这一系列要求,不再单纯关注某一时间节点的培养结果,而是更加注重对培养过程、学生获得感、育人实效性的评估和监测,要求高校师范类专业在育人理念、育人模式、育人路径方面达成"学生中心、产出导向、持续改进"的标准,提升师范生培养质量。

(三)从单向度评估转向分级分类、多维度多视角的认证整合

在宏观层面上,高校师范类专业认证通过"监测""合格""评优"认证,能够保证基本办学条件;通过"合格"认证反应专业建设状况符合标准;通过"评优"认证鼓励部分高校师范类专业追求卓越、发展特色。依据《小学教育专业认证标准》,第一级"监测"认证中,没有"学生发展"维度,在第二级"合格"认证和第三级"评优"认证中,"学生发展"认证标准在两个级别中呈现了衔接和递升的特点,规范和引导高校师范类专业在学生发展相关工作方面合理定位,特色发展,追求卓越。认证首次运用互联网、大数据等信息网络技术,建设给予教师教育质量监测平台和大数据,运用常态检测和周期性

认证相结合、在线监测与进校考察相结合、定量分析与定性评价相结合、学校举证与专家查证相结合等多种认证方法,多维度、多视角监测评价师范类专业学生发展状况。①

在"学生发展"维度,第三级"评优"认证与第二级"合格"认证相比较,主要呈现以下七点变化:

第一,培养目标由"以培养合格小学教师为目标",提升为"以培养优秀小学教师为目标",在生源选拔方面,需要"使新生具有'乐教、适教'的基本潜质"。

第二,在培养模式上,鼓励跨院跨校合作,在设计兼顾共性要求与个性需求的培养方案与教学管理制度方面,第三级认证评估鼓励跨院、跨校选修课程,尊重学生的选择性,为师范生自主发展提供足够的空间。

第三,成长指导更关注指导实效。同第二级评估相比较,在建立完善的师范生指导与服务体系方面,增加了"取得实效""有效满足"等师范生成长需要的要求,要求各高校师范类专业不仅要将工作重点放在"指导什么""如何指导",更要聚焦"需要什么""指导效果如何"上,这也是对"产出导向"基本理念的落实。

第四,学业监测方面强调过程评估和学生的自我监测。在学业监测建立形成性评价机制方面,第三级认证评估中强调"对师范生在整个学习过程中的表现进行跟踪与评估,鼓励师范生自我监测和自我评价,及时形成指导意见和改进策略","要鼓励师范生制定自我学习计划",更加突出了过程管理和学生在学业发展过程中的主体作用。

第五,对就业质量提出了更高要求,由第二级"毕业生的初次就业率不低于本地区高校毕业生就业率的平均水平,获得教师资格证书的比例不低于75%,且主要从事教育工作"的要求,明确提升为"毕业生的初次就业率不

---

① 刘莉莉、陆超:《高校师范类专业认证的历史必然与制度优化》,《教师教育研究》,2019 年第5 期。

低于75%,获得教师资格证书的比例不低于85%,且主要从事教育工作"。

第六,社会声誉方面更关注毕业生的终身发展。要求毕业生社会声誉好,在第二级认证评估中,重点关注"毕业生入职5年后的专业发展成就突出,专业人才培养质量得到社会较高认可",在第三级认证评估中对毕业生职后发展的关注仅表述为"专业人才培养质量得到社会较高认可",说明第三级认证评估更加注重毕业生的终身职业发展。

第七,增加了"持续支持"维度,要求"对毕业生进行跟踪服务,了解毕业生专业发展需求,为毕业生提供持续学习的机会和平台",第三级认证评估更加突出了对专业履行社会责任的考核评估,要求为毕业生提供持续学习的机会和平台,同时运用毕业生持续支持的经验,不断改进在校生的人才培养,形成职后反哺职前的良好培养生态。

二、实践呈现

(一)标准解读

学生发展部分集中体现了"学生中心"的基本理念,强调遵循师范生成长成才规律,关注学生需求,加强成长指导,切实达成毕业要求。本部分指标关注三个方面:一是小学教育专业的生源质量的保障制度;二是学生专业发展的需求与成长;三是毕业生就业质量与社会评价情况。具体包括生源质量、学生需求、成长指导、学业监测、就业质量、社会声誉6个二级指标,和持续支持1个三级指标。下文将重点解读二级标准。

表10-1 二级、三级认证标准中关于"学生发展与人才质量"表述的对比

指标点	二级	三级
生源质量	建立有效的制度措施,能够吸引志愿从教、素质良好的生源	建立符合教师教育特点的制度措施,能够吸引乐教、适教的优秀生源

续表

指标点	二级	三级
学生需求	了解师范生发展诉求,加强学情分析,设计兼顾共性要求与个性需求的培养方案与教学管理制度,为师范生发展提供空间	充分了解师范生发展诉求,加强学情分析。设计兼顾共性要求与个性需求的培养方案与教学管理制度,鼓励跨院、跨校选修课程,为师范生的自主选择和发展提供足够的空间
成长指导	建立师范生指导与服务体系,加强思想政治教育,能够适时为师范生提供生活指导、学习指导、职业生涯指导、就业创业指导、心理健康指导等,满足师范生成长需求	建立完善的师范生指导与服务体系,加强思想政治教育,能够适时为师范生提供生活指导、学习指导、职业生涯指导、就业创业指导、心理健康指导等,满足师范生成长需求,并取得实效
学业监测	建立形成性评价机制,监测师范生的学习进展情况,保证师范生在毕业时达到毕业要求	建立形成性评价机制,对师范生在整个学习过程中的表现进行跟踪与评估,鼓励师范生自我监测和自我评价,及时形成指导意见和改进策略,保证师范生在毕业时达到毕业要求
就业质量	毕业生的初次就业率不低于本地区高校毕业生就业率的平均水平,获得教师资格证书的比例不低于75%,且主要从事教育工作	毕业生的初次就业率不低于75%,获得教师资格证书的比例不低于85%,且主要从事教育工作
社会声誉	毕业生社会声誉较好,用人单位评价较高	毕业生社会声誉好,用人单位满意度高
持续支持	无	对毕业生进行跟踪服务,了解毕业生专业发展需求,为毕业生提供持续学习的机会和平台

1. 生源质量

良好的生源质量是师范生培养质量和毕业要求达成的基础。本指标以培养合格小学教师为目标,按照《小学教师专业标准(试行)》的要求把好生源质量关,使招收的新生具有明确的从教愿,适合小学教师职业需要的基本品德素养、知识水平、表达能力和心理素质等;要积极推动师范生招生录取方式的改革,建立高考成绩、综合素质评价和面试等相结合的综合评价招生录取制度,切实保障生源质量。

该指标之下的考查要点主要包括:

①按照《小学教师专业标准(试行)》的要求,设计小学教育专业新生准入的综合素质能力要求,包括专业意向、文化基础、品德素养、知识水平、表达能力、艺术修养和心理素质等。

②制定小学教育专业招生录取实施办法(细则),积极探索自主招生、定向招生、综合评价招生录取等方式,不断推动师范生招生录取制度改革。

③学校招生管理制度健全,监督有效,能有效保证生源质量。

为此,认证院校应提供的相应佐证材料,主要包括:

①近三年小学教育专业招生宣传、工作总结等相关材料。

②近三年招生录取实施细则及招生管理制度等相关材料。

③近三年录取新生的笔试成绩、面试成绩、综合评价成绩及录取志愿情况一览表。

④小学教育专业招生录取制度改革方案和工作进展情况等相关材料。

⑤进行自主招生、定向招生、综合评价招生录取等改革探索的过程性材料。

2.学生需求

满足学生需求是坚持"学生中心"基本理念的必然要求,是课程教学和学生管理的出发点。本指标要求坚持以学生发展为本,了解师范生发展的内在需求,将专业培养的共性要求与学生发展的个性需求相结合,为师范生的专业发展提供空间;以促进师范生发展为目标,认真进行学情分析,以此为基础设计人才培养方案,兼顾师范生的全面发展和个性发展,不断优化课程教学内容,完善评价机制和教学管理制度。

该指标之下的考查要点主要包括:

①专业能够对学生的基本情况和发展需求进行认真分析,将满足学生发展需求作为制定人才培养方案、设计教学管理制度的前提。

②专业人才培养方案和教学管理制度能够兼顾师范生的全面发展和个性发展的需要,为师范生的自主选择和专业发展提供空间。

③专业建立以满足学生需求为目标评价机制,并能根据评价结果对人才培养方案和教学管理制度进行调整。

为此,认证院校应提供的相应佐证材料,主要包括:

①小学教育专业学生学情分析、需求调研和发展评价指标体系的设计等相关材料。

②小学教育专业学生学情分析报告、学习和发展需求调查问卷和总结报告等相关材料。

③小学教育专业学生建立的个人发展档案、学习和发展评价等相关材料。

④小学教育专业人才培养方案、教学管理制度、课程教学资源和学习支持系统等满足学生需求的相关材料。

⑤对小学教育专业学生学习和生活进行个别化指导(线上交流、课后答疑、专业社团指导、竞赛指导等)的相关材料。

3.成长指导

成长指导是促进师范生健康发展和毕业要求达成的必要措施。本指标要求强化为师范生成长成才服务的意识,能够依据他们发展需求,建立覆盖学习、生活和实践等各方面的师范生指导与服务体系;要全方位关心师范生的成长,师范生指导与服务体系机制运转有序,能够适时提供服务,较好地满足师范生成长需要。

该指标之下的考查要点,主要包括:

①能够根据师范生发展需要,建立覆盖面广、设计合理的师范生指导与服务体系。

②师范生指导与服务体系运行有序,能够对师范生的生活、学习、职业生涯、就业创业和心理健康等方面,提供全方位的指导与服务,较好地促进了师范生的健康成长。

为此,认证院校应提供的相应佐证材料,主要包括:

①师范生指导与服务体系建立和运行情况的相关材料。

②为师范生提供思想政治指导、生活指导、学习指导、职业生涯指导、就业创业指导、心理健康指导等服务的相关材料。

4. 学业监测

学业监测是对学生学习进展情况的监测与评价,是保证毕业要求达成的重要手段。本指标要求建立师范生形成性学业评价机制,采用过程评价、多元评价和综合评价等方式,定期对学生进行客观、公平、公正的学业水平评价;要设立师范生学业预警机制,建立个人发展档案,及时反馈学业水平评价结果,加强针对性的学业指导,帮助学生达到毕业要求。

该指标之下的考查要点主要包括:

①制定学生学业水平测评标准和师范生综合素质评价方案,建立师范生形成性学业评价机制。

②能够定期对学生学习进展情况进行监测,评价方式多元,形成性学业评价机制运行良好。

③能够根据学业监测结果,对学生进行有效的学习指导,促进学生的学业发展。

为此,认证院校应提供的相应佐证材料,主要包括:

①学生学业监测评价体系与实施办法等相关材料。

②学生学业水平测评标准和综合素质评价方案等相关材料。

③学生个人发展档案、课堂教学、教育实践、毕业论文(设计、作品)考核等方面的资料。

④学生学业评价过程和反馈改进过程机制等方面相关材料。

5. 就业质量

就业质量是衡量人才培养质量和毕业要求达成的关键指标。本指标要求专业重视毕业生初次就业率和获得教师资格证书的比例,以及从事教育工作的情况;能够针对服务区域小学教师的实际需求,为学生提供有效的就业信息、教师资格考试和入职面试指导等服务,以及贯穿培养全过程的职业生涯规划教育。

该指标之下的考查要点主要包括:

①根据小学教育专业培养目标,制定促进毕业生就业的全方位指导计划,保证就业率达标。

②以毕业要求达成为目标,加强教师资格考试指导,保证毕业生质量。

③对学生进行职业生涯规划教育并提供有效的就业支持。

为此,认证院校应提供的相应佐证材料,主要包括:

①近三年专业毕业生就业情况统计表,以及应届毕业生初次就业率与本地区高校应届毕业生就业率比较的相关材料。

②近三年专业毕业生获得教师资格证书情况统计表,以及应届毕业生获得教师资格证书比例的相关材料。

③近三年专业毕业生就业情况统计表,以及应届毕业生从事教育工作比例的相关材料。

④对学生进行职业生涯规划教育、提供就业指导服务的相关材料。

6. 社会声誉

社会声誉是对人才培养质量的社会评价。本指标要求小学教育专业毕业生能够达成毕业要求,具有较好的综合素质和较强的小学教育教学知识与能力,入职 5 年后的专业发展成就突出,专业人才培养质量得到社会较高认可;专业发展要关注毕业生质量的社会评价,及时反馈评价信息,推进人才培养质量的持续改进。

该指标之下的考查要点主要包括:

①学校与用人单位建立长期稳定的合作关系,形成对毕业生进行追踪评价的良好机制。

②毕业生评价指标体系完善,能够定期对毕业生工作情况和所取得的专业发展成就进行评价。

③用人单位对毕业生评价较高,评价结果能够得到及时反馈,用于改进

课程教学和人才培养。

为此,认证院校应提供的相应佐证材料,主要包括:

①建立毕业生追踪评价机制和毕业生评价指标体系的相关材料。

②毕业生用人单位、同行、学生的满意率调查及结果分析等相关材料。

③毕业生入职 5 年后的专业发展状况调查及结果分析等相关材料。

④根据社会评价结果改进课程教学和人才培养的相关材料。

⑤办学特色、成果和社会影响等相关材料。

(二)实践操作

1.生源质量

对生源质量的分析,我们结合学校、学院两级的做法,具体通过学校招就处、学院招就办两个部门提供的数据和资料进行了总结和呈现。生源质量好体现在两个方面,一是从教意愿,二是综合素质。没有师范认证之前,我们就已经形成了工作思路。我们的思路与做法,恰好也吻合认证的标准。具体生源情况如下:

表 10-2　专业近三年生源情况

年份	地区	招生数	该省/直辖市录取分与本专业分数线比较	面试成绩	第一志愿录取比例
2018	北京	397	文科高于一本线 5 分,理科高于一本线 11 分(除艺术类)	合格	100%
2017	北京	388	文科低于一本线 2 分,理科高于一本线 4 分(除艺术类)	合格	100%
2016	北京	420	文科低于一本线 7 分,理科低于一本线 6 分(除艺术类)	合格	100%

初等教育学院坚持以引领基础教育发展和满足社会需求为导向,以持续提高师范人才培养质量和毕业生核心竞争力为根本,健全招生就业工作制度,以终为始,打造"招生—培养—就业"三位一体教育格局,形成联动机

制。近三年,录取分数逐年升高。建立符合教师教育特点的制度措施,吸引"乐教、适教"的优秀生源。通过"研究"明确优秀生源质量的标准,通过"制度"保障按标准招生,通过"宣传"让考生明晓和理解标准,吸引合适的优秀人才,通过"改革"不断落实和完善招生措施,实现招生目标。

(1)加强小学教师质量需求研究,定位生源素养标准

研究国家教育政策、小学教育专业和教师教育特点,通过走访及召开座谈会等方式访谈小学校长,通过对国内外教育前沿理论与实践研究,研究新时期国家及社会对小学教师核心素养的要求。2012 年《小学教师专业标准(试行)》,由我院刘慧教授领衔研制。据此,学院对报考本专业的考生设计了新生准入的综合素质能力要求的考核。

(2)积极探索,不断推动师范生招生录取举措改革

一方面,在全国率先进行专业面试保障生源质量。另一方面,对招生面试的生源范围和面试内容等进行了明确规定和全面设计。面试合格才能报考。每年参加面试的考生数量约占当年北京市考生的 10%。每年制定《首都师范大学小学教育专业招生录取实施办法(细则)》并对外公布。面试内容见表 10 - 3。

表 10 - 3 首都师范大学小学教育专业招生面试内容

语言素质	考核普通话水准、语言组织与表达能力、思辨能力等
体态仪表	考核五官、形体、皮肤、动作协调性等
汉字书写	考核简化字书写规范和书写能力
音乐素质	考核音准、音质、手型等
职业倾向测试	心理测试

自 2017 年开始,本专业招生改在提前批次录取,保障志愿报考本专业的考生获得优先选择权利。2017 年之前,作为二本专业,学生不能申请向一本转专业。如今,转专业不受录取批次限制,提供两次转专业机会,不设高考分数、学习成绩排名等限制条件。2017 级 388 名本专业学生申请转专业人

数为 27 人,转出 7 人。

为促进北京市教育均衡发展,积极探索支持乡村教师培养的定向招生,自 2017 年开始进行乡村教师计划的定向招生。

表 10－4　近两年乡村教师计划录取情况

专业方向	年份	人数	最高分	最低分
乡村方向	2017	20	566	525
	2018	32	599	521

(3)健全制度,学校招生管理与监督高效

学校成立招生工作领导小组、纪检监察组、考务组,负责招生工作的方案制定、组织实施和纪检监察。每年修订招生章程、制定招生计划、招生宣传方案、招生考试的实施办法,并对外公布。严格遴选评委,制定评分标准,签订《考官保密及回避责任书》。组织有力,面试过程全程录像或录音。

(4)重视宣传,吸引"乐教、适教"优秀生源

学校学院两级不断扩大和创新招生宣传工作内容和形式。每年通过电话咨询、电台广播、纸媒宣传、各地各大高招咨询会、校园开放日、网络、微信等途径进行扎实有效、灵活多样的招生宣传。同时做好在校生培养和毕业生离校工作,做好校友爱校荣校教育。

2.学生需求

依托专业特色,坚持本专业以学生为中心,立足学生成长成才需求,以习近平总书记提出的"四有"好教师为指引,将"三全"育人放在全局性战略性高度,列入学院事业发展规划和人才培养方案中,紧紧围绕培养目标,逐步建立和完善"1379"的"三全"育人生态体系。"1"是指以"四有"好老师为一个育人目标,"3"是指三个育人阶段;"7"指七支育人队伍;"9"指思想育人等九个方位。本专业充分挖掘各项工作蕴含的育人元素和育人逻辑,通过"全方位"体现育人系统性,通过"全员"呈现育人的整体性,通过"全过程"实现育人的发展性,努力构建微观的一体化育人体系,为北京基础教育

培养高水平的"四有"好老师。

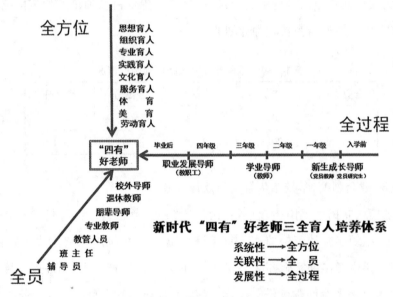

图 10 - 1　"1379"三全育人生态体系

(1)围绕一个育人目标,打造浸润式成长环境

注重为学生从软硬件方面营造"三全育人"的浸润式成长环境,这几年我们在文化建设方面有了很大的进展:师生共同凝练了院训"不忘初心",多种活动增强学生对院训的认同;学生凝练了学子精神"爱心、童心、乐学、乐教",我们加强了环境文化建设,学生所及之处,都是百年师范文化的氛围,教师作词作曲学生合唱团演唱《我的初教》院歌。我们通过将"三全育人"工作制度机制优势转化为育人效能,为学生提供一个人人育人、时时育人、处处育人的育人场域。

(2)把握三个重要成长阶段,形成了以始为终、以终为始的全过程育人机制

录取即培养,我们把招生面试作为育人过程的起点,形成了"新生成长导师—学业导师—职业发展导师"引路,持续性、贯穿性、系统性的全过程育人机制。学院率先在北京市启动小学教育专业师范生招生面试制度,考生

取得面试合格证后才有资格报考学院；构建新生入学教育星计划 AIM 工作
模式（图 10-2），加强新生适应性教育，通过贯穿融入式的活动，增强专业认
同；二、三年级构建"学业发展—科研立项—研学实践—技能实训"四位一体
学业辅导工作模式（图 10-3），助力学业发展；四年级重点开展职业发展指
导；毕业后开展校友工作。

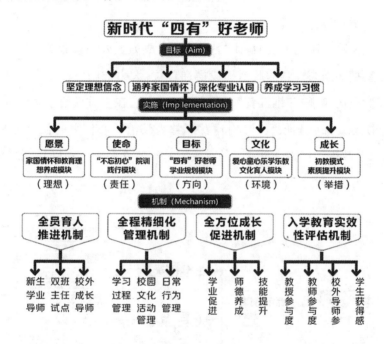

图 10-2　新生入学教育星计划 AIM 工作模式

图 10-3　四位一体学业辅导工作模式

(3)建好七支育人队伍,建设了一支多元、专业、稳定的全员育人队伍

建设全员育人队伍,贯彻"三全育人"理念,营造"三全育人"环境。

一是在愿景层面,让三全育人成为人人愿意做的工作。我们针对专业教师的特点,注重从学理的层面,向专业教师解读好"为什么要深入推进三全育人"。把"三全"育人列入学院事业发展规划和人才培养方案中,在全院上下取得了共识。

二是完善体制机制层面,让"三全育人"成为人人必须做的工作。校院两级党委把加强高校党的政治建设摆在首位,大力推动一体化育人体系建设。校党委构建了"三维五育"一体化战略模式,在多方面给予学院大力支持。学院党委加强顶层设计,构建发挥党委政治核心作用的长效机制(图10-4),从政治上保障全员育人的有效实施。建立完善激励机制,激发教师

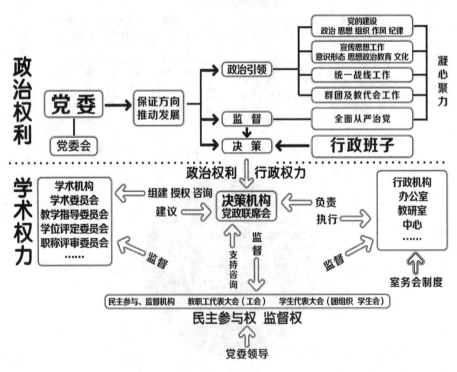

图10-4 党委政治核心作用的长效机制

内在育人动力。我们在原有《教师考核评价系统》只将教学、科研计入考评体系的做法上,增加了对每位教师职工参与德育工作的量化考核,确保每位教师职工都身体力行参与到大学生思想政治工作中。建立协同工作机制,形成协同育人工作路线图(表10-5)。

表 10-5　协同育人工作路线图

育人队伍	协同机制	队伍建设情况
校外导师	UGS"大学—政府—小学"协同育人模式	40余位校外导师
退休教师	"百年师范、信仰传承"关爱下一代行动计划	20余位党建兼职辅导员
专业教师	高水平教师担任领航班主任专业教师"必担"班主任制度 专业教师担任社团指导教师制度 党员教师担任大学生成长导师制度	100%专业教师发挥学科优势,促进一、二课堂有机融合
朋辈导师	学业小导师选择、培训、评优机制	200余名学业小导师
班主任	"154"班主任工作模式	44名班主任
辅导员	"三进"(课堂、宿舍、网络)精细化管理制度	6名专职辅导员
教管人员	形成了部门会商模式,教学及学生工作团队共同承担北京市教改课题,共同培育思政工作精品项目,以项目制促进育人元素整合	100%教管人员管理育人服务育人

(4)确定好九个方位,完善校内外协同协作、同向同行的全方位育人保障

借助学院实习实践基地、教育实验平台、教育教学科研平台的资源力量,我们注重从教授、专业教师参与度和学生获得感的维度,做好思政工作实效性的调研和评估。学院拥有150多所实习实践基地,四类教育实验平台,12个教育教学科研平台,将研究成果转化为鲜活的课堂资源和思想政治教育资源。形成了"风车"模式情景党课、"154"班主任工作模式(图10-5)、"1344"美育工作体系(图10-6)、"1355"实践育人工作模式(图10-7)

等"三全育人"工作体系化、科学化的实践探索成果。

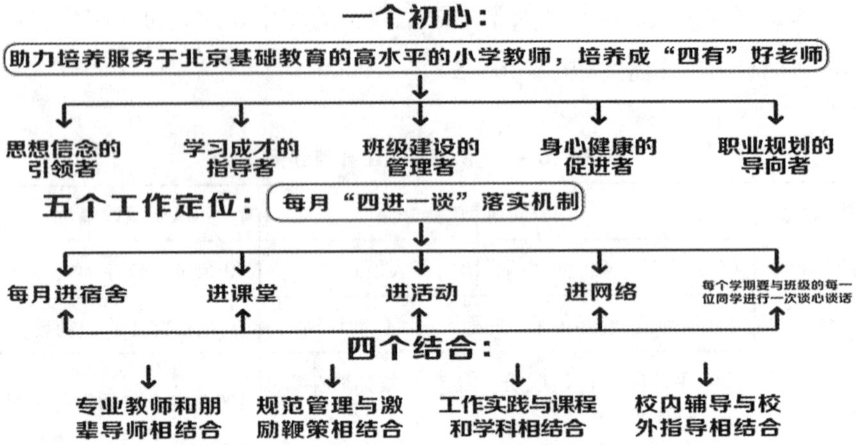

一个初心：
助力培养服务于北京基础教育的高水平的小学教师，培养成"四有"好老师
思想信念的引领者
学习成才的指导者
班级建设的管理者
身心健康的促进者
职业规划的导向者
五个工作定位：
每月"四进一谈"落实机制
每月进宿舍
进课堂
进活动
进网络
每个学期要与班级的每一位同学进行一次谈心谈话
四个结合：
专业教师和朋辈导师相结合
规范管理与激励鞭策相结合
工作实践与课程和学科相结合
校内辅导与校外指导相结合

图 10－5 "154"班主任工作模式

美育
艺术类
人文类
自然类
知识
能力
情感
品质
参演一项活动
欣赏一项艺术演出
加入一项艺术组织
培养一项艺术特长和爱好
全员育人 全过程育人 全方位育

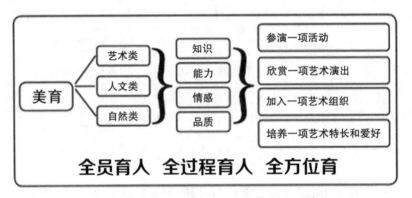

图 10－6 "1344"美育工作体系

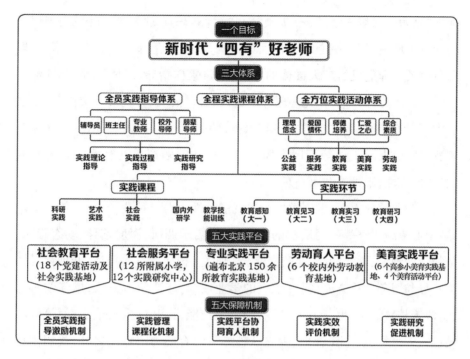

图 10 - 7　"1355"实践育人工作模式

3.成长指导

我们重视学生的成长过程,从思想政治、心理健康和生活、学业辅导职业生涯规划、就业创业指导几方面加强培养指导。

在思想政治指导方面,我们充分发挥班主任和党建辅导员思想政治引领的作用。班主任是大学生思想政治教育的骨干力量,我们对班主任工作做了"五"个定位和"四"个结合,保障了班主任育人工作取得实效,将思想政治指导落到日常教育之中。党建辅导员以学生党员、学生入党积极分子、入党申请人为重点关注对象,依托党员大会、积极分子培训班、共建活动、暑期社会实践活动以及考察发展对象等渠道,利用集体指导、培训、答疑解惑、谈心谈话、团体指导等方式,开展思想政治指导的工作,不断加强学生党员的责任意识、身份意识,使有入党意愿学生坚定理想信念。

在心理健康和生活指导方面,建立完善机制,为学生提供全方位服务。

建立"宿舍—班级—学院"三级预警和"宿舍长—心理委员—院系副书记—辅导员—班主任"五级心理危机反馈机制,我们对存有一般心理困惑、心理障碍以及心理危机的三大群体的学生,通过集体指导、团体辅导、个别辅导以及答疑解惑等形式,依托心理骨干培训、心理活动、心理委员交流会、心理咨询等渠道,开展针对性的指导与服务,使得学生们在成长过程中,遇到的家庭、情感、人际交往等不同方面不同程度的问题都得到有效的缓解和解决,形成理性、阳光的健康心态。

在学业辅导方面,发挥学生的主观能动性。对于学业预警、一般学业困难、学业成绩优秀等不同层次的学生,利用需求调研、深度辅导、动态跟踪,依托学业预警、学业活动、经验交流会、师范生技能竞赛等渠道,开展针对性的指导与服务。一方面,提升学生的学业成绩,转变学习方式,增强学习动力,改善挂科情况;另一方面,发展师范生技能,提升学生三笔字、简笔画等技能素养,以及班主任管理、少先队辅导等综合能力。除此之外,我们依托班主任科研导师制以及考研保研的经验交流会,对学生的科研项目进行过程性的有效指导,培养学生的科研兴趣,提升科研水平。

在职业生涯规划与就业创业指导方面,我们对学生进行"全程、全方位、全覆盖"的就业辅导,以全面提高人才培养质量、增强就业竞争力为核心。大一"唤醒职业意识",通过入学教育,建立专业认同、职业感觉;大二、大三"规划职业生涯、提升职业能力",通过《大学生职业发展与就业指导课程》和实践活动,进一步加深自我认知、职业与环境认知,做好职业决策与规划,全面提升就业能力;大四实现职业梦想,搭建就业平台,促进成功就业。

4.学业监测

为进一步提高教育教学质量,传承教师教育特色,提高学院人才培养质量,学院以促进学生学业发展为原则,我们采取"抓两头,带中间,促全员"的工作方针,以各门专业课成绩为基点,建立健全学业监测机制,实施"覆盖全体、着眼个别"的监测体系,通过"有依据、有抓手"的监测途径,针对学生学业情况定期进行监测,根据成绩梯度的不同,采用相应的学业指导措施,有效提高学习效能,全面提高学业综合水平。

　　学院建立"235"的监测机制,依托教务大数据平台,采用全员测评与局部监测、校内预警与校外培养相结合两种方式,对全体学生、品学兼优、学业困难 3 类群体进行监测,通过期中期末考试、课堂教学、实习实践、毕业论文、社团活动等 5 个监测途径来达到预期目的(见图 10 - 8)。

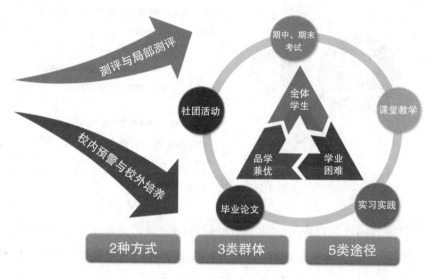

图 10 - 8　"235"监测机制

　　针对学业监测结果,为高效进行学业指导,本专业制定了"145"培养模式,既以促进学生学业发展为中心,围绕学业规划、学业监督、学业咨询和学业辅导四个方面,依托大学生学业指导室,开设学业课程,召开学业规划班会,建立学业导生制,开展一对一深度辅导这五种途径,全方位服务学生。同时,结合专业特点,为提高教学技能,我们开展"三字一话"训练、班主任技能大赛、微格教学展示会等活动,意图通过训练与比赛,培养师范生素养;为培养人文素养,我们组织"阅读季"活动,聘请专家进行专业指导,并带领学生走入小学,学者、师范生、小学生共读一本书,品读经典的同时,也锻炼教学技能。通过以上方式来解决学生的学业问题,实现提高学生综合素质的效果。

制定学业预警制度。我们对面临学业困难的学生进行监测,根据各班学生的学业成绩制作"学业成绩曲线图",分析不同年级、不同专业、不同科目的学业情况,详细分析问题产生的原因,以便更好地解决。同时,对挂科较多进入预警名单的学生,进行个人反馈和家校合作。

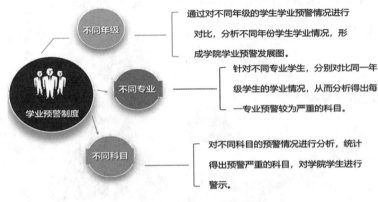

图 10 - 9　学业预警制度

以综合测评的方式对全体学生进行监测。我们通过学业成绩、综合表现成绩、获奖加分和违纪减分四项内容对全院学生进行考核(见图 10 - 10)。学生在综合测评之前需要撰写自评报告,填写自评表,将综合测评结合自我监测与自我评价,促进毕业要求达成度提升。(见表 10 - 6)

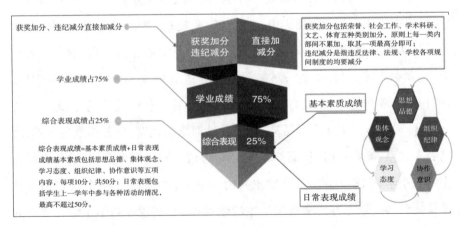

图 10 - 10　学生综合测评内容及工作流程

表 10 - 6 学生综合测评内容及结果

具体方面	分类	监测标准	监测方式	监测频度	监测学生数	监测落实情况
专业成绩	无	以学生专业课成绩作为参考	学委提供	每学期	1600余人	落实较好
综合表现	基本素质	思想品德、集体观念、学习态度、组织纪律、协作意识等五项内容	班主任、班委、测评小组认证	每学年	1600余人	落实较好
	日常表现	参与各种活动的情况	班委认证	每学年	1600余人	落实较好
获奖部分	荣誉、社会工作、学术科研、文艺、体育五种类别	加分不叠加	班委认证	每学年	1600余人	落实较好
违纪减分	违反法律、法规、学校各项规章制度	叠加减分	班委认证	每学年	1600余人	落实较好

采用过程性评价和集中测试的方式选拔品学兼优的学生,学院提供经费支持,开展拔尖创新人才培养、金种子等项目,聘任各小学校长、骨干教师、大队辅导员等担任校外导师对学生进行监测及指导。我们实现了对全体学生、品学兼优、学业困难3类群体的监测和指导。

5. 就业质量

对就业质量的分析,具体通过学校招就处、学院招就办两个部门提供的数据和资料进行总结和呈现。就业质量好要求呈现两个方面内容,一是相关数据,二是全程的生涯规划教育与就业指导。我们按照认证要求呈现了近三年的数据,并总结了进行生涯规划教育,完善"全程、全方位、全覆盖"的就业指导体系。这就已经完成了对标呈现,但我们认为还有一些其他做法,共同保障了就业质量。我们认为就业率高、从教率高,不是单纯的就业部门的就业指导可以完成的,而是贯穿全过程的培养保障的,要有制度保障,同时还要向外拓展就业市场,并调动学生的就业主动性,所以我们还总结了"狠抓培养质量,增强毕业生竞争力""健全就业工作制度""开拓广阔就业

市场""成立学生组织,促进学生主动就业与自我发展意识"。具体总结如下:

(1)狠抓培养质量,增强毕业生竞争力

学院基于北京市基础教育改革与发展的现实,以及学校对小学教师核心素养的基本要求,适时修订培养目标与毕业要求,调整课程方案和教学内容,拓展与小学的多维度合作,建立起了"三位一体"协同育人模式,有力支撑了毕业要求的达成,保证了毕业生的就业竞争力。

(2)健全就业工作制度

落实就业工作"一把手工程"和"全员促就业"传统,激活"学校职能部门—院领导—学院职能部门—辅导员/班主任/专业教师—就业委员—全体学生"六级联动工作机制。成立就业工作领导小组,成员包括院领导、各部门主任、毕业班班主任和辅导员,定期召开党政联席会议、就业工作动员会、推进会、协调会等。

(3)开拓广阔就业市场

举办北京市各区县小学教育专场大型校园双选会、校园宣讲会等。每年上百所学校为毕业生提供面对面深入交流和双选的机会。邀请名校长、名师进校园,传播先进教育理念,促进师范生的专业成长,搭建就业互动平台。先后邀请北大附小、清华附小、人大附小、首师大附小、北京小学、史家胡同小学、北京第二实验小学、黄城根小学、光明小学、芳草地国际学校、中关村二小、海淀民族小学等知名小学校长、副校长等二十余人到学院举办论坛、讲座、招聘会。

(4)进行生涯规划教育,完善"全程、全方位、全覆盖"的就业指导体系

坚持全程就业指导,大一通过入学教育"唤醒职业意识"。大二、大三通过《大学生职业发展与就业指导课程》和实践活动"规划职业生涯、提升职业能力"。大四通过讲座、双选会等,搭建就业平台,促进成功就业。

坚持全方位就业指导,领导班子亲力亲为,为毕业生开展就业指导讲座,召开就业工作座谈交流会。辅导员、班主任进行"一对一"辅导。全面了

解学生,动态统计每一个毕业生的就业情况。举办学院就业指导月系列活动。组织毕业生进行教师资格认证,进行离校教育。经过大学4年的教育,基本达到就业辅导全覆盖,为每一个毕业生走上社会、走入职场做好准备。

（5）成立学生组织,促进学生主动就业与自我发展意识

成立大学生职业发展中心,通过学生自主探究和互助支持的模式,促进大学生积极主动参与就业市场竞争。

毕业生初次就业率在99%以上,获得教师资格证书比例在98%以上,且95%以上在各级各类学校、教育机构从事教育工作。近三年连年获得学校就业先进单位称号,本科生就业排名全校第一。

表10-7 近三年学生就业情况

年份		2018	2017	2016
毕业生数		436	422	410
毕业率		98.19%	98.37%	99.03%
获学位率		87.78%	97.67%	98.31%
获教师资格证书率		99.08%	99.53%	98.78%
一次就业率		99.77%	100.00%	99.76%
就业分类状况	读研	39	23	22
	政府及事业单位(教育部门)	361	358	363
	政府及事业单位(非教育部门)	2	0	2
	国有企业	0	1	1
	外企	0	0	0
	其他企业	14	1	8
	入伍	0	0	0
	出国	13	9	5

（数据统计皆截至2018年9月14日）

6. 社会声誉

对社会声誉的分析,我们重点结合用人单位、同行、毕业生的反馈和毕

业生的追踪情况，通过院校两级招生就业部门、学院行政办公室、培训办公室、教学实践办公室提供的数据和追踪调查，以及提供的关于媒体报道、合作培训、参观考察、实践研究基地建设等情况，从三方面进行了总结和呈现。在这部分我们充分地呈现了专业办学特色、成果和社会影响。下面是认证时的总结呈现：

用人单位对毕业生满意度高，每年主动报名参加校园双选会的小学众多。2016、2017、2018 年参加双选会的小学数量分别为 252、286、224 所。通过调查，用人单位反映：学生总体素质良好，具有良好的师德、敬业精神，认真负责、学科素养好、基本功扎实、能力较强、能够团队合作，但仍需加强理论联系实践的能力培养、沟通交流能力，转变角色，尽快适应职场。

(1)打造品牌，深受社会各界好评

二十多年来，小学教育专业持续进行内涵式发展，不断打造教师培养品牌，一届届毕业生均赢得了广泛、良好的社会声誉，用人单位、学生家长和社会各界都给予了极高的认可和好评。

每年主动报名参加校园双选会的小学上百，用人单位对毕业生满意度高。由于人才培养质量好、毕业生社会声誉好、用人单位满意度高，政府、兄弟院校纷纷前来开展合作培训、参观考察。学院近三年承担全国教师培训及对口支援项目共 55 个，近三年接待 32 个兄弟院校到访。不断有用人单位请求成为毕业生实习基地校。

基于此，小学教育专业引起了媒体的广泛关注，如《北京日报》《劳动午报》《现代教育报》《北京晨报》《中国科学报》《江西日报》等，纷纷报道我院专业的办学特色与成绩。2016 年 11 月，《北京日报》以《首都师范大学：打造京城小学教师培养品牌》为题，对我院的小学教育专业进行了整版报道。在历届的网大排名中，首都师范大学小学教育专业均为最高等级 A +。

(2)耕耘事业，赢得国家领导肯定

2014 年 5 月 30 日，中共中央总书记、国家主席习近平来到北京市海淀区民族小学参加庆祝"六一"国际儿童节活动。其间，我院 2000 级毕业生窦丽娜作为德育主任,代表学校向习近平总书记做了学校德育工作报告,获得了总书记的高度认可和好评。2017 和 2018 年,国务院副总理刘延东、教育部部长陈宝生、北京市委书记蔡奇先后来我校考察,观摩了我院孙建龙副教授、邹方程副教授的课堂,给予好评,并对小学教育专业的发展和小学教师的培养做出了重要指示。

(3)协同育人,探索合作新模式

逐步建立"政府—大学—小学"三位一体协同育人合作模式,重视与教育行政部门及用人单位建立长期稳定的合作关系。拥有首都师范大学附属小学、北大附小、清华附小、人大附小等 150 余所小学教育实践研究基地,覆盖北京市各区县。

本专业重视校友工作,定期对毕业生进行追踪,逐步建立机制。将追踪调查结果,用于改进课程教学和人才培养。如在《大学生职业发展与就业指导课程》中组织大二年级学生进行毕业生生涯人物访谈,邀请毕业生回母校进行交流、分享求职和工作经验。撰写 7 万字的有关 16 位小学教育专业毕业生的职业生涯成长故事集。在最近一次毕业生抽样调查中,毕业 5 年左右的学生里,60% 左右达到了小学二级,30% 以上达到了小学一级及以上。100% 的受访者在从教之后都获得了颇有分量的奖励或荣誉的肯定。其中 70% 左右获得过地区级奖励或荣誉,5% 左右最高获得过省市级奖励或荣誉,25% 左右的毕业生已经获得过国家级奖励或荣誉。为凝练并传承百年师范的优良传统,展开院史馆筹建工作,广泛征集各类实物、照片、回忆文章、优秀毕业生高水平教学科研成果等。组织开展校友座谈会、校友追思会等活动。以为进一步改进和发展小学教育专业、培养更加优秀的小学教师提供充分依据。

三、反思对话

当前,我国正在经历从高等教育大国到高等教育强国的历史性跨越,

《中国教育现代化 2035》提出了推进教育现代化的八大基本理念：更加注重以德为先，更加注重全面发展，更加注重面向人人，更加注重终身学习，更加注重因材施教，更加注重知行合一，更加注重融合发展，更加注重共建共享。这些内容为高等师范院校加强质量文化，将"以学生为中心"贯穿办学始终提出了更加明确的要求。

首都师范大学初等教育学院坚持把立德树人作为中心环节，构建了全员、全过程、全方位育人生态体系，通过创设愿景、形成文化、搭建平台，将"以学生为中心"的理念深入师生内心，推动全体教师职工把工作的重心和目标落在立德树人育人实效上，工作实践中更加关注对学生成长规律的挖掘、对学生成长过程的质量检测、对学生成长实效的结果评估，从单向度评估、阶段性评估向多层次、多维度、全过程评估转变。学院首批入选教育部"三全育人"综合改革试点单位、入选全国党建工作标杆院系培育创建单位。

在认证评估过程中，认证专家在学院"学生发展"指标达成方面予以了三点肯定：一是专业加强对小学教师质量需求研究，积极探索、推动专业招生录取制度改革，建立健全招生管理与监督制度，率先在全国实行面试，实行提前批次录取，确保生源质量。二是建立新生成长导师制度及师范生指导与服务体系，为师范生提供个性化、精细化、过程化的指导与服务。构建了新时代"四有"好老师和"三全"育人生态体系，为北京市基础教育培养高素质的小学教师。三是毕业生 2017 年参加全国教师资格考试通过率 98% 以上，毕业生初就业率 99% 以上。毕业生社会声誉好，就业质量高。2018 年来向首都输送了 6000 余名毕业生，成为北京市基础教育的一支生力军和骨干力量。

当然，与认证标准对标后，认证专家组指出了我院在"学生发展"方面的不足。一是教育情怀是教师最重要的素养，对教育情怀的培养措施和评价材料还不够充分。二是专业虽然建立了学业监测制度，但是持续跟踪监测学生在培养全过程的学业进展，保证学生毕业时达到毕业要求的形成性评价机制还不够健全。其主要原因是学情监测的前置工作不够到位，动态监测不足。

基于此，我们也对自身的工作进行了反思，这样的反思也对其他兄弟院校不断促进学生发展，提升人才发展质量具有启示意义。

（一）教育情怀培养评价体系有待进一步系统化

从生源质量方面来看，尽管学院建立有效的制度措施，能够吸引志愿从教、素质良好的生源。但在现实教学与培养中，我们发现由于我国生涯规划教育在初高中阶段的缺失，不少学生对于专业和职业的思考与选择是朦胧的，有的学生的选择是家长帮助甚至替代的，另外现行高考制度在录取中以"分数优先、遵从志愿"为原则，不少学生迫于考试分数所限，依分选专业的情况也明显存在，再有青少年大学生尚处在价值观形成时期，处在职业探索阶段，部分同学还没有树立强烈而清晰的长期从教志向和长远规划，教育情怀的培养需要进一步加强。从师范生师德养成方面来看，师德养成是教育情怀培养的重要载体，师范生师德养成的内涵及目标体系仍缺乏深度论证和实践反思；师德养成类课程仍未形成合力，尤其是学科课程与实践类（含活动类）课程的体系化还未形成。同时，由于师德评价标准体系，尤其是连续性、发展性的评价体系还不够科学、完善，在师德养成效果分析上存在缺失，难以判断实际成效。因此，进一步优化生源质量、建立师德养成体系是推进"学生发展"指标落地的重要内容。

（二）成长指导有待进一步精细化

虽然学院建立全员、全覆盖的师范生指导与服务体系，但在具体实施过程中，由于学生数量庞大，而专职辅导员数量较少，班主任、专职教师时间和辅导能力有限，无法对全体学生做到细致、精准、深入、科学的个别指导，不能及时发现学生的问题，及时了解学生的需要。因此在满足学生个性化、多元化成长需求方面，还存在欠缺。

（三）学业监测有待进一步科学化

学业动态监测不足。尽管学院掌握了在校生的需求，进行学业监测，从而保证师范生在毕业时达到毕业要求，但是学情监控的前置工作不够到位。由于学生数量较多，了解全体学生的学业动态比较困难，对课堂听讲情况、课堂参与度、课后完成作业情况等过程性监测不够，不能在学生出现挂科及预警等现象前对学生的学业情况进行监控。同时，课程学习难度较大，并且专业课教师的要求不断提高，导致学生的学业负担较重。学生从主观上对学业产生负面的情绪体验，学习态度出现问题。

（四）就业指导有待进一步专业化

在满足学生个性化、多元化的就业指导需求上尚存在不足。尽管学院进行了全程、全方位、全覆盖的生涯规划教育与就业指导，在具体就业过程中，仍然会出现各种各样的个性化问题，比如家庭意见与个人意见相悖、就业选择难以抉择、学业困难影响就业、素质能力欠佳影响就业、心理素质问题影响就业、价值观念问题影响就业、入职适应角色转换问题、就业政策与程序问题等，由于专职就业辅导员人数少，而学生数量大，难以保障充分时间和高品质、个性化、专业化的就业咨询与指导，在提供个性化、多元化的就业指导上仍然存在缺欠。

（五）持续支持机制有待进一步完善

毕业生追踪与用人单位调查方面机制尚不健全。对本专业优秀毕业生的宣传力度不够，挖掘和发扬榜样引领作用不足。尽管学院进行了毕业生追踪和用人单位满意度调查，但缺乏科学、系统、规范、高效的整体设计和实施，对毕业生毕业后的动态追踪和长期追踪都比较欠缺，而且调查范围不够广，调查频率不够高，相关制度尚不健全，相应资金、人力投入尚不到位，未能充分使用现代信息技术与网络平台进行大数据的调研，与毕业生的信息互动和资源共享方面有限,在追踪过程中,深入挖掘典型和宣传典型的力度不够,校友影响力有待进一步增强。

四、改进与展望

将"以学生为中心"理念贯穿教育教学全过程是高质量人才培养的必然要求。针对以上问题,结合师范生成长成才规律和发展需求,我们将从以下五个方面探索小学教育专业学生发展的改进与展望。

(一)推进教育情怀培养系统化,建立师范生师德养成体系

针对生源质量问题,我们将在招生宣传时加入关于百年师范传统的思想传播与文化熏陶,加入专业链接未来的职业相关信息的宣传与介绍,从而帮助考生和在校大学生更加了解这个专业的来龙去脉,从现实就业问题到长远生涯发展问题,从学生自我的成长成才到国家社会的人才需要等不同角度促进考生更深入认知和感受本专业,结合其自身做出合适的选择,促进其逐渐树立追求成为卓越教师和长期从教的专业情意。另外,将继续丰富招生宣传形式,注意结合时代特点和当代青少年特点,使用新媒体等青年喜闻乐见的宣传教育形式。尝试进入重点优质高中进行宣讲,在校园开放日组织参观,增强互动,帮助考生更生动地了解本专业。入学后注意加强生涯规划教育与教育情怀的培养,树立校友榜样,增强专业影响力,增强在校大学生体验职场幸福与成就的机会,增强专业感召力。针对师德养成问题,组建师德养成体系建设研究组,从理论和实践两个层面对新时期教师教育中的师德养成体系进行如下研究和教学改革:新时期师德内涵及要素研究、基于师德内涵的目标维度及指标点设计、支撑师德养成及指标点落实的课程体系建设、对师德养成具有潜移默化影响的校园及教师文化建设、促进师德养成的形成性评价体系建设等。综上,形成"以始为终、以终为始"的全过程教育情怀教育模式,将教师情怀涵养、师德养成的融入师范生培养的整体框

架中，形成可复制、可推广的教育模式。

（二）推进成长指导精细化，建立学业指导支持体系

针对师范生指导与服务体系存在的问题，建立"定位、指导、评估"学业指导支持体系，把成长指导做精、做细、做实。一是分层分类、精准把脉，明确学生自身学业定位。分别从学生整体学业规律、学生群体学业需求、学生个体学业问题三个层面挖掘学生学业发展的差异化需求和存在问题，每年编制《在校生学业预警工作追踪调研及学业规律调研报告》《学生就业质量分析报告》《学生升学情况分析报告》三份报告并反馈给领导班子、辅导员、班主任、专业教师，为科学精细的学业指导奠定基础。二是全过程、全方位，促进学生自身学业成长。持之以恒抓好学风建设，推动教学工作与学生工作同向同行、教研室与学生工作各部门同向同行、专业教师与班主任辅导员同向同行；构建学业适应、学业规划、学业创新、学业发展四位一体的学业指导支持体系，实现线上线下、课上课下、校内校外联动，深化学生对"卓越教师"的目标认同，强化学生对新时代"四有"好老师的行动自觉。三是目标导向，持续改进，助推学生自身学业评估。将师范生成长指导放在其学业发展全过程中进行解构，不仅聚焦于解决"此时此刻"的学业问题，而且通过目标性、过程性、成果性链条式评估方式，最终引导学生检验其落实毕业要求、达成高校人才培养目标情况，指向学生终身学业发展。目标性学业评估，是将学业成长体系中的活动目标与毕业要求、人才培养目标中的指标点进行对应，并形成支撑矩阵；过程性学业评估，是鼓励学生在每次活动结束后或每个学习阶段结束后，进行具有针对性的反思与评价；成果性学业评估，是通过量化的方式梳理学生学业目标达成度、学业水平提升度、学业辅导参与度等阶段成果，以及科研立项是否结题、毕业论文是否通过、就业升学是否成功等毕业成果，从而为学生明确下一个学习阶段的目标和定位提供支持。

（三）推进学业检测科学化,实施前置性学业监测

针对学业监测问题,我们将采取前置性学业监测方法,对学生的学业情况进行调研,加强过程性评估力度。通过观察学习时间精力投入情况和日常测试情况,捕捉学生在课堂中的行为表现,形成学习的常态曲线,预测学业问题,进行针对性地指导,实现学业监测由"处理问题"到"预防问题"的转变。在监测的同时,形成反馈机制,督促教师以提高师范生素养为教育核心,采取理论和实践相结合的模式进行授课,便于学生理解专业知识。此外,还将合理利用社团等学生组织开展沙龙、讲座、论坛等形式的学业帮扶活动,帮助学生提高自我效能感及学习积极性,明确自身的学业发展目标。

（四）推进就业指导专业化,健全就业服务指导链条

针对就业质量问题,整合学院及基础教育资源,形成"调研—宣讲—指导—推荐"就业服务指导链条,全员全方位全过程做好就业指导工作。一是全面推进就业调研,就业季每月进行《毕业生就业情况调查》,全面掌握毕业生就业状态、困难原因、辅导需求、意见建议等,毕业班班主任、研究生导师开展有针对性地指导。二是全过程就业宣讲,把握学生求职关键时间节点,将就业形势与政策解读落实到每名学生,使学生及时了解国家需求和就业政策,鼓励学生将个人发展与国家需要相结合。三是全员就业指导,加强师资力量,对指导教师、专兼职辅导员、班主任、专业教师开展就业与生涯辅导方面的专业培训,调动全员力量,满足学生个性化、多元化的就业指导需求。为专职教师进行生涯指导的继续教育学习提供资金支持和时间保障,支持其进行生涯咨询师认证,从而提高服务学生"一对一"的专业咨询能力。针对学生差异化就业需求,辅导员通过线上线下相结合、学生干部团体辅导、"一对一"简历诊断、网络模拟面试、就业技巧指导等方式,分层分类为学生提供就业指导。四是全方位拓展就业渠道,针对学生遇到的招聘信息缺乏、招聘途径受阻问题,调查了解学生就业意向及区县需求,积极联系区县教委

及校友,整理招聘信息、积极推荐学生,拓宽学生就业渠道。

(五)完善持续支持机制,健全毕业生跟踪反馈与改进制度

　　针对社会声誉问题,我们将进一步完善健全毕业生跟踪反馈与改进的制度,投入专项资金与专门人员定期开展相关工作。争取更大范围进行常态化追踪调查,及时将结果反馈到教育教学改革和人才培养方案的修订上去。对外,广泛调研和借鉴学习其他高校、其他专业的已经成熟的做法,完善本专业的跟踪反馈和改进制度,想方设法使毕业生与用人单位主动反馈信息,达到互利共赢的效果,如为毕业生入职后的继续升学、专业发展等提供持续支持,为用人单位提供在职培训,加强与实习基地校的全面合作;对内,健全机制,增强全员与毕业生、用人单位保持密切联系的意识,组建专门的组织和专门人员进行定期追踪和调查,设计科学、系统、规范、高效的实施方案,充分利用现代信息技术与网络平台进行大数据的调研。在毕业生中挖掘榜样和典型,加大宣传,发挥校友影响力,增强专业声誉度,提高知名度、关注度、认可度、美誉度。

第十一章

专业认证背景下小学教育专业建设的问题与思考

一、小学教育专业二十年的探索与反思

（一）从理念到模式的探索

1.探索历程

小学教师教育从"中师"纳入高等教育的 20 年，是我国小学教育本科专业从理念到模式的开创性探索与成型期。基于中等师范教育所固有的共同传统与个性发展特色，基于不同地区基础教育对小学教师规格的需求差异，在借鉴国际小学教师教育经验的基础上，并受国内高等师范教育已有理念与经验之影响，各初等教育学院（系）在转型、升级的过程中，兼容并蓄、探索创新，保持了理念上的开放性，模式上的多样态，在相互借鉴、积极尝试与反思修正中负重前行，形成了良好的专业发展生态，共同促进了我国小学教育专业稳步向前推进。

中国有广大的农村地区，也处于快速的城市化进程中，与此同时，新时期教育改革的不断推进以及新技术背景下教育观念与形态的变革，不仅带来了基础教育发展及其对教师需求的地区性差异，也带来了新时期小学教

师素养与时俱进的时代性要求。基于上述空间上的不均衡和教育发展进程中的阶段性差异，为满足我国基础教育发展对小学教师素养的多样化需求，经过 20 年的探索、实践、创新，目前我国本科层次小学教育专业基本形成了"综合型""研究型""分科型"等有代表性的几种培养取向，与之相对应的培养模式和课程结构也随之产生。

2. 典型模式

"综合型"的培养取向更加强调小学教师素养的综合性，"素养综合、主兼多能"为其基本追求。这里的"素养综合"不是从学科课程出发的各种知识的叠加，而是指向"人"的"核心素养"发展，指向小学教师应具备的、能够适应未来教育发展及个人终身发展需要的必备品格和关键能力。"主兼多能"则更多从"本土实践"出发，基于我国小学课程形态和教师职后专业发展体系的现实，在确保小学教师"素养综合"的基础上，强调在学科方向（主教、兼教）上要有"扎实学识"。在这一理念之下，无论是"综合 + 方向（主教、兼教）"的培养还是"全科教师"培养，在课程设计、培养策略上或有不同，但都必须要做到"综合素养"和"学科素养"的兼顾。在此基础上，培养学生跨学科教育的理念，使师范生具有知识整合并将其课程化的能力，以满足基础教育发展的需要。

"研究型"的培养取向强调的是小学教师对基础教育实践的反思、研究、创新能力，所培养出的师范生要能够以反思研究者的姿态出现在小学教育的实践场域，通过发现、研究问题以改进、引领小学教育的发展。但培养者必须要回答的一个问题是：是培养"研究小学教育的人"（研究者）还是培养"运用小学教育专业的知识去进行教学实践的人"（小学教师）？所以准确地说，"研究型"培养取向实际上（或应该是）以"应用研究型"小学教师的培养为目标，在培养的过程中需兼顾"应用"（教学能力）和"研究"（内在品质）两个方面，才能真正适应当前基础教育教学的需要。我们可以认为反思研究能力是小学教师素养中的关键要素或核心要素，并能在教育实践中持续生成教育智慧，但如果从能够"胜任"小学教育教学实际工作的角度看，尤其是从小学学科教师所应具备的"综合素养"和"学科素养"角度看,仅仅以通识教育加上教育学、心理学、学科教学论来作为专业的主要课程,显然是不够的。

"分科型"培养也是目前一些院校所采取的一种培养方式,将小学教师的培养置于中文、数学、英语、艺术等各个院系之中,以本院系的学科知识课程为主,辅之以"通识"类和"教师教育"类课程,体现出与中学学科教师培养相类似的分科培养特征。这一模式的优势在于某一学科的学科基础较为扎实,但作为小学教育专业而言,其儿童性、综合性、养成性等特征则有所弱化。

(二)经验与反思

第一,无论哪种取向的小学教师培养,都应从所产出人才的质量、本土实践的现实以及未来教育发展的需求出发,而不是从既有的或外来的某种理论、观念出发,也不能仅从学科知识或课程体系内部出发,试图通过知识与课程的组合而推演出合理的人才培养方案。所以,新时期中国小学教育的本土实践以及未来教育发展背景下的教师核心素养研究,就成为左右小学教育专业发展的最根本问题。

第二,模式的多样化是一种良好的生态,基于我国的本土实践,小学教师的培养应包容这样的多样化,并在多样化、个性化的尝试与探索中形成更多经验与智慧,共同促进我国小学教育专业的发展。不能"一刀切",也不能做"非此即彼"的简单评判。当然,这种多样化与个性化必须建立在小学教师培养最基本的、共同的标准与规范基础上,以达成我国小学教师培养的基本目标。换言之,必须在专业人才培养基本标准实现的基础上凸显个性化的特色与追求,而不能舍本逐末,更不能为了突出特色而刻意制造与众不同的理念与做法。

第三,与具有优良传统、强调师范特色的"中师"教育相比,20年来的本科化转型过程中,许多凸显小学教师培养特色的、体现浓厚师范情怀的校园文化,逐渐被更为强大而丰富的大学文化所淹没,尤其是一些身处于综合性大学或高职院校的小学教育专业,有些师范院系从文化上讲已经不再姓"师",这导致师范生的师德规范、教育情怀、儿童理解等因失去了长时间潜移默化中的养成而有所弱化。

第四,从"中等师范"走向"本科化"的过程中,在培养目标制定和课程设计等方面,在借鉴国外教师教育理论时,也存在过于急切地从概念本身出发,而未经本土化的调研、消化与理解以及在实验基础上的充分论证,有的甚至脱离了中国本土或本地区小学教育发展的实际需求。

第五,在小学教育专业本科化发展的 20 年里,主要侧重的是"专业"层面的设计、实践、探索、反思,并取得了相当成就,而对支撑专业发展的"学科"层面的建设与成绩则明显不足,时至今日,支撑小学教育专业的学科体系尚未清晰确立。这样,由于学科研究的系统性和深入性不足,在一定程度上影响到了对专业属性的理解以及对专业特性的强化。

二、专业认证理念下的现实问题与思考

(一)小学教育专业的发展现状及专业特性的理解

1. 专业现状与问题

衡量一个学科的水平是以其知识产出的质量和数量为基本指标的,判断一个专业的好坏则是以其产出专业人才的质量为依据的。而产出人才的质量取决于人才培养过程中目标定位的合理性、目标达成的评价与质量保障系统、指向目标达成的课程体系、基于内外部评价的人才培养改进机制以及其他相应的师资、条件等。也就是专业认证的基本理念:学生中心、产出导向、持续改进。对小学教育专业来说,这一理念强调的是要保证新时期我国小学教师培养的基本规格和质量,进而保证我国基础教育小学阶段的办学质量和儿童发展质量。放眼世界,许多国家"已开展了系统化的专业标准和行动计划来规范与引领本国教师专业发展和队伍建设,不仅关注学历的提升,更关注教育品质的要求与保障"①。

20 年来,我国小学教育本科专业在从无到有的探索过程中取得了宝贵的经验和成就。但与此同时,伴随着中等师范教育体系的迅速瓦解,小学教育本科专业的办学规模越来越大,开设院校迅速扩张,也带来了一系列问题与弊端。如,"教师培养的适应性和针对性不强""师资队伍薄弱"、办学条件不充分等。这不仅影响到小学教师的人才培养质量,更是关系到了基础教育发展与儿童成长的质量,亟须在专业认证的背景下规范与改进。因此,不管倡导理念如何、培养模式如何、实现路径如何,所有小学教师教育的培养单位首先都要达到专业的基本标准、底线标准,把精力聚焦到专业的人才产出质量上来。如果基本的专业标准都不能达成,小学教师培养的质量便无从谈起。

2. 专业特性的理解与专业建设

目前,我国的基础教育包括幼儿教育、小学教育、普通中等教育,其师资培养分别对应的是"学前教育专业""小学教育专业"和培养中学教师的本科师范类专业,因师资培养规格与要求的不同,"学前""小学""中学"三个层次师资培养的师范专业认证标准也相应出台。显然,专业认证理念下小学教育专业的建设和发展必然应突出"小学"二字而与学前教师教育和中学教师教育有所区别。这一区别应呈现小学教育的专业特性和人才培养的针对性。那么,这一特性到底是什么? 这是进行小学教育专业建设时应首要做出回答的问题,而回答这一问题的基本逻辑是:小学儿童—小学教育—小学教师—小学教师教育。

小学儿童(6—12 岁)的身心发展特征和发展需要决定了小学阶段学校教育的基本特征,表现在对小学阶段教育目的与价值的理解、课程内容的选

---

① 马云鹏:《从小学教育专业定位看卓越小学教师培养》,《东北师大学报》(哲学社会科学版),2018 年第 3 期。

择、教学方式的运用等诸多方面。读懂了小学儿童,理解了小学教育,我们进而才能够去思考:怎样的教师才能更好地陪伴儿童成长? 怎样的教师才能承担起小学教育的工作? 在上述基础上,我们才能回归到对小学教师教育这个专业本身的思考——专业特性是什么? 人才培养的规格是什么? 课程体系是什么? 培养路径是什么? 如何去评价这一专业的质量与贡献? 等等。上述问题,也正是小学教育专业认证中的核心内容。

小学儿童。小学教师教育的出发点与归宿是儿童[①],小学教师工作的核心是促进儿童的发展,为此他必须首先能够认识、理解小学儿童。在儿童成长的过程中伴随其左右的小学教师,必须具有正确的儿童观,尤其是先进的儿童发展观,必须了解儿童的"身体与健康""安全与权利""认知与发展""天性与需要",等等。因此,"儿童学"理应成为小学教育专业学科支撑的一个基点。

小学教育。小学阶段的教育之于儿童成长的意义是什么? 小学教师该如何与这一阶段的儿童相处从而引领儿童成长? 小学校、小学班级的组织、文化与发展特征是怎样的? 小学阶段课程与教学的内容、形态、特征是怎样的? 国内外小学教育发展的历史以及未来教育发展的趋势是什么? 如上内容涉及对儿童教育本质的理解问题、学校(班级)组织与发展问题、小学学科课程与教学问题、小学教育的发展历史及国内外比较问题,等等。这样看来,"小学教育学""小学学科课程与教学""小学教育的历史"等亦应成为小学教育专业的学科支撑。

小学教师。在正确的儿童观、教育观基础上,小学教师必须对自己的专业属性有清醒的认识,建构专业自我,确保能以自身的丰富性和发展性与儿童相遇,以"全面发展"的自己促进"全面发展"的儿童。为此,小学教师必须具有良好的师德规范与教育情怀,必须具有广博的"知识素养"和扎实的"学科基础",必须具有促进自己持续发展的"终身学习"与"实践反思"能力,必

---

① 王智秋:《初等教育院系学科建设的定位、生长特色及其培育》,《教育研究》,2015 年第 8 期。

须具有国际视野以及在学习共同体中的合作与沟通能力,等等。这样,新时期小学教师的核心素养是什么? 如何形成这样的素养以及专业认同感? 就成为培养过程中的关键问题。所以,对"小学教师"和"小学教师教育"的研究也成为小学教育专业建设的重要学科支撑。

小学教育专业。那么,如何培养能够读懂小学儿童、理解小学教育、具有小学教师专业素养的小学教育人才? 这应该是小学教育专业关注的核心问题。为此,开设小学教育专业的院校必须从培养目标(规格)、课程体系(结构)、大学与小学深度融合的实践体系、人才培养质量的评价体系以及支撑专业人才培养的学科建设等方面一一做出论证并进行系统化建设。在上述基础上进行的专业系统化建设,又必须遵从"国际视野、本土实践、尊重历史、面向未来"的基本思想。

(二)问题与反思

第一,在参照"专业认证标准"进行专业建设的过程中,必须坚持并突出小学教育专业不同于"学前"也不同于"中学"师资培养的特性,这一特性是小学教育专业独立存在的理由和依据。同时,在依据"标准"进行专业认证的过程中,也必须保持包容、开放的态度,接受并鼓励在"标准"基础上的多样性与区域性特征,防止因为"一把尺子"而带来全国上下的模仿与雷同,破坏专业发展的良好生态。就当前来讲,上述现象已有所发生。

第二,从目前小学教育专业建设和认证的情况来看,培养模式、目标体系、课程体系相对清晰,而师德养成体系、人才产出的质量与评价体系较为薄弱或形式化、表面化,各类教育教学环节、课程模块与目标体系的匹配度还不够精确,尤其是丰富多彩的社会实践与第二课堂体系还未能实现系统的课程化建设并精确指向培养目标。这些都直接影响到人才培养质量的落实,并成为许多院校的共性问题。

第三,小学儿童研究、儿童教育研究、小学教师研究还相对薄弱,导致对小学教育专业、对小学教师培养的理解还大多停留在以某一(某些)学科的知识体系为中心，而不是以小学教师核心素养的发展为中心，从拥有更多知识（"经师"）而不是从有效运用知识引领儿童发展（"人师"）的角度出发去进行目标设计、课程建构和教学实施，在一定程度上弱化了小学教育专业的"育人"功能。

第四，任何时候"学科"都是"专业"建设与发展的基础，好的专业必定有高水平学科的支撑。所以，在专业建设过程中人们通常不敢忽视该专业的学科建设，它是一个专业行稳致远的基础，正因如此，在专业认证过程中，也绝不能忽视该专业的学科因素。那么，支撑小学教育专业的学科是哪些？怎样从学科角度去判断其对专业的影响？这也是我们必须要思考的问题。

第五，中国有着世界上规模最大、历史积淀和本土特点十分突出的基础教育，既有广大的农村地区，又处于快速的城市化进程中，地区差异和教育的不均衡性明显。此种情况下，在专业建设和认证过程中，本土实践、实事求是就显得尤为重要。无论哪种小学教师的培养模式与路径，都必须从实践出发，充分试验与论证，避免主观主义、本本主义和拿来主义，要坚持"实践是检验真理的唯一标准"，而不是其他的什么东西。

三、面向未来的专业发展与挑战

（一）通过专业建设构建中国特色的小学教师培养体系

1. "本土实践、国际视野、尊重历史、面向未来"的专业建设理念

"师者，人之模范也。"我国古代不仅有浓厚的尊师文化传统，亦有丰富的"为师之道"思想与智慧，如"德行高妙为人师表""循循善诱教亦多术""以爱相济教学相长"等等。[①] 而始于清末绵延百年的"中师"教育也积累了丰富的小学教师培养经验，如"爱心"与"童心"的养成，"教师才情"与"儿童

---

① 王凌皓、姬天雨：《中国古代师道观评析》，《河北师范大学学报》（教育科学版），2019 年第1 期。

情怀"的培育,学生本位的"综合培养"与贴近教学实践的"从教技能"训练,教师"师表"与教学的"示范性",以及"师范教育"与"小学教育"、"师范学校"与"小学校"之间相互滋养的共生关系等。如上小学教师教育的文化、历史、经验,是我们今天构建具有中国特色、中国气派、中国风格的小学教师培养体系的根脉和基础。

在尊重历史、注重传承的基础之上,当代中国小学教师教育体系的建设,一方面要坚持立足本土实践,另一方面则应保持开放的国际视野以及对未来教育发展的前瞻性研究。从本土实践的角度看,应充分研究我国小学阶段学校课程与教学体系的现状及发展趋势,我国独特的在职培训与教师教研体系,以及小学教师的职称评审与专业发展路径等,这些因素与职前阶段小学教师培养的定位、培养方案与课程的设计等密切关联。当然,在立足服务于本土实践的基础上,又必须拥有开放的国际视野帮助我们在比较中进行思考与创新。与此同时,在"互联网+"与人工智能快速发展并使得教育观念与教育形态产生深刻变革的大背景下,还必须对未来教育的发展进行前瞻性研究与判断,思考未来教育变革对小学教师素质的基本需求,并体现在小学教育专业的建设与发展过程中。

2. 中国特色小学教师培养体系的构建

中国特色小学教师培养体系的建设,应着力从以下四个方面进行系统规划与推进:

师德与教育情怀的养成体系建设。"尊师重教"是中国自古以来的优良传统,"以身立教""为人师表"是中国教师文化的核心,高尚的道德品质、崇高的精神境界是小学教师作为儿童"引路人"的最基本前提。在进行小学教师培养体系的建设中,必须坚定做好践行师德、培养教育情怀的首要工作,突出小学教师教育的中国特色。

体现小学教师教育特点的课程体系建设。与"学前"和"中学"教师培养不同的是,"小学"教师的培养更加强调综合性与学科性的统一、儿童性与养成性的统一。因此,其课程体系的基本构架应包括:师德养成课程、文化通识课程、儿童教育课程、学科及跨学科专业课程，以及大学与小学共生互促、深度融合的实践与创新型课程等。

高水平小学教师教育教材体系和课程资源的建设。为保证课程教学质量，实现国家对新时期小学教师培养的基本要求，有必要从国家层面对小学教师教育教材与资源进行高水平系统设计，并组织优秀教师和出版力量进行教材编写和资源建设。

"学生中心、产出导向、持续改进"的小学教师教育人才培养质量保障体系的建设。这是实现小学教育专业人才培养质量提升的关键，它可以促进师范专业人才培养的深刻变革，有效规避人才培养过程中的主观性、随意性、粗放性，以产出为导向，面向需求实现精细化培养，充分彰显专业建设过程中学生的主体性地位，促进人才培养质量的改善。

站在中国教育本土实践的田野，以开放的视野、时代的眼光和自信的胸怀，去构建高水平中国特色的小学教师培养体系，是当代小学教育专业工作者的应有使命和担当。

（二）加快学科建设形成我国小学教师教育的理论体系

"大学是以培养高级专门人才的方式致力于探索高深学问、发展学术事业，'人才培养'既是大学学术发展的起点，也是目标。"①作为小学教育专业，要想培养高层次的小学教育人才，就必须发展小学教育专业的"高深学问"，进而构建起具有中国特色的小学教育专业理论体系。

就目前来看，一种观点认为小学教师教育的学科基础是"跨学科"或"多学科"的②，是多种学科开放融通、共同支撑的"复合结构"③，而不是传统意义上界限分明、独立性强的某一"独立学科"。如果是这样的话，在进行小学

---

① 杨跃：《"教师教育学科建设"的"去学科化"憧憬》，《中国教育学刊》，2020 年第 4 期。
② 王智秋：《小学教育专业人才培养模式的研究与探索》，《教育研究》，2007 年第 5 期。
③ 阮成武：《论高师小学教育专业的学科基础与学科建设》，《课程·教材·教法》，2010 年第 3 期。

教师教育的学科建设时,就必须首先澄清"多学科""复合结构"的内部构成应该是怎样的? 他们的相互关系如果不是简单叠加(大杂烩)那又应该是什么? 如果从"跨学科"研究的立场出发的话,也必须首先明确探索小学教育高深学问、发展学术知识的"跨学科"(学科交叉融合)方向与路径在哪里? 等等。否则,就会成为各个学科研究成果暂时的拼凑与堆积,不利于小学教师教育知识体系与理论体系的形成与发展。

因此,有学者进而提出必须在对小学教育专业进行系统研究的基础上,建立"初等教育学学科",将其作为小学教育专业的学科基础,而"初等教育学学科"又应以"学科群"的形式出现。① 但遗憾的是截至目前,初等教育学"学科体系还处在建设和发展过程中,本身还没有形成完善的框架结构和科学的理论体系"②。

基于学科的深入研究才能真正促进小学教师教育的持续创新与发展。从二十年来小学教育专业发展的经验来看,其学科体系不可或缺的几个核心包括:①6—12岁小学儿童发展研究(大脑、生理和身体发展,认知与情感发展,道德与公民性发展,社会性与个性发展,健康与安全发展,艺术和审美发展等③);②初等教育研究(小学教育的理论、小学课程与教学、小学学校文化与育人环境研究等);③小学教师培养研究(小学教师的职业特性与专业素养、小学教师教育的历史研究和比较研究、小学教师教育的目标、课程与评价体系研究等)。

总之,"注重'学科建设'与'专业建设'的关联性,实现学科、专业一体化建设"④是小学教育专业可持续发展的重要保证。而"只有形成初等教育

① 刘慧:《初等教育学科:高师小学教育专业的学科基础》,《课程·教材·教法》,2011年第5期。

② 谢培松:《初等教育学学科体系建构:原则、路径与框架》,《湖南第一师范学院学报》,2018年第6期。

③ 朱旭东:《加强对中国儿童发展规律及其教育的研究》,《人民教育》,2019年第23期。

④ 王智秋:《初等教育院系学科建设的定位、生长特色及其培育》,《教育研究》,2015年第8期。

学的学科支撑,才能彰显高师小学教育专业建设和人才培养上的优势与特色"。①

(三)面对未来教育发展的新挑战

第一,基础教育阶段学生发展核心素养的新要求,对小学教师的素养及其培养提出了新的挑战。新时期的小学教师不仅要懂得教学,更要具有从人的全面发展出发的育人能力;不仅要具有学科教学的能力,更要具有跨学科素养以及整合、运用各种知识综合育人的能力;不仅要具有扎实学识,更要具有面对新技术、新观念、新儿童、新教育的学习、探究、创新等自我更新能力;等等。要培养出满足上述时代发展需求的新教师,小学教育专业从培养理念、课程方案、培养过程等方面都需进行全面的更新与改变。比如,我们对于小学教师素养中"综合"二字的内涵理解,恐怕就不能从学科知识的叠加以及能否胜任"全科"或"多学科"教学任务的层面来进行理解了。

第二,以"互联网＋教育"、人工智能教育为基本特征的未来教育,必然从教学观念、教学组织、教学技术等方面带来与以往完全不同的新变化、新挑战。在这种新变化面前,我们对教学、课堂的理解,对教师的角色与执教能力的理解等都会产生新的、甚至是颠覆性的变化。如何基于未来教育变革的趋势研究,培养具有相应能力与发展潜力的小学教师？如何将大数据、云计算、虚拟仿真等现代信息技术应用于小学教育专业的课程、教学、实践等不同环节中,构建新时期中国"互联网＋"小学教师教育体系？这也是小学教育专业面临的新问题。

第三,"产出导向"的小学教师教育,必然要打破大学较为封闭的,自足性的,以教师、课堂、教材为中心的人才培养模式,而以开放性的协同育人机制取代之。那么,如何建立大学、小学、教育行政部门、教师研修部门之间的

---

① 刘立德、阮成武:《高师小学教育专业的学科建设及其发展趋势》,《课程·教材·教法》,2008 年第 12 期。

协同育人机制，以搭建起针对性、实践性、研究性、开放性的人才培养大平台？大学与小学在彼此的内涵发展上如何实现资源共享、双向互动、互促，在深度融合的基础上实现教育创新，并与之相应构建起"实践—反思—创新型"小学教师人才培养模式？等等。显然，高校小学教育专业还需打破许多自我封闭的藩篱。

第四，教育要面向世界、面向未来，小学教育专业的建设必然需要了解国际小学教育的发展趋势和前沿动态，必然要参与国际教育交流，必然要借鉴国际教育的先进经验，但是在国际化水平不断提高的过程中，小学教育专业的发展又必然不能脱离中国教育的本土实践和母体文化的土壤。那么，在全球教育改革与发展的大背景下，如何既立足中国本土教育的实际，又解放思想、面向未来，培养能够面对未来教育发展变革的小学教师？如何基于中国师道传统与教师文化，发出中国小学教师教育的声音？这同样是我们所面临的新课题。

四、未来的小学教师是什么样的①

由首都师范大学、中国教育国际交流协会教师教育国际交流分会主办、首都师范大学初等教育学院承办，教育部小学教师培养教学指导委员会提供学术支持的 2019 年小学教师教育国际会议在北京召开，这次会议致力于为来自世界各地的小学教师教育研究者、工作者以及一线小学教师提供跨文化、跨领域、跨时空的对话平台。本次国际会议由"国际视野""中国经验""多元共享"三个主论坛和"小学教师培养的理念与模式""未来小学教师教育的发展路向""小学教师教育的质量保障"三个分论坛组成。论坛邀请了来自海内外的 40 余名学者做报告。下面我们一起来分享一下他们的主要

---

① 内容来自首都师范大学初等教育学院"2019 小学教师教育国际会议"论坛部分嘉宾发言中的观点。

观点。

(一)未来已来,未来对小学教师提出了什么要求

北京师范大学顾明远:"人工智能＋教育"正在改变着教育的生态、环境、方式和教育管理的模式;要适应这些变化,教育教学方式就要发生变革;但技术变革不会改变教育传承文化、创造知识、培养人才的使命,不会改变立德树人的根本目的,更不会改变教育的本质。"人只能由人来培养,不可能交给机器来培养。"

教育部教师工作司司长任友群:中国小学生群体与小学教师群体数量庞大,小学教师对于小学生的成长有着极其重要的作用,因此小学教师教育非常重要。

首都师范大学校长孟繁华:首都师范大学形成了以"理论与实践双向激活,职前职后一体化"为基本特征的实践取向的教师教育模式;"大学－区域－中小学(U－D－S)"构成的教师教育共同体有助于构建"五位一体"的教师教育实践体系。

首尔大学教育学院白淳根:第四次工业革命对小学教师教育提出了新要求;理想型的小学教师应该具有8种核心能力:自我管理能力、审美体验能力、理论教学能力、实践教学能力、批判思维能力、研究发展能力、着眼全局的能力以及兼收并蓄的能力。

天津师范大学教育学部杨宝忠:教师素质应该包括两个方面,深厚的学养和突出的能力,其中学养包含学识和修养。

美国俄克拉荷马州立大学教育学院王秋颖:数字素养和技能变成越来越重要的必学知识,这也对教师提出了有关数字素养的要求,课堂教学也要适应这种变化;科技时代有一些特别的道德规范。

美国明尼苏达大学教育学院克里斯汀·麦克马斯特:在帮助学习困难的儿童、教育读写能力弱的学生,满足学生的不同需求时,对教师会形成挑战。教师可以利用个性化数据库作为工具,基于对数据的分析结果,选择适

当的方式提供个性化教学(DBI 教学)。

澳门城市大学教务长、教育学院院长李树英:应对新时代、新技术环境中的教师教育改革和教师专业发展要有一个重要概念——"智慧教师"。教学方法应由"喂孩子"转变为让孩子"主动进食";人工智能并不能完全取代教师,人文性的情感以及价值观等不可预演的东西是不能被取代的。

(二)小学教师教育在培养方式上的新思想、新探索

美国密歇根州立大学教育学院彭恩霖:虽然如今培养小学教师已经采用了许多不同的模式,但是解决理论与实践结合的问题依然是一个挑战;教师教育的课程必须适应小学生学习目标的变化,新一代教师需要发展出一系列高标准、多样化的能力。全球范围内有很多新兴的教师教育新理念,全球对话可以为各自带来取长补短的改变。

东北师范大学教育学部初等教育学院院长刘学智:小学教师教育要明确以"道德性、理论性、适应性、发展性"为特色的全科型卓越小学教师培养目标,构建全专结合、本硕衔接的全科型课程体系。

首都师范大学初等教育学院魏戈:教师实践性知识可以分为领域类知识、工匠型知识、个人/人际知识三大类。职前教师教育在跨越理论性思维与实践性思维时会遭遇张力。某种情况下,职前教师的反思能力是连接理论与实践的桥梁。

台湾师范大学艺术学院院长赵惠玲:可以以美感价值为核心进行小学阶段师资培育。

首都师范大学初等教育学院朱永海:可以从"理解过去""认清现在""面向未来"三个角度理解教师角色的转变。未来需要培养具有结构化知识体系与高阶思维能力的教师,他们的角色应该转变为人机协同者、生命教育者和深度学习引领者。

南京师范大学小学教育系主任易晓明:培养"研究型全科小学教师",适应基础教育改革,符合小学教育性质定位的需要。

匈牙利罗兰大学初等教育和学前教育系副院长乔堡·西科斯：为了更好地处理实践和理论的关系，教师教育的大学课程应具备双重功能：为职前教师的实践提供支持和分享国际最新研究成果；小学教师必须具备小学教育及专业学科领域的双重资格。

（三）世界范围内各国小学教师教育的独特经验与问题

日本东京学艺大学校长助理岩田康之：教师职前培训在日本各社会发展阶段都有不同的变化；日本的国情与政策导向产生了今天的日本教师质量保障体系；日本的小学教师教育工作与小学教师教育质量保障方面依然还有不少挑战。

芬兰赫尔辛基大学文德：现今芬兰的小学教师教育体系未能培养出能够对学生进行跨文化教学的教师；跨文化交流应该具备相当的思辨和反思能力。教师教育应该尊重文化的多样性，鼓励进行跨文化的教学。

日本创价大学董芳胜：国际型教师的素质受课堂主体和课堂形式的影响，不同文化背景下的学生有助于国际型教师的素质能力提升；以学生为主体的课堂以及具有国际型素质的教师对当今的小学教育非常重要。

法国波尔多大学教育研究院副院长雷吉斯·马莱：教育中的公民意识与包容性一直是欧洲政策的核心，但也因欧洲各国家间的教育体系不同、对儿童概念的认识不同以及不同文化与教育背景下教师的使命不同而存在很大差异，而今出现了越来越多的混合模式。

瑞士图高教育大学艾斯特·布伦纳：小学"全科教师"在瑞士很普遍，这样可以更好地建立师生间的牢固关系，还更有利于创建班级学习社区。

澳大利亚悉尼大学教育与社会工作学院教育系主任默瑞·普林特：澳大利亚的教师教育中现在有了全球公民教育（GCE）的理论和实践，小学教师教育在全球公民教育中发挥着重要作用。

冰岛大学教育学院扬·卡亚兰：异质性的增加对学生成长产生了影响。冰岛最新的《国家课程指南》的重点是包容性，学校应适应不同的身份类别。

（四）中国小学教师教育的独特经验与挑战

北京师范大学教育学部部长朱旭东：现在，一流大学的小学教师教育参与度低、底端小学教师教育体系不完善、小学教师教育机构升格压力大，办学资源严重匮乏、小学教育学和小学教师教育学的学科边界尚未建立；在改进这些问题之后，还要提升应用型本科院校小学教师的培养，开展对一流小学教师教育体系的重构。

首都师范大学初等教育学院院长刘慧：经过多年的实践探索，中国小学教师培养已形成了多种模式，如卓越教师培养模式。在学术性与师范性、全科性与分科性、德育性与教学性等方面都值得深入研究。

杭州师范大学教师发展研究中心肖正德：农村小学全科教师的教学能力结构包括一般教学能力和特殊教学能力。农村小学全科教师有"乡村属性"，培养时需要确立信念，培养从事乡村教学情感动力。

南京晓庄学院教师教育学院曹慧英：我校实行了"1＋X 主辅学科，四年全程实习"的培养模式和 PESGE 螺旋渐进式实践教学模式，这一模式包括教育见习、跟师学习、顶岗实习、毕业实习和就业实习等环节，它顺应了地方对小学教师的需求，也符合小学教师培养的规律。

临沂大学社会科学处处长李中国：教育扶贫、教育精准扶贫、乡村教育精准扶贫是当下中国教育改革发展中的重要议题和重点领域，精准施教助推精准扶贫；山东省通过"省级统筹、校地协同、问题导向、对接课堂、强化实践"等机制，取得了明显成效。

浙江师范大学教师教育学院教育学系主任王丽华：当前小学教师教育中儿童研究基本缺席，小学职前教师儿童研究能力非常重要。

首都师范大学初等教育学院副院长孙建龙：以"通识教育""儿童研究""教育理解""学科课程""实践反思"等几类课程为主要模块的课程结构，可以对小学教师的培养目标形成有效支撑。

高等教育出版社教师教育事业部小教学前教育分社肖冬民：可以从保

基本与求卓越两个层面上来认识中国教师队伍建设；要从师德课程与教育实践两个维度上来加强合格教师的培养。

浙江师范大学教师教育学院蔡连玉：教师教育惩戒中有"善"和"教育性"两大因素，可以从目的、过程、效果三个维度来讨论教师教育惩戒的"善"，而"教育性"就是教师教育惩戒的善性追求，可以从动机、过程和效果三个维度来综合考察。

首都师范大学初等教育学院李敏："教师德育专业化"正在从第二阶段向第三阶段推进。教师具有怎样的"德育素养"是当前德育专业化发展亟待澄清和探索的重要问题，德育素养强调教育者作为"人"的品质，"责任心"和"行动力"为其两个支点。

五、从师范专业认证走向一流专业建设

近年来，我国在教师教育层面发布多项方针政策，为小学教育专业后续发展建设提供了依据、指明了方向。2018 年 1 月，中共中央、国务院发布《关于全面深化新时代教师队伍建设改革的意见》。教育部教师工作司司长任友群在首都师范大学师范类专业第二级联合认证专家意见反馈会上的发言中指出：

（该文件）是新中国成立以来，党中央出台的第一个专门面向教师队伍建设的里程碑式的政策文件，从来没有这么高规格来谈教师队伍建设。是以总书记为核心的党中央高瞻远瞩，审时度势，为新时代谋篇布局，专门针对教师队伍建设和教师教育工作作出的重大战略决策，这与全国教育大会的精神中关于教师队伍建设的论述高度一致，我们要按照习近平总书记对教师提出的"三个牢固树立，四有好老师，四个引路人，四个相统一"等这些重要的论述、希望和要求，进一步推动各级党委政府履职尽责，真正把加强教师队伍建设当作基础来抓，加强师德师风建设,提高教师素质能力,改革教师管理机制,提升教师队伍待遇,使教师成为更加令人羡慕的职业。

党的十八大以来,教师队伍整体素质专业化水平持续提升,但是面对新方位,新征程,新使命,教师教育还是出现了一定的不适应性。继续振兴教师教育,培养未来的教师,要培训在岗教师,全面提升教师素质,提升教育现代化需要,担当民族大任的教师队伍,振兴教师教育是事关国之大计、党之大计的战略问题,已经成为国家的重大战略需求。

为此教育部等五部门联合印发了《教师教育振兴行动计划(2018—2022)》,规划五大目标,推动十大行动,寻求深化教师教育的突破口,大力推进教师教育振兴发展,着力培养高素质、专业化、创新型教师队伍。

打造一流教师教育必须逐步提升教师培养规格,提高师范生生源质量,培养适应未来教育变革的新型教师。高水平大学成立教师教育学专业,招收学科知识扎实,专业能力突出,具有情怀的学生,重点培养教育硕士,适度培养教育博士。要建立健全符合教育特点的教师招聘办法,创新优秀师范毕业生的就业渠道。通过实施师范专业认证制度办好师范专业,引导大学回归常识,回归本分,回归初心,回归梦想。对师范大学来说我们的常识、本分、初心、梦想,要聚焦师范生的成长成才,聚焦产出导向,也是对推动教师教育工作改革牵一发动全身的突破口和着力点。①

王定华在首都师范大学师范类专业第二级现场考查见面会上的发言中指出:

师范类专业认证,目的就是要筑牢人才培养的根基,加强本科专业

---

① 引自任友群 2018 年 11 月 7 日在首都师范大学师范类专业第二级联合认证专家意见反馈会上的发言。

内涵建设，建立健全本科专业人才培养的质量保障建设体系，全面提升本科专业人才培养的能力和培养质量，促进高等教育的内涵发展，加强高等教育强国的战略性制度安排。更是我们每一所大学、每一个专业，在新时代对培养什么人？如何培养人？为谁培养人？这三个基本问题进行回答探索。我认为开展师范类专业认证，是全面贯彻全国教育大会精神，强化人才培养中心地位，推动师范教育改革，构建中国特色世界顶级教师教育质量监测认证体系，全面提高师范专业人才培养质量的重要工作抓手。

要明确师范类专业认证的三理念、三任务、三提高。三理念就是学生中心、产出导向、持续改进。三任务就是以评促建，以评促改，以评促强。三提高就是提高专业人才培养力度，提高课堂教学质量，提高质量保障力度。要紧紧领悟师范人才培养质量的短板和软肋，把认证理念，认证标准推进到最后一公里，深入每一个教育的环节，每一门课程，每一位老师，也就是要撬动课堂革命，让老师把更多时间精力投入教学，建设更多激发学生潜能和专业志趣的"金课"。①

因此，为实现提升人才培养质量，小学教育专业需要内化上述文件精神，挖掘自身特点，以培养卓越教师为己任，以一流专业建设、一流课程建设为导向，深化专业综合改革，完善人才培养模式。而要实现上述目标，需要构建清晰、可操作并指向卓越的人才培养目标，一流的人才培养体系，一流的课程体系与实践教学体系，一流的师资队伍，一流的教育教学资源，并注重加强国际交流与合作，推动小学教育专业持续发展。

新时期基础教育改革的不断推进以及新技术背景下教育形态的变革，共同带来了教师需求的差异性和发展性特征。"产出导向"的一流小学教育专业建设应满足不同地区基础教育发展对小学教师素养的需求。首都师范

---

① 引自王定华 2018 年 11 月 5 日在首都师范大学师范类专业第二级现场考察见面会上的发言。

大学小学教育专业其人才产出的服务对象主要为北京,带有极强的现代都市化特征,是未来教育和小学教师教育发展的风向标。在国家教师教育的总体战略和首师大姓"师"的特色定位指引下,学院确立了"中国特色·国际视野·儿童取向"的专业建设发展思路,从专业定位、人才培养体系、师德养成体系、课程与教材体系、实践教学体系、人才培养的国际化体系,以及学科对专业的支撑体系等方面开始进行全面改革与内涵式发展,构建了"儿童取向"的小学教师培养体系,建立了多维度、多层次、立体化的以学科课程为主体、以实践教学和实验教学为两翼、以教师基本功实训为从教之基的"一体两翼一基"课程体系,形成了理论和实践相结合的新时期小学教师培养的中国经验。

图 11-1　"儿童取向"小学教育专业建设的逻辑思考

目前,首都师范大学的小学教育专业已经在师范专业认证的背景下进入到国家一流专业的建设阶段。在传承我国百年师范育人经验的基础上，以"面向小学、研究小学、服务小学"为宗旨，以"国际视野、本土实践、借鉴历史、面向未来"为专业建设的基本理念，在首批入选国家级特色专业(2007)、教育部卓越教师培养计划(2014)的基础上，2017年首批入选北京市一流专业，2019年首批入选"双万计划"国家级一流本科专业建设点，"小学生品德发展与道德教育"入选首批国家级线上线下混合式一流本科课程。2019年，小学教育专业所在的初等教育学院获评"全国教育系统先进集体"。(见图11－2)

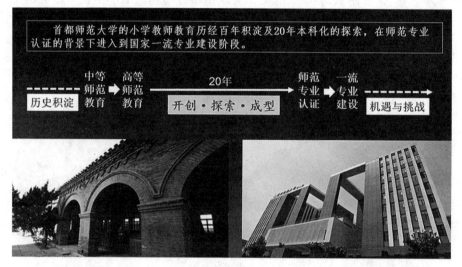

图11－2　首都师范大学小学教育专业的发展历程

参考文献

一、著作

1. 首都师范大学初等教育学院《百年通师》编委会:《百年通师》,首都师范大学出版社,2011 年。

2. 崔运武:《中国师范教育史》,山西教育出版社,2006 年。

3. 戴立益:《教师教育创新与师范专业认证》,华东师范大学出版社,2020 年。

4. 刘捷、谢维和:《栅栏内外:中国高等师范教育的百年省思》,北京师范大学出版社,2002 年。

5. 舒新城:《中国近代教育史资料》,人民教育出版社,1981 年。

6.《中国高等师范教育文献选编》,北京师范大学出版社,1984 年。

二、期刊论文

1. 崔藏金、王鉴:《美国教师教育者的素养结构与课程框架——以美国哥伦比亚大学教师教育专业博士生培养项目为例》,《比较教育研究》,2020 年第 4 期。

2. 高发照:《我国小学教师职前培养的历史、现状与问题研究》,山东师范大学硕士研究生学位论文,2005 年。

3. 惠中:《高师小学教育专业建设的展望》,《上海师范大学学报》(哲学社会科学·教育版），2003 年第 9 期。

4. 霍东娇：《中国百年师范教育制度变迁研究》，东北师范大学博士研究生学位论文，2018 年。

5. 刘慧：《初等教育学科：高师小学教育专业的学科基础》，《课程·教材·教法》，2011 年第 5 期。

6. 刘慧：《关于高师小学教育专业建设的几点思考》，《课程·教材·教法》，2009 年第 2 期。

7. 刘慧：《以"儿童教育"为本位的卓越小学教师培养》，《课程·教材·教法》，2017 年第 2 期。

8. 刘莉莉、陆超：《高校师范类专业认证的历史必然与制度优化》，《教师教育研究》，2019 年第 5 期。

9. 刘立德、阮成武：《高师小学教育专业的学科建设及其发展趋势》，《课程·教材·教法》，2008 年第 2 期。

10. 马云鹏：《从小学教育专业定位看卓越小学教师培养》，《东北师大学报》（哲学社会科学版），2018 年第 3 期。

11. 欧璐莎：《实习教师社会化过程研究》，东北师范大学博士研究生学位论文，2012 年。

12. 潘懋元、陈春梅：《高等教育质量建设的理论设计》，《教育文化论坛》，2016 年第 3 期。

13. 秦琴：《大学管理者的质量观及其进行教育质量保障的方法》，《比较教育研究》，2018 年第 3 期。

14. 阮成武：《论高师小学教育专业的学科基础与学科建设》，《课程·教材·教法》，2010 年第 3 期。

15. 苏永建：《试论高等教育质量议程中的质量保障与质量提高》，《中国高教研究》，2016 年第 5 期。

16. 王定华：《我国高校师范类专业认证的缘起与方略》，《中国高等教育》，2019 年第 18 期。

17. 王智秋:《初等教育院系学科建设的定位、生长特色及其培育》,《教育研究》,2015 年第 8 期。

18. 王智秋:《基于教师专业标准的小学教师职前培养》,《中国教育学刊》,2012 年第 12 期。

19. 王智秋:《小学教育专业人才培养模式的研究与探索》,《教育研究》,2007 年第 5 期。

20. 文明、王平:《高师教育实践课程体系构建的实践与思考》,《苏州教育学院学报》,2009 年第 3 期。

21. 谢培松:《初等教育学学科体系建构:原则、路径与框架》,《湖南第一师范学院学报》,2018 年第 6 期。

22. 杨跃:《"教师教育学科建设"的"去学科化"憧憬》,《中国教育学刊》,2020 年第 4 期。

23. 张怡红、刘国艳:《专业认证视阈下的高校师范专业建设》,《高教探索》,2018 年第 8 期。

24. 赵正、李莎莎、杨柳:《高师院校教师教育培养目标定位的多维体系建构》,《教育理论与实践》,2020 年第 35 期。

25. 周晓静:《我国师范类专业认证:从理念到实践》,《江苏高教》,2020 年第 2 期。

26. 朱旭东:《加强对中国儿童发展规律及其教育的研究》,《人民教育》,2019 年第 23 期。

27. 朱旭东:《试论建立教师教育认可和质量评估制度》,《高等师范教育研究》,2002 年第 3 期。